생각의 갈길

생각의 샆질

김 예 희 수필집

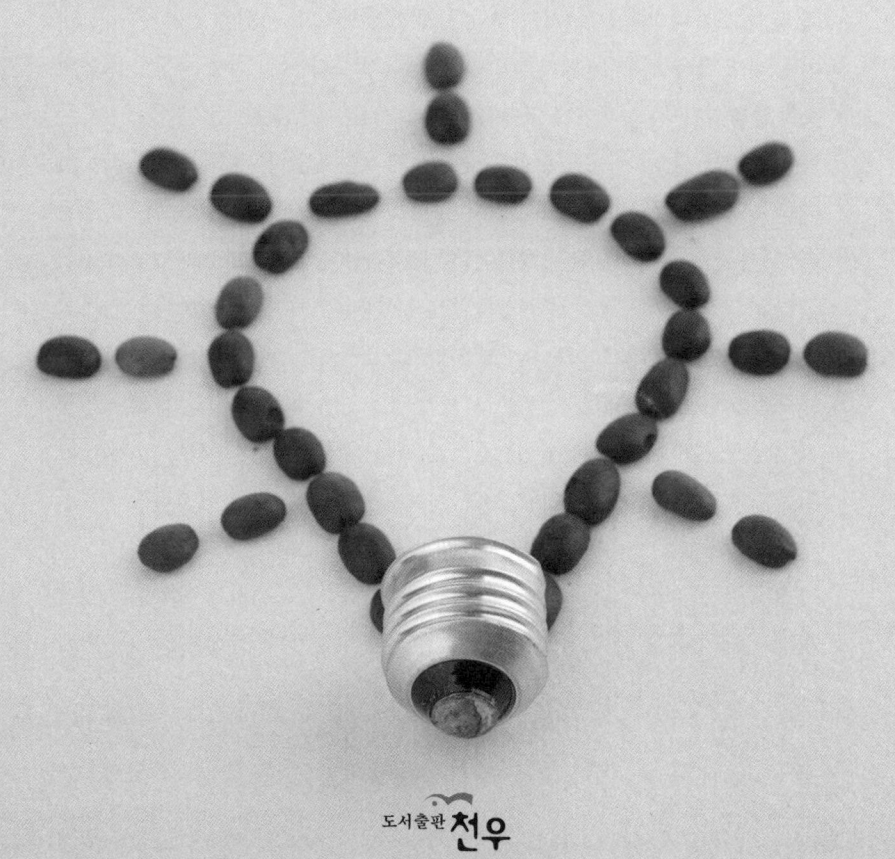

도서출판 천우

작가의 말

삶의 의미를 새롭게 하는 신바람

먼동이 트고 새 아침이 열리듯, 때가 되어 밀물이 밀려오듯, 그렇게 이순(耳順) 무렵에 수필이 내게로 다가왔다. 반갑고 고맙고 감사한 일이다. 생활의 흔적과 일상의 서정들을 담아낼 그릇이 생긴 것이다.

다른 이의 글을 읽고 감상하며 대단한 일을 해낸 것이라 부러워하면서도 정작 글을 쓰려는 의욕은 생기지 않았다. 글쓰기에 대한 미련을 안고 살아온 내가 드디어 글을 써야 할 계기를 만난 것이다. 말보다 글이 한층 곡진한 소통의 도구임을 알게 된 이후에는 연속적인 글쓰기가 수월해졌다.

등단 이후 다섯 해 동안 수필의 숲속에 똬리를 틀었다. 연모의 눈빛으로 소재를 찾고 글을 쓰는 시간 내내 행복감에 젖었다. 자아 성찰과 반성이 연속된다. 나는 이 소재를 왜 놓지 못하는가? 구상하는 동안 수없이 오가는 의미들, 그리고 약간의 미소와 마지막 안도감까지 전부를 사랑한다. 작품과의 늦바람은 삶의 의미를 새롭게 하는 신바람이었다.

요즈음 인문학이 대세이고 인성교육에 대한 관심도 크다. 모든 일을 수행할 때 사람다움이 빛나야 하며 인간관계를 맺고 그 속에 파묻힐 때도 역시 사람다움을 잃지 않아야 할 것이다. 나는 세상의 두 축이 사람과 일이라는 소박한 생활철학에 늘 갇혀 지낸다.

내 눈은 오늘도 사람과 일을 향한다. 선한 영향력을 끼치는 사람 이야기를 찾고 존재의 혼을 바쳐 일에 몰입하는 글감을 찾는다. 가깝게는 가족과 가사에 얽힌 단상들 그리고 동시대를 함께하는 이웃들의 보람과 애환들이다.

지내온 일모작 사십여 년 동안 얽히고설킨 인상적인 일상에 수필의 옷을 입혀 내놓는다. 얼굴이 붉어짐을 감출 수 없다. 삶을 글로 옮겼으니 글에서 풍기고 드러낸 대로 더욱 충실하게 살아야겠다는 책무성을 받아들인다.

한 권의 작품집으로 펴내기까지 격려해 주시고 용기를 주신 모든 분들에게 고마움을 전한다. 늘 곁에서 까칠하게 평을 해 주며 아집의 올무에서 건져준 아내에게 감사한 마음을 바친다.

2016년 11월

김 예 희

| 목차 |

작가의 말

1부 눈물 나이테

축복 • 13
눈물 나이테 • 18
채우며 비우기 • 23
부전자전 유감(遺憾) • 27
손녀 출생기 • 33
영웅의 눈물 • 38
유혹 이제(二題) • 45
침묵의 힘 • 51
무지개 양말 • 55
보호자 • 60
연분(緣分) 찾아 십 년 세월 • 64
혹서기(酷暑期)를 지내며 • 71

2부 / 백야(白夜) 삼일

생각의 삽질 • 77
자호(自號) 단상 • 82
개념의 옷 • 86
마음의 탯줄 • 91
백야(白夜) 삼일 • 94
어떡하라고 • 99
임플란트 이후(以後) • 103
효행 일기 • 108
약(藥) 타령 • 113
마사이족 구두 • 117
수신사우(隨身四友) • 122
벚꽃 속의 하루 • 127

3부
황소걸음으로 여기까지

돌발 상황 • 133
비상을 위한 화려한 날갯짓 • 137
손님 • 141
못 돌이 • 147
황소걸음으로 여기까지 • 153
우리 아이 좋은 품성 기르기 • 158
함박웃음과 눈물방울 • 161
이유 있는 판정패 • 165
유학산 등정기 • 170
들국화 사랑 • 174
별명 소고(小考) • 177
봉두암산 비록(秘錄) • 182

4부 / 배려와 용서에 대하여

가정으로 돌아가는 자유인 • 189
역전승(逆轉勝) • 193
쌀과 꽃 • 199
이차선(二次線) 인생 • 203
배려 • 207
용서에 대하여 • 212
끌리는 사람 도봉 선생, 그에겐 빛깔이 있다 • 217
떠나도 영원히 남을 사람 • 222
벌초(伐草)는 소통이다 • 226
예천인으로 산다는 것 • 230
행복한 경영 • 232
하늘을 날고자 꿈꾸는 사람에겐 날개가 돋는다 • 235

| 해설 | 정결하고 질박한 영혼으로 통찰한 인간본질에
대한 탐구와 자아성찰의 미학/최병영 • 238

나의 문학관 • 262

제01부

눈물 나이테

축복

축복(祝福)의 사전적인 의미는 '남을 위하여 행복하기를 비는 일' 또는 '남의 복된 일을 기뻐하여 축하함' 이다. 흔히 일상생활 속에서는 편의상 '복', 혹은 '행복' 과 동의어로 널리 사용된다. 즉 '복을 받았다.' 는 말 대신에 '축복을 받았다.' 는 표현으로 통용되고 있다. 언어는 사회적인 약속이기 때문에 이를 두고 어법에 틀렸다고 추궁하거나 논란할 일은 아니라고 생각된다.

우리들이 살아가면서 체득하는 원리 중 한 가지는 남을 '축복' 하면 내가 '행복' 해진다는 것이며, 더 나아가서 이웃을 '축복' 해야만 나에게도 '축복' 받을 일이 생긴다는 신비스러운 법칙이 운용되고 있다는 사실이다.

딸의 혼사가 지연되어 식구들이 걱정을 하고 있을 때였다. 서울에서 대학을 마치고 이내 취직하여 직장생활을 한 지 다섯 해가 넘었으나 혼담만 더러 오갈뿐 성사는 되지 않으니 날이 가고 달이 더할수록 부모 심정은 까맣게 타 들어갔다.

정작 딸은 아무렇지도 않은 듯 미팅을 하고 소개팅도 응하면서 간혹 연락을 보내오는데 실속이 없으니 세월만 안타깝게 흘려보내는 격이었다. 딸은 아버지인 나더러 적극적으로 나서 달라고 보채고, 나는 딸에게 배필은 가까이 서울에서 찾아야 한다고 당부를 하면서 엇박자만 짚었다.

어느 날부터인가 부모로서 할 수 있는 일을 적극적으로 찾아 나서야겠다고 스스로 다짐을 하는데 섬광처럼 묘안(妙案)이 떠올랐다. 일촌으로 모시는 이들의 청첩장을 받으면 일일이 그분들을 축복해 주는 작업(?)을 실행하는 일이다. 축복을 받고 싶으면 먼저 남을 축복해야 한다는 신비한 우주의 법칙을 내 삶 속에 적용해 보고자 기획하였다.

"박(朴) 교장선생님, 아들 혼사를 진심으로 축하하네."

청첩장을 펼쳐 들고 박 교장선생님의 얼굴을 그려본다. 아들 결혼으로 인해 그 집안에 만복이 깃들고 경사스러운 일이 이어지기를 먼저 축복하였다. 예식 일시와 장소는 그런 연후에 확인할 일이다.

"임(林) 교감선생님, 딸 혼사를 진심으로 축하하네. 자네는 후배인데 나보다 먼저 개혼을 하는구먼. 참으로 부럽네."

나보다 두 살 아래인 후배가 딸의 혼사에 초청하였다. 진심으로 축하하면서 나도 속히 우리 딸애의 청첩장 발송할 날을 고대하며 기도하는 심정으로 빌었다.

물론 가족들은 나의 축복 작업을 눈치채지 못했다. 나만의 비밀이었으니까. 아내는 이 같은 나의 적극적인 참여도 모른 채 태무심하다고 나무라며 아들 가진 친구들을 완전 수배해 내라고 채근한다.

'경향(京鄕)'이라는 말 그대로 서울과 시골(지방)은 전혀 딴 세상이 아닌가? 시골 아버지가 서울 생활에 익숙한 딸의 혼사를 좌지우지할 능력이 전혀 없었다.

얼마나 답답했으면 결혼정보회사의 정보력을 의지해 보려는 마음을 먹었을까? 아내의 제의가 들어왔다.

"여보, 우리 이러지 말고 결혼정보회사에 의뢰해 보면 어떨까?"

숨통을 틔우는 제안임에 틀림없었다. 후배 중에 자녀 혼사에 난항을 겪다가 결혼정보회사의 도움으로 성사된 예가 있다고 들었다. 귀가 솔깃했다. 아내의 제의에 동의했다. 딸아이도 찬성했다.

인터넷으로 서울의 결혼정보회사를 검색하여 우리 기준으로 제일 신뢰할 수 있는 회사를 정해 상담을 했다. 일단 착수금을 납입하고 회사의 요구대로 정보를 주고받으며 맞선 일정을 잡았다. 두 차례 맞선을 봤는데 연분을 만나지 못했다. 세 번째 맞선 일정은 우리 내외가 함께 볼 작정으로 주말 오후 늦은 시간을 부탁했다.

당일 오후, 아내와 함께 열차를 타고 상경했다. 딸애는 약속 장소인 커피숍으로 들어가고 우리 내외는 바깥에서 커피숍 입구 쪽으로 시선을 고정시키고서 들어가는 남자 손님들의 면면(面面)을 관찰하고 있었다. 삼십 대 초반의 잘 차려입은 남자가 나타나기만을 기다리는 것이다. 약속 시간을 전후하여 서너 사람이 들어가는데 종잡을 수가 없었다. 하는 수 없이 다급한 아내의 등쌀에, 잠입하여 먼발치에서 지켜보기로 했다.

설레는 가슴을 진정시켜 가면서 커피숍 안으로 들어갔다. 딸아이와 상대 남성이 앉은 테이블과 적당한 거리를 두고 자리를 잡은 후 차를 주문해 놓고, 우리 딸과 이야기를 주고받는 청년의 모습을 슬쩍슬쩍 훔쳐보았다. 십여 분 넘게 탐색해도 얼굴을 정면에서 바라볼 수 없으니 신통치 않았다. 먼저 일어섰다. 바깥에 나와서 다시 커피숍 출입문을 주시하며 딸아이가 나오기를 기다렸다. 이윽고 두 사람이 걸어 나오는 광경을 목격했다.

아내는 우선 남자의 키가 작음을 흠잡았다. 내가 보기에도 인상착의부터 호감이 별로였다. 딸아이 의견을 들어보기도 전에 부모가 퇴짜를 놓았는데 역시나 딸도 아니라는 것이다. 딸은 회사 측의 무성의를 타박하며,

맞선 보러 나온 남성의 옷차림과 태도에서 풍겨오는 진정성을 믿을 수 없다고 했다. 이것도 아니구나 싶었다. 남아 있는 맞선 횟수를 응하지 않기로 하고 해프닝으로 끝냈다. 그래도 노력을 하고 성의를 나타낸 것만으로 위안이 되었다.

내가 남을 위해 축복을 한다고 했지만 아직도 하늘을 감동시킬 만큼 분량이 차지 않았나 보다. 그 이후로도 내가 할 수 있는 일은 축복 작업뿐이라고 결론지었다.

"장(張) 교장선생님, 아들 혼사를 진심으로 축하하네. 얼마나 좋으시겠는가? 나도 자네처럼 청첩장 발송할 날 오겠지?"

장 교장선생님이 보내온 청첩장을 두 손으로 부여잡고 간절한 마음으로 축복을 한다. 장 교장의 흐뭇한 미소가 오버랩 된다. 나도 덩달아 기분이 좋아진다. 서울 딸한테서 좋은 소식이 곧 당도할 듯하다.

『시크릿(Secret)』 책 속에서 필자는 우주의 끌어당김 법칙을 이야기하고 있다. 우리가 간절한 염원을 품고 일을 수행하면 우주의 기운이 동원되어 그 일을 성사시켜 준다는 해설이다. '지성(至誠)이면 감천(感天)'이라는 우리 속담과 상통한다.

말하자면 나의 축복 작업도 그런 맥락에서 진행되고 있는 것이다. 한 해가 지났다. 도무지 인연이 닿지 않는다. 절대로 중단할 일이 아니고 포기할 일은 더더욱 아니다. 이스라엘 랍비의 기도는 응답받지 못하는 것이 없다고 하지 않던가. 그 이유는 응답될 때까지 기도하기 때문이란다.

"정(鄭) 국장님, 딸의 혼사를 진심으로 축하합니다. 좋은 계절입니다. 새 가정이 항상 행복하고 만복을 받아 누리시기를 축복합니다."

같은 직장에서 근무했던 선배님께서 딸을 시집보낸다고 청첩을 했다. 이런 경사스러운 일이 나에게 찾아오기를 바라며 청첩장을 두 손으로 어루만지면서 놓을 줄을 모른다.

축복 작업을 두 해 남짓 지속했으니 일백 번도 넘게 축복했으리라. 그 사이 딸아이는 서른에 접어들었다. 추석 쇠러 내려온 딸한테 결혼 이야기로 스트레스를 주지 않으려고 조심조심했다. 딸인들 왜 눈치가 없겠는가? 이심전심이지. 태중에서부터 부모와 자식 간에는 상호작용이 쉼 없이 일어나고 있음은 학설을 넘어 실제적인 생활에서도 통하는 이론이라 믿어진다.

추석 명절을 쇠고 올라간 딸이 한 달이 못 되어 좋은 소식을 전해 왔다.
"엄마, 남자 나이가 한 살 아래인데 괜찮아?"
"그럼, 서로 사랑하고 믿을 수 있는 사람이면 좋고말고."
같은 교회에서 여러 해 동안 함께 일해 온, 한 살 연하의 남자 친구한테 프러포즈를 받았다고 한다. 장미꽃 한 다발과 함께.

바로 곁에 두고 십 년 세월을 돌고 돌아서 연분을 만났다. 딸의 눈높이를 현실적으로 조정해 주고, 우리 내외의 허영심도 가라앉힌 이후에 하늘은 딸의 배필을 허락해 주셨다.

그해 시월상달에 상견례를 마치고 사돈께서 이듬해 삼월, 농사철 이전에 혼례식을 올리는 게 좋겠다고 하여 그대로 따랐다. 혼례식 당일에 선후배, 직장동료 등 하객과 일일이 손을 잡으며 축하를 받았다. 다소 긴장한 탓인지 아내와 나는 입안이 말라서 틈틈이 생수로 목을 축여가며 하객들을 영접하고 담소를 건넸다. 남을 축복하면 내게도 축복받을 일이 끝내 찾아오는 섭리를 현장에서 감동으로 체험하였다.

내가 성심을 다해 축복한 그 축복이 고스란히 내게도 임하는 우주의 법칙이 운용되고 있음은 비밀이다. 모든 이에게 비밀의 문은 열려 있지만 경험해 본 사람만이 알기에 비밀은 항상 신비롭다. 하늘은 때맞추어 선물까지 내렸으니 외손자가 벌써 세 살이다. 오늘 밤도 엄마의 전화기를 빼앗아 외할머니에게 어린이집에서 배운 노래를 들려주느라 통화가 제법 길어진다. 아마 이보다 더 행복한 조손간의 통화 기록이 어디 있으랴 싶다.

눈물 나이테

　누구에게나 세상살이 여정 중에 지워지지 않는 울음의 기억이 있을 것이다. 나는 청소년 시절부터 중장년을 거쳐 오는 동안 크게 세 번 울었다. 웃음이 삶의 활력소라면 울음은 성장의 나이테요, 삶의 한 분기점이 되어 쉽게 잊히지 않는 듯하다. 그 당시에는 암울한 환경을 탓하기도 하고, 사랑하는 가족을 원망했지만 세월의 약손이 어루만지고 지나간 뒤에 눈물의 골짜기는 곱고 아름답게 회상된다.

　1960년대 초반 그때는 너나 할 것 없이 먹을거리를 걱정했다. 중학교에 입학을 했으나 도시락을 싸 가지고 다닐 형편이 아니었다. 이른 봄에 식량이 떨어졌다. 아버지 모습을 며칠째 뵐 수 없었다. 어머니께서 인근 술도가에서 술지게미를 구해 오셨다. 사카린을 섞어서 밥 대신 비벼 먹었다. 도시락을 가져오지 않았으니 점심시간이면 교실 뒷문으로 부리나케 뛰어나와서 수돗가로 달려갔다. 벌컥벌컥 물로 배를 채운 뒤 철봉과 평행봉에 매달려서 놀았다. 삼 일째 되는 날 저녁에도 역시 술지게미였다. 이제는 머리가 아프고 입안에 떠 넣어도 속에서 받지를 않았다.
"엄마, 머리가 아파서 이젠 도저히 못 먹겠어요."
기어이 철없는 말을 내뱉고야 말았다. 그러자 어머니는 나를 껴안고 한없이 우셨다. 나도 어머니 품에 안겨 서럽게 울었다. 지금 생각하면, 어머니는 그 밤에 잠을 주무셨을까? 아마도 하얗게 지새웠을 것으로 짐작된다.
'하룻밤만 참고 견디었으면 얼마나 좋았을까?'
다음 날 아침, 아버지께서 양식을 구해 오셨기 때문이다. 중고품 벽걸이 괘종시계도 구해 오셨는데 어린 내 눈에는 진귀한 보물이었다.
가난보다 지긋지긋한 터널이 어디 있으랴. 이학년에 진급하니 담임은 농업 교과 선생님이셨다. 가정환경을 고려하여 나에게 온실 당번의 일을 맡겼다. 꽃을 가꾸고 관상용 수목을 관리하면서 학비 감면 혜택을 받았다. 방학이 되어도 일주일에 두어 번 화초를 관리하러 등교했다. 삼학년 때는 담임선생님의 주선으로 입주 아르바이트를 하면서 배고픔에서 벗어날 수 있었다. 하지만 좋은 음식을 대하지 못하는 부모님과 동생들 생각에 가슴앓이를 했다. 자정이면 통금 사이렌의 구슬픈 소리에 어머니가 그리워서 목놓아 울었다. 이 같은 시련을 겪으며 가족 의식을 뼈저리게 체득하였다.
어쩌다가 집에 오면 아버지는 오남매의 맏이인 나에게 일러 주셨다.
"집안을 일으켜 세울 사람은 바로 너다."
장래의 가문에 대한 비전을 심어 주신 것이다. 가세는 아랑곳하지 않고 고등학교에 진학을 하도록 허락했다. 그때 아버지의 단호했던 음성이 지금도 쟁쟁하다.
"내가 구걸하는 한이 있어도 너를 공부시키겠다."라고 말씀하신 것이다.
고등학교에 우수한 성적으로 합격을 했으나 장학금을 받지는 못했다. 다행히 근로 장학생으로 뽑혔다. 도서관 당번으로 봉사하면서 학비 감면 혜택을 받았다. 역시 선생님의 주선으로 입주 아르바이트를 시작하면서 생활이 안정되었다. 초등학생 남매의 학습을 지도하면서 주말에는 주인집 잡화상회 가게의 일을 도와가면서 열심히 살았다. 그런 덕분에 무사히 고등학교까지 마칠 수 있었다. 내가 사춘기의 번민과 방황에 휘둘리면서도 길을 잃지 않은 것은 어머니의 사랑과 눈물의 힘이었다고 추억된다.

유독 선생님의 은혜를 넘치게 입은 영향으로 나는 교사가 되는 것이 소원이었다. 소망한 대로 사범대학에 입학하였다. 대학생활 사 년 동안에도 본 수업보다 아르바이트에 매달렸다. 생계 대책이 필요했고, 학비를 조달해야만 계속 공부할 수 있었으니까 달리 방도가 없었다. 필사적으로 임하니 고비마다 길이 열렸다. 하늘은 스스로 돕는 자를 돕는다는 격언이 내게 딱 들어맞았다. 졸업과 동시에 중등학교 교사로 발령받아 내 목표를 달성하고 아버지의 소원을 이루어 드리게 된 것이 참으로 기뻤다. 두 해를 교사로 근무하다가 입대했다. 군 복무 기간 중 마지막 휴가를 나오니 이미 부모님께서 중매를 통해 선을 봐 두셨다. 제대가 가까워 오니 장남 혼사가 급하셨던 게다.

"중매한 분을 생각해서라도 꼭 한 번 다녀오너라. 본다고 다 되는 것은 아니다."

나는 부모님의 심정을 헤아리지 못하고 성화를 내었다.

'뭐, 결혼할 사람은 나인데 아버지, 어머니가 먼저 선을 보다니!'

완강하게 거부하다가 하는 수 없이 부모님의 원대로 아가씨를 만나 보기로 했다. 자칫하면 불효가 되어 두고두고 후회할 것 같은 생각이 들었기 때문이다. 군복 차림으로 맞선을 보고 왔다. 청순한 이미지에 느낌이 괜찮았다. 귀대 후 일 년 동안 서신을 주고받았다.

제대 후 복직하자마자 혼담은 빠르게 진행되었다. 혼사를 결정하고 돌아온 날 밤이었다. 성사 여부를 묻는 아버지께 말씀을 아뢰려 하는데 갑자기 울음이 터졌다. 당황한 아버지는,

"애가 왜 이리 우노? 무슨 소리를 들었나? 그 집안하고 혼사 안 하면 그만이지." 하시면서 달래는데 그럴수록 나는 울음을 그칠 수가 없었다. 철없던 시절에 아버지를 미워했던 기억이 떠오르고, 가난을 아버지 탓으로 돌리고 원망하면서 보낸 냉랭한 세월이 죄스러워서 눈물을 마음껏 쏟았던 것이다. 한편으론 결혼하면 부모님 곁을 떠나게 된다는 섭섭함이 더해져 울었나 보다. 한참을 울고 나니 속이 시원해졌던 심경을 어찌 말과 글로 대신할 수 있을까? 두 번째 울음은 아버지께 불효했던 것을 사죄하고 부모님 슬하를 떠나 분가할 것을 애석해 하는 눈물이었던 것이다.

삼월에 복직하고 그 해 오월에 결혼했다. 신혼의 단꿈은 내게도 예외는 아니었다. 타향에서의 셋방살이였지만 행복한 생활설계도 했고 내 집 마련의 꿈도 꾸었다. 그런데 아버지께서 이렇게 당부하셨다.

"우리한테는 잘할 생각하지 말고, 남동생 둘을 대학까지 공부를 시켜다오."

효도해야 한다는 일념으로 순종하기로 작정했지만 아내가 마음에 걸렸다. 당시 중학생인 동생 둘을 대학까지 공부시키는 데는 10년이 걸릴 터였다.

"여보, 아버지께서 이리 말씀하시는데 십 년만 참아 줘."

아내는 신혼의 단꿈에 젖어 있던 시절이라 별다른 저항 없이 묵인했다. 중·고등학교 시절엔 그런대로 잘 지나갔는데 대학교 입학을 하니 사정이 달라졌다. 공납금과 생활비 보조에 정작 우리 살림은 어렵기만 했다. 아무런 소망도 보이지 않고 힘든 생활이 이어지자 아내는 역정을 내었다. 그때마다

"여보, 조금만 참으면 좋은 날이 올 거야. 미안해."

나는 달래기에 분주했지만 투정부리는 아내에게 몹쓸 말로 쏘아붙인 적이 한두 번이 아니다.

그 사이에 아들딸 삼남매가 태어났다. 막냇동생이 대학을 졸업하자 우

리 큰 아이가 중학교 입학을 하였다. 잠시 쉴 틈이 없이 달려온 세월이었다. 아내가 고맙고 잘 자라준 아이들이 신통하다. 졸업과 동시에 직장을 구한 동생들도 고맙다. 또한 강건하게 지내면서 자식을 위해 기도해 주시고 방패막이가 되어주신 부모님께 감사할 뿐이다.

불혹을 훨씬 넘긴 어느 날 밤이었다. 잠든 아내의 얼굴을 지켜보는데, 잘 견디어 준 세월이 고마워서 뜨거운 눈물이 나도 모르게 볼을 타고 흘렀다. 의견이 상충될 때 못된 말로 대꾸했고 속으로 원망했던 지난 세월이 뉘우쳐져 점점 눈물을 주체할 수가 없었다. 속 시원하게 울고 나니 아내를 새로 맞이한 듯했다.

「아내」라는 제목의 시 한 수는 머리로 쓴 것이 아니라 가슴으로 지은 것이다.

"아내에게 불쑥 뱉은/ 몹쓸 말 한 마디가/ 내 가슴에 돌이 되어/ 자라고 있습니다./ 생살 가르는/ 이 아름다운 균열 때문에/ 나는 아내에게서/ 멀리 달아날 수 없습니다./ 사랑한다는 것은/ 아픔을 태우며/ 서로의 살 속에/ 집을 짓고 사는 일입니다." (졸시 「아내」 전문)

세 번째 울음은 삶의 의미를 되찾아 준 생명 회복이요, 가족 사랑이 삶의 중심축임을 깨닫게 해 준 계기가 되었다.

이순을 지낸 요즈음은 참 많이 웃는다. 내 생애 속에 보석처럼 박혀 있는 눈물 나이테를 돌아보면서도 웃을 수 있어 행복하다. 이번 주말에는 부모님을 뵈러 고향 가는 날이다. 미수(米壽)를 넘기신 두 분께서 자식의 효도를 받아주시니 한없이 기쁘다. 이번에 가면 텃밭에 도라지 모종을 심어야 한다. 마침 비 온 다음이라 제철이다. 자식의 건강한 모습을 보여 드리는 것이 가장 큰 선물이라고 하시니, 무슨 이야기와 재롱으로 부모님을 마냥 웃으시게 해 드릴지 그것만 궁리하면 된다.

채우며 비우기

결혼 40주년, 아내와 함께한 날 수가 14,611일이다. 부부로 산다는 것을 새삼스레 생각해 보게 된다. 삼십 년 동안 부모를 일순위로 살아왔고 늦철이 든 후로 십 년간은 아내를 일 번으로 앞세워 살았다. 유교중심의 풍토에서 대물림된 숭조(崇祖) 정신의 그물을 걷어내기가 쉽지 않았다. 이 땅에서 같이 호흡하는 내 또래들의 장남들이 겪어온 시대적인 갈등이요, 아픔이리라.

부부로서 열심히 살아온 날들에 대한 웃음과 아내를 각별하게 챙겨주지 못한 울적한 마음이 공존한다. 풋풋한 사랑으로 채워 가면 울적한 그늘은 밀려나게 되려나. 마음의 지우개가 있다면 한순간에 싹 지워버리고 싶은 기억들이 있다.

아내와 상의하여 정한 기념 여행지는 황매산. 마치 초등학생들이 소풍 가듯 들뜬 마음으로 나섰다. 공교롭게도 '부처님 오신 날'이라 교통 혼잡이 예상되어 7시 반에 출발했다. 내비게이션에는 황매산군립공원까지는 130㎞가 찍힌다. 한 시간 반 거리다. 고속도로의 차량 흐름이 원활이다.

일상의 기억을 차창 밖으로 다 날려 보낸다. 단출하고 홀가분하다. 아마 아내도 그럴 것이다. 어쩌면 나보다 훨씬 더 가뿐하리라. 아무리 남편이 아내를 속속들이 안다고 해도 반의반도 모를 것이다. 여성이 더 섬세하고 생각도 깊기 때문이다.

9시 10분 황매산에 도착했다. 철쭉 축제 행사 기간은 엿새가 남아 있는데 이미 꽃은 거의 지고 있다. 현수막에는 지난주에 불어 닥친 이틀간의 강풍으로 인해 낙화된 것을 아쉬워하며 양해를 구하는 글귀가 적혀 있다. 그래봤자 분노하는 손님들도 상당하리라. 선착한 관광객들이 줄지어 오른다. 인파가 많을수록 분위기는 살아난다. 덩달아 기분이 치솟는다.

해발 1000m 고지에서 숲 그늘에 자리를 폈다. 김밥과 소찬에 과일을 곁들여 점심식사를 하고 드러누운 채 한 편의 시를 암송한다.

    내가 살아서 내가 살아서/ 그대를 사랑하지 못한다면/ 밀려드는 그 서러운 눈물을/ 어디다 쏟아야 하는가/ 내가 살아서 내가 살아서/ 그대에게 가까이 가지 못한다면/ 터져 나오는 그리움의 고통을/ 어디다 풀어놓아야 하는가/ 내가 살아서 내가 살아서/ 그대에게 내 마음을 전하지 못한다면/ 무너지는 그 절망의 아픔을/ 어디다 깨뜨려야 하는가(용혜원, 「내가 살아서 내가 살아서」 전문)

아내는 듣자마자 슬프다고 한다. 나는 아니라고 극구 해명한다. 우리가 사는 동안 사랑할 사람을 진정으로 사랑하고 날마다 더 가까이 다가가고 사랑의 마음을 분명하게 전하면서 살아가라는 강한 메시지를 읽어야 한다고 타일렀다.

생각보다 산바람이 차갑게 느껴진다. 선글라스 덕분에 한결 시야가 시원하다. 미국의 영화배우 줄리아 로버츠의 고백이 떠오른다.

"사랑이란 온 우주가 한 사람에게로 좁혀지는 기적이다. 나에게 우주란 내 남편 대니, 그 하나뿐이에요."

참으로 아름다운 고백이다. '대니'는 애칭인 듯하다. 그녀의 남편은 '다니엘 모더(Daniel Moder)'이며 한 살 연하로서 영화감독 일을 한다. 나도 그 고백을 마음속으로 읊조려 본다.

'내게 우주란 사랑하는 아내, 그 하나뿐이라고.'

푸른 숲을 배경으로 자리한 색소폰 동호인들이 가요를 쏟아낸다. 별로 좋아하는 악기가 아닌데도 오늘따라 혐오감이 덜하다. 이벤트는 행사에 감초 격이 아닌가. 구색을 맞추어 주려는 배려라고 여기니 고맙다는 생각까지 든다. 그렇겠다. 더불어 살아가는 세상에 내 입맛만을 고집할 수는 없는 일이다. 편협증은 자신에게도 손해이고 이웃에게는 더더욱 보탬이 되지 않는다.

호랑이는 가죽을 남기고 사람은 사진을 남긴다는 속담 패러디도 있다. 관광지에 오면 쓸모 있는 사진을 건지겠다는 것은 관광의 실속을 챙기는 일이다. 우리 부부도 뒤질세라 연신 포토 존을 찾으며 찰칵찰칵 찍어댄다. 새로운 것으로, 신명나는 것으로 차곡차곡 채운다. 분명히 무엇인지는 몰라도 해묵고 때 묻은 기억들은 자리를 내주고 물어날 것이다. 아니 버티지 못하고 빠져나갈 것이다. 밝음이 어두움을 몰아내듯이.

청순한 연인 한 쌍이 다가온다. 불쑥 말을 걸며 한 컷 찍어달라고 부탁한다. 나는 자랑하듯 말한다. 우리는 결혼 40주년 기념 여행 왔다고. 청년들은 알아듣는다. 신경을 써서 잘 찍어준다. 순간 세월의 역주행이 시작된다. 아내는 정말 청순한 아가씨였다. 여태껏 그 이미지가 또렷하다. 영원히 내 기억의 대문 사진으로 박혀 있어야 한다. 그것은 남편의 도리요, 가정을 지키는 책무이기도 할 것이다.

여행지에서 우리는 늘 인파 속의 자신을 발견하곤 한다. 관광지가 다소 마음에 차지 않아도 사람 구경만으로 족하다는 이도 있다. 말이 되는 소리다. 각양각색의 모습으로, 천차만별의 의미를 부여하여 여행지를 찾아서 왔을 것이다. 우선 당일만 생각해도 목적지가 같았으니 반갑고 같은 시간대에 마주쳤으니 대단한 인연이 아닌가. 숲 그늘에 앉아서 오가는 사람들을 샅샅이 훑어보며 인간사를 짚어보는 재미도 여행의 한몫이다. 그러면서 하늘 한 번 올려다보고 계곡 한 번 살펴보면서 삶의 한 페이지를 정리하고 수습해 보는 것이다.

등산로를 따라 두어 시간 무리와 섞여 걸으며 앉아 쉬다가 여유를 부리는 것이 여행의 진미다. 벌써 아내는 내년을 기약한다. 아들딸, 손주들과 삼대가 떼 지어 오고 싶단다. 흔쾌히 동의한다. 불현듯 꽃 세상보다 더 환한 희망이 솟구친다.

채우며 비우는 것은 부지불식간에 일어나는 기억의 자리바꿈이다. 그것은 마음의 세포들을 살려내며 생각의 혈맥을 확 뚫어주는 신비이다.

부전자전 유감(遺憾)

 아들이 아버지의 외모를 닮고 심지어 아버지의 태도나 성향까지 그대로 아들에게 전해지는 것은 오묘하다. 예로부터 '부전자전(父傳子傳)'이란 말이 내려오고 서양에도 'Like father, like son(그 아비에 그 아들)'이란 속언이 있는 것을 보면 사람살이가 별반 다를 게 없나 보다. 생물학적으로 규명하려면 원형질과 유전인자를 거론할 수 있겠지만 닮는다는 것을 무턱대고 좋은 쪽으로만 볼 것은 아닌 듯하다. 가치 지향적으로 보아 대물림해서는 안 될 사안은 청산하는 것이 바람직하기 때문이다.
 일례로서 갓난아이의 잠자는 모습에서 아버지의 잠버릇과 꼭 빼닮은 모습을 어느 날 확인한다면 아기에 대한 엄마의 사랑과 행복감은 배가될 것이 분명하지만, 바람둥이 아버지와 바람둥이 아들을 연상한다면 그 집안 분위기는 흐림이다. 당사자들끼리 나누는 낭만보다는 집안이 한 순간에 갈등에 시달리고 가족들이 겪는 현실이 끔찍할 테니까 말이다.

 유소년 시절에 어머니로부터 귀에 딱지가 앉을 만큼 들었던 말씀이 '네 아버지를 닮지 마라.'는 훈계였다. 어느 정도냐 하면 세뇌를 당할 지경이었다. 어머니는 가부장으로서 제 몫을 다하지 못하는 지아비를 일삼아 타박하셨다. 집안에 양식이 떨어진 것도 아랑곳하지 않고 친구들의 꾐에 빠져 밖으로 나도는 가장을 어머니는 한없이 원망하고 미워하셨다.

당연히 나는 어머니 편이었다. 가솔(家率)을 챙기지 않는 아버지를 무척 싫어했다. 사춘기를 지나면서 아버지를 '아버지'라고 불러본 적이 거의 없다. 아버지가 방 안에 들어오시면 슬며시 기회를 엿보아 빠져나왔다. 방 안에 함께 머무는 것조차 스트레스였다. 철부지한 학창시절의 파일 속에 상흔으로 남아 있다. 장년인 지금에도 그 아픔을 들추어보는 까닭은 애증(愛憎)의 마른 향기를 맡으며 후회 없이 효행을 다하려는 자식의 다짐과 무관치 않다.

중학 시절, 어느 날 책상 서랍에서 빛바랜 사진 한 장을 찾아낸다. 군복 차림의 아버지가 포즈를 취하고 있다. 그런데 어찌 된 일인가? 영락없는 내 모습이다. 부인하려 해도 감출 수 없는 엄연한 사실인 것을. 아버지가 내 속에 들어와 있다는 느낌이 한동안 나를 우울하게 만들었다. 아버지를 닮기 싫은데도 내 속에서 아버지 형상이 불쑥 튀어나올 적마다 그 한계를 넘어서야만 한다는 강박감에 시달렸다. 지독한 반감이었다. 아버지도 이런 자식의 마음 씀씀이를 모를 리가 없으련만 옳은 사람 되기만을 바라며 묵과하셨으리라.

어머니가 짚어주는 집안 내력 속에는 악순환 되는 기질이 있었다. 할아버지가 그 원조이시다. 할아버지는 손(孫)을 보지 못한 채 숙환으로 유명을 달리하셨다. 다행히 장손인 내가 어머니 태중에 있음을 알고 세상을 떠난 것이 그나마 위로가 된 셈이다. 할아버지는 유독 반찬 투정이 심했다고 한다. 어머니가 시집온 지 첫해에는 베틀에서 베를 짜는 당신의 며느리를 가상히 여겨 그 솜씨의 훌륭함을 동네방네 칭송하신 분이다. 두어 해 지난 뒤 당신의 건강이 나빠지자 그때부터 구박이 시작되었단다. 반찬 투정이 잦아졌다. 마음에 들지 않는 반찬은 기다란 담뱃대로써 상(床) 아래 방바닥으로 밀쳐 버리기까지 했다고 한다. 새색시 때 어머니는 얼마나 무안했을까? 병치레 삼 년 동안에 식구들을 가장 힘들게 한 것이 끼니마다 반찬 올리는 것이었다고 한다.

그나저나 참으로 신기하다. 밥상을 받아놓고 투정하는 할아버지의 버릇이 고스란히 아버지한테 대물림되었다. 어머니를 가장 화나게 하는 것이 바로 아버지의 반찬 투정이다. 그때마다 어머니는 읍내 오일장에 가서 찬거리를 손수 사다주면 밥상이 달라지지 않겠느냐며 항변을 퍼붓는다.

부부간에 사랑의 방정식은 알다가도 모를 일이다. 오남매 자식들이 결혼해서 각기 분가해 나가고 두 분이서 흉허물을 덮어주며 오순도순 살아갈 연세인데 밥상머리에서 투정과 짜증이 여태 오가니 안타까울 뿐이다. 오랜만에 고향집에 가면 때때로 어머니의 하소연은 으레 아버지의 반찬 투정을 아들딸한테 일러 주는 일이다.

근 두 해 동안 ○○대학교에 외래교수로 출강한 적이 있었다. 주 1회 야간 강좌여서 밤늦게 강의를 마치고 고향집에서 부모님과 함께 자고 익일 아침 직장으로 출근하곤 했다. 한번은 아침 밥상 앞에 앉자마자 아버지의 투정이 시작되었다.

"명태에 두부 좀 넣고 부글부글 끓였으면 얼마나 좋아!"

밥상에는 쇠고기 국이 올랐다. 아마도 어머니는 장남이 왔다고 아들 보신하라고 하신 일을 아버지는 어깃장을 놓은 것이다. 그제야 어머니는 이때다 싶어 아버지를 타박하시며 듣기 거북한 여러 말로 아버지를 몰아세운다.

내가 중재자로 나섰다. 입맛이 없을 때는 드시고 싶은 찬을 미리 생각해서 소통을 하라고 아버지께 말씀을 드렸다.

"명태에 두부 넣고 부글부글 끓인 국이 당기네."

"계란 프라이 할 때 타지 않을 만큼 곱게 해 주면 더 좋지."

이렇게 구체적으로 상의하라고 일러 드리고, 자식으로서 부모님께 제일 바라는 바는 두 분이 의좋게 지내는 것이라고 지성으로 호소했다. 부모님 뵈러 갈 적엔 미리 드시고 싶은 찬을 주문을 받아서 음식을 만들어 가기도 하고 시내로 나와 외식도 하며 분위기를 쇄신해 보기도 했다.

요즈음 고향 마을에서 가장 큰 어른은 바로 엄친이시다. 지난해에 망백(望百)을 넘어선 아버지는 어머니의 부엌일을 도우며 식사 준비도 함께 하고 건망증 있는 어머니를 걱정하며 그 곁을 항상 지킨다. 가스 불 끄기 확인, 전열기구 다루기 등 안전 책임관으로서 책무를 다하신다. 그런 모습을 보면 퍽 안심이 된다. 시장 볼일은 아버지 몫이니 반찬거리 사다 바치는 일을 전담하고 있다. 그래도 어머니는 때마다 반찬 장만에 걱정이 태산이다. 짜면 짜다고, 싱거우면 싱겁다고 하실까 봐서 끼니 때가 다가오는 것이 정말 싫다고 한다. 오남매 자식들이 들락거리며 효행에 공을 들이지만 여전히 태부족이다. 잘하시다가도 때때로 되살아나는 반찬 투정의 인습은 유전 탓이라 여겨진다.

맏이인 나는 그럼 예외일까? 그토록 반찬 투정이 나쁘고 가정 화목을 파괴하는 주범인 것을 똑똑히 보고 듣고 했건마는 나의 핏속에도 저주스런 유전인자가 흐르고 있었다.

무심코 반찬 타령을 내뱉고 싶은 충동이 일 때마다 화들짝 놀란다. 아내가 정성을 다해 마련한 반찬을 맛있게 먹어야 마땅한데도 때로는 골고루 먹지 않고 아예 수저를 대지 않는 반찬도 있다. 상에 차려진 반찬 외에 전번에 먹던 반찬을 찾으면 내색을 아니해도 아내는 못마땅한 심기를 드러낸다. 아버지를 닮았다는 핀잔이 돌아온다. 그런 날은 온종일 한 마디 말도 건네지 않고 냉전이다.

 속언에 '마른 논에 물 들어가는 것과 자식 입에 밥숟갈 떠 넣는 모습이 가장 보기 좋다.'는 의미는 부부지간에도 원용될 듯하다. 아내가 차려준 성찬을 신나게 먹는 것이 최소한의 예의라고 생각한다.

 그리하여 부전자전으로 답습되는 저주의 사슬을 나의 대에서 끊어버려야 한다고 굳게 맹세를 했다. 밥상을 대하면 으레 칭찬부터 시작한다.

 "당신 음식 솜씨는 예술이야."

 "너무 맛있어서 목으로 그냥 넘어가려는 것을 억지로 붙들어 씹고 있는 중이야."

 뿐만 아니라 밥 안치기, 밥상 차리기를 비롯하여 부엌일을 내 일로 인지하고 함께하며, 설거지하는 재미에 푹 빠졌다. 아무리 많은 그릇이 쌓였어도 하나씩 씻고 닦고 하다 보면 드디어 끝이 난다. 끝낸다는 종결의 기쁨을 만끽한다.

 삼남매를 키우면서 신통한 반찬이 없어서 밥상머리 분위기가 가라앉을 때는 내가 선수(先手) 치며 소리를 질러 보기도 했다.

 "야, 이것 정말 맛있다. 안 먹으면 후회할 걸."

 그러면 아이들의 젓가락이 우르르 그 반찬 그릇으로 모여 든다.

 어쨌든 반찬 투정을 대물림해서는 안 된다는 집념으로 가문의 계율처럼 지키려 애썼다. 그런데 장남이 중학교 삼학년 때 덧니를 속아내고 전반적인 치아 교정 수술을 받게 되면서 사달이 났다. 치아 교정에 걸린 기간이 삼 년 세월이다. 누나와 동생은 음식을 맛있게 먹는데 신나게 먹을 수 없으니 얼마나 짜증이 났을까?

 온 식구가 오붓하게 즐겨야 할 식사 자리가 장남으로 인해 침울한 시간으로 채워졌다. 늘 그런 것은 아니지만 유독 심한 날이 따로 있었다. 어쩔 도리가 없었다. 교정이 완료될 때까지 참는 수밖에 달리 방도가 없었다.
  증조부 대로부터 내려오는 유전인자가 흐르고 있는지, 아니면 후천적으로 겪는 성장통의 시련인지 종잡을 수가 없었다. 다행히 치아교정이 잘 끝나고 장남은 준수한 새 인물의 청년으로 식구들 앞에 돌아왔다. 교정 기간이 길어서 고생했지만 보람이 있다고 인사를 들었다.

  이제 장남과 둘째 아들이 결혼하여 독립했으며 아들딸을 낳아서 행복한 살림을 살고 있다. 수시로 보내오는 카카오톡 가족 그룹채팅 방에는 손주들의 사진과 동영상이 풍성하고 행복한 웃음이 가득하다. 양성평등을 구가하는 시대 흐름을 타고 두 아들이 가장으로서 체통을 지키며 가사를 분담하여 챙기고 있으니, 이제 우리 집안 반찬 투정의 악습은 막을 내렸다고 온 식구들 마음 기둥에 현수막이라도 내걸어야겠다.

손녀 출생기

2012년 2월 8일 수요일 오후 5시 20분, 아내한테서 문자메시지가 도착되었다.
'아기 낳았어. 건강해.'
친손녀를 보았다. 외손자를 본 지 삼 년만의 경사이다.

만삭의 몸을 안고 직장생활에 충실했던 우리 집 며느리다. 항상 밝은 얼굴에 상냥한 말씨로 집안 분위기를 화목의 소금으로 수놓던 며느리의 미소가 떠오른다. 어제 병원에 위로하러 갔을 때, 임산부 옷차림으로 출산을 대기하고 있었다. 자신이 근무하던 병원이어서 그런지 얼굴에는 긴장감도 찾아볼 수 없고 봄 하늘 종달새마냥 평화로워 보였다. 마음 같아서는 당장 달려가서 아기를 보고 싶으나 장거리 야간운전이 부담스러워서 아내와 안사돈에게 맡기고 주말에 내려가서 볼 요량으로 참았다.

나는 기쁜 마음을 가눌 길 없어 집무실 창밖 하늘로 눈길이 향했다. 충효의 고장, 예천 고을을 아늑하게 품고 있는 먼 산들이 나를 에워싸고 자손만대 복 많이 받으라고 축하해 주는 듯하고, 입춘지절의 저녁 햇살은 우리 집안의 모든 일이 잘 풀리리라고 귀엣말로 속삭이는 것 같다. 연초부터 '육십 년 만에 찾아오는 흑룡의 해'라며 새해 운기(運氣)를 듬뿍 받으라고 대국민 성명을 하듯이 법석을 떨던 언론이 생각난다. 그러고 보니 아내도 임진년 생이다. 올해 환갑을 맞았다. 인연도 신묘하다. 간지로 볼 때 손녀를 같은 띠로 얻었으니 분명 집안의 친화와 결속을 내다볼 수 있을 성싶다. 운세를 보거나 운세에 의지하지 않지만 인연의 신비로움은 식구들 간에 이야기 거리가 될 듯하다.

두어 시간 흘렀을 즈음 휴대 전화기에서 문자메시지 도착 신호음이 들린다. 그새 아내는 아기 사진을 찍어서 전송했다. 이목구비가 또렷하다. 예쁘고 귀엽다. 생명에 대한 한없는 외경심을 느끼며 할아버지로서 첫 대면의 눈인사를 건넨다. 업무 중간 중간 쉴 참에 수없이 휴대 전화기를 열고 아기 사진을 들여다보았다.

성경에는 '자식은 하나님이 내려주신 기업(基業)이요, 상급(賞給)이라'고 명기하고 있다. 참으로 고맙고 감사하지 아니한가? 천하보다 귀한 생명을 선물로 받았으니 가문에 광영이 아닐 수 없다. 그것도 아들과 며느리가 결혼 일 주년을 지나자마자 때맞추어 자식을 얻었으니 더더욱 기쁘다.

내일은 주말이다. 오늘 밤이면 손녀를 볼 수 있다. 점심시간이 지나자 며느리한테서 문자 메시지가 들어왔다.

'아기가 체중이 정상보다 미달되고 젖을 양껏 먹지 못해 걱정이 되니 기도를 많이 해 달라.'고 한다. 애가 쓰였다. 무사하기를 빌고 또 빌었다.

잠시 뒤 회사 업무로 출장 갔던 아들이 부산에서 문자 메시지를 넣었다. 내용은 동일하나 한 가지 덧붙였다. '큰 병원으로 옮길지도 모른다고 하니 기도해 달라.'는 요청이다.

솔직히 업무가 손에 잡히지 않았다. 집무실에서 가만히 앉아 있지를 못하고 서성거렸다. 방 안을 빙빙 돌며 무탈하기를 빌고 빌었다. 도저히 퇴근 시간까지 못 기다리겠어서 4시에 조퇴를 신청해서 병원으로 향했다. 운전 중에도 마음은 갓 태어난 손녀에게 다 바치고 손과 발만 기계적으로 움직였다. 아내에게서 문자 메시지가 뜬다. '지금 구급차로 이송하니 순천향구미병원으로 오라.'는 전갈이다.

머릿속이 복잡했다. '내가 너무 교만하게 처신한 적은 없었는가? 누굴 서운하게 해 드린 일은 없는지?' 그 짧은 순간순간에 스스로를 돌아보게 된다. 갓난애가 삼 일 만에 구급차를 타고 이송을 하다니? 이 역시 시련이라면 시련이다. 아기가 무얼 알겠는가? 갓난애한테 무슨 잘못이 있으랴. 어른들의 탓이려니 자성(自省)이 앞섰다.

병원에 도착하니 이미 아기는 신생아중환자실에 입원되어 있었다. 아내에게 전해 들으니 의사가 말하기를 제 달을 다 차서 태어난 아기일지라도 체중이 미달되는 것은 다 원인이 있을 테니 알아내야 한다는 것이다. 서류에는 보호자가 직접 서명해야 하니 아기 아빠가 와야 된다고 했다. 조부모는 아무 해당사항이 없었다. 당연한 일인데도 할아버지, 할머니로서는 많이 섭섭했다. 면회는 오직 부모만 허락되며 주 2회 지정된 요일과 시간이 게시되어 있었다.

잠시 뒤에 아들이 도착했다. 입원실에 들어가서 아기를 면회하고 진료 결과를 알아보고 나왔다. 피 검사도 해 봐야 하고, 심장 초음파 검사도 해야 한단다. 온 식구가 며칠 동안의 기쁨을 일순간에 잃어버렸다. 아들의 얼굴은 잔뜩 굳어 있었다. 아버지 되는 길이 이다지도 험난한 것임을 온 몸과 마음으로 체휼하는 듯이 보인다. 볼수록 안쓰럽다.

내가 나서서 가족을 달래고 위로하였다. 하느님이 새 생명을 주셨는데 끝까지 살펴서 건강한 아기를 우리 품 안에 안겨 주실 것이니 너무 걱정하지 말도록 하자. 우리가 데리고 있는 것보다 병원에서 전문의가 돌보아주는데 아무 염려할 것이 없다. 이제 산모의 산후조리가 원만하게 되도록 보살피는 일에만 우선해야 할 것임을 제안하고 가족들의 마음을 추슬렀다.

그런데 식구들한테는 닦달을 해 두고서도 정작 나마저 평상심은 흔들리고 있었다. 할아버지 된 것을 축하한다고 인사를 받아도 건성으로 고맙다고 답례할 뿐이다. 아파트 단지 내 양지바른 공원의 의자와 놀이기구를 바라보면서 따사한 봄날 손녀를 안고 나들이하는 모습을 연상하며 마음을 안정시켰다.

새로운 한 주가 시작되는 월요일이다. 다시 직장이 있는 예천으로 왔다. 내내 산모와 아기 생각에 짠하다. 며느리는 화요일에 퇴원하여 집에서 조리를 하고 있는데 조리가 제대로 될 리가 있을까. 아기를 입원시켜 두었는데 무슨 말로 위안이 되겠는가? 젖을 짜서 냉동시켰다가 지정된 면회 날에 갖다 준다. 다행히 아들 직장이 병원 가까이에 있어서 출입에 따른 불편은 덜었다.

간간이 전화로 진료 경과를 주고받는데, 아기 피 검사 결과 아무 이상이 없다고 한다. 무척 반갑다. 그래야 하고말고. 아내한테 듣기로는 안사돈이 며느리를 낳았을 때도 체중이 적었다고 하며, 어찌 그조차도 어머니를 닮았을까 신기하다고 했다. 모전자전이란 말도 있는가? 하지만 적이 안심이 된다. 옛 어른들 말씀에 아기는 작게 낳아서 크게 키워야 한다고 했듯이 흔히 있는 일이 우리 집안에 생겼을 뿐이리라.

또 연락이 닿았는데 아기 심장 초음파 검사 결과도 아무런 이상이 없다고 한다. 이제 모든 것이 정상으로 돌아왔다. 다시 기쁨을 되찾았다. 아니 기쁨이 몇 배로 커졌다. 며느리도 음식이 달고 당긴다고 하니, 산후 회복이 잘되고 있음이어라. 여간 다행스럽지 않다.

초긴장 속에서 한 주간이 지났다. 오늘은 손녀가 아흐레 만에 퇴원하는 날이다. 토요일이므로 오전 중에 수속을 밟으라 하니 감사한 마음으로 서둘렀다. 쌀쌀하지만 다행히 햇살이 돋았고 바람도 없다. 우리 손녀를 처음으로 만난 자리는 신생아실 복도였다. 폭신한 포대기에 감싸여 있는 얼굴을 직접 대면하니 꿈만 같다. 작은 소리로 이름을 부르며 사랑한다고 속삭여 주었다.

태중에 있는 아기를 호칭하기 위해 이미 몇 달 전에 가족회의에서 정해진 이름이 '은우(恩友)'다. 여자 아이인데 이름이 남성 같다고 한동안 반대하다가 아기 부모들이 마음을 돌려 최종 확정되었다. 요즈음은 남성, 여성 구별되게 짓지 않고 중성적인 이름을 선호하는 추세이다. 이 또한 양성평등 개념이 녹아져 흐르는 것으로 볼 수 있을 듯하다. 매우 고무적이라 생각된다. '하늘의 은혜를 입은 사람'이라는 속뜻이 담겨져 있는데 태어나자마자 하늘의 은혜를 듬뿍 입은 우리 손녀 은우가 무럭무럭 잘 자라고 지혜가 충만하기를 빈다.

퇴원 수속 서류 중에 주민등록등본이 들어 있었고, 출생 신고를 해야만 병원비 혜택을 받을 수 있기에 어제 신고를 마치고 등본을 떼었는데 주민번호 뒷자리 끄트머리 숫자는 119이다. 무슨 조화(造化)인가? 갓 태어난 아기가 구급차에 실려 이송을 체험하더니 어쩜 119를 주민번호에 달았을까? 일부러 요청한 것도 아닌데 두고두고 하늘의 은혜 입은 것을 기념하라는 계시 같기도 하고, 일평생 지켜주신다는 언약의 부호 같기도 하다.

영웅의 눈물

아버지께서 입원하신 지 일주일째다. 병원 측에서는 어찌된 셈인지 수술 일자를 잡아주지 않는다. 계속되는 사전 검사에 아버지는 지친 기색이 역력하다. 출근 직후와 퇴근 직전, 하루 두 차례 회진하는 의사의 입만 쳐다본다.

담당의사의 소견은 아버지의 소변에 섞여 나오는 혈루가 멎고 맑아질 때까지 기다렸다가 전립선을 수술한다는 것이다. 소변줄 속으로 흘러내리는 붉은 빛깔이 원망스럽다. 생리식염수를 연거푸 투여한다. 행여나 링거를 갈아야 할 시점을 놓칠세라 신경이 곤두선다. 물론 간호사들이 병실마다 순회하면서 정성껏 돌보아주지만, 보호자는 가족의 병세를 살피고 손수 처리할 일이 있고, 간호사실에 제때 통보할 사정도 있기에 긴장의 끈을 늦출 수 없는 처지이다.

사건의 시작은 그야말로 돌발 상황이었다. 직장에 출근하자마자 휴대전화 벨이 울렸다. 고향 집 전화번호다. 어머니의 다급한 목소리가 귀청을 울린다.

"네 아버지가 소변을 못 보고 한 잠도 못 잤다. 빨리 병원에 가 봐야 한다."

몸과 마음이 얼어붙는 듯하다. 간부회의를 마치자마자 고향으로 향한다. '얼마나 고통스러울까?' 안타까운 심정에 자식의 마음은 타들어가고 직선 도로에서는 가속 페달을 자주 밟는다.

아버지는 모든 채비를 하고 뜰에서 기다리고 계셨다. 곧장 상주시내 성모병원 응급실로 갔다. 의술 장비로써 소변을 말끔히 비워내니 한방에 해결이 되었다. 한밤중이어도 위급하면 119로 전화하면 될 일인데, 아버지는 보호자가 대동해야 될 줄로 여기고서 장남인 내가 올 때까지 고통을 감수하신 것이다.

그런 일이 있은 지 나흘째 저녁, 다시 아버지의 전화를 받았다. 소변장애가 재발했으니 날이 밝는 대로 일찍 오라는 전갈이다. 느낌이 어쩐지 좋지 않았다. 무슨 심각한 사태가 일어나고 있음이 감지되었다. 병원을 찾아 인위적으로 소변을 비웠지만, 이제부터는 소변줄과 소변주머니를 장착해야만 했다. 아버지는 몹시 당황해 하시면서 남우세스럽게 여기셨다. 화장실에서 소변을 비우고 돌아서는데 이게 어찌 된 일인가? 소변 줄에 선혈이 비쳤다.

담당의사도 놀라워하며 바로 입원을 권했다. 내 직장이 구미시에 있어서 간병하기가 어렵다고 했더니 구미 소재 모 병원 응급실로 곧장 가라고 일러주며 진료 소견서를 적어 준다. 서둘러 감사의 인사를 드리고 고속도로를 한 시간 남짓 달렸다.

접수를 하고 응급실에서 대기하는 동안 아버지는 간간이 고통을 호소하신다. 평상심을 잃고 마음에도 없는 소리, 듣기 거북한 말씀을 쏟아내신다. 통증을 참아내기가 무척 힘드신가 보다. 진작 진료 받을 기회를 주선치 못한 것이 후회스럽다. 전립선 장애는 노인들에게 흔한 증세라고 태무심하였다. 매일 저녁 주무시기 전에 알약을 한 알씩 대놓고 복용한 것이 10여 년 전의 일이다. 몸이 버티어 줄 만큼 버틴 셈이다.

하늘이 무너져도 솟아날 구멍이 있다더니 다행한 것은 병원에 있는 수술 장비가 최첨단이라는 반가운 소식이다. 일명 '홀렙 수술'이라고 한다. 홍보 전단에는 무통이고 재발 우려가 없으며, 효과가 최상이라고 자랑한다.

그나저나 입원 기간이 길어질 터라 간병할 일이 문제였다. 간호사에게 문의하니 간병인을 구하려 해도 소설(小雪) 절기 전후, 김장철이어서 다들 그쪽으로 몰리고 간병할 사람을 구하기는 어렵다고 한다. 사실 부모 병수발을 남에게 부탁하는 것도 내키지 않던 참에, 오남매가 연가를 내서라도 윤번제로 담당하기로 뜻을 모았다. 돈이면 아무리 다 된다고 해도 효행에는 정성을 들이는 것이 백 번 옳은 처사일 것이다.

드디어 아흐레째 되는 날, 소변 빛깔이 맑다. 이때를 기다린 것이다. 수술 일자(2013년 12월 6일 금요일 10시)가 잡혔다. 아직 이틀을 기다려야 한다. 그런데 다 끝난 줄 알고 있었는데 심혈관에 체크할 사항이 발견되었단다. 연세도 있고 하니, 만에 하나 잘못 되면 수술 안 하기만 못하다는 설명이다. 의사들이 만일의 사태에 대비해서 보호자에게 최악의 경우까지 걱정하는 것은 맞지만, '빈대 한 마리 잡으려다 초가삼간 태운다.'는 속언까지 꺼낼 때는 불안하고 불쾌하였다.

아버지는 낙담하셨다. 무슨 검사를 또 받아야 되느냐고 성화를 부리신다. 좋은 말로 위로할 도리밖에. 침대차에 뉘인 채 수술실로 아버지를 들여보내고 나는 복도에서 애를 태웠다. 아무 탈이 없어야만 제 날짜에 수술하실 수 있을 텐데 얼마나 긴장이 되던지 일각(一刻)이 여삼추(如三秋)였다. 한 시간쯤 지나자 간호사가 보호자를 찾는다. 가슴이 덜컥 내려앉는다. 집도한 의사 옆에 앉아서 진료결과를 듣는다. 천만다행이었다. 의사의 첫마디가 "축하합니다."이었다. 아흔 연세에 믿기지 않을 만큼 심장이 건강하다는 것이다. 정말 고맙고 감사하다. 모레 큰 수술을 해도 아무 지장이 없다는 소견이었다.

드디어 대수술의 날이 밝았다. 마침 대전에 사는 남동생이 연차를 내고 내려왔다. 형제가 함께 있으니 한결 든든했다. 예정된 시간에 아버지는 다시 침대차에 실려 수술실로 이동하는데 때맞춰 목사님께서 성경책을 들고 승강기에서 내리신다. 수술실 앞에서 목사님이 아버지의 손을 잡고 간절하게 기도해 주셨다. 불안한 마음을 믿음으로 이겨낼 것이다. 전신마취 상태에서 수술이 진행된다고 담당의사는 간략히 설명한 뒤 보호자는 대기실에 머무르라고 한다.

의자에 앉아도 편치 않고, 복도를 걸어도 조바심이 치민다. 온갖 상념의 포로가 되었다. 정신 줄을 굳게 잡고 전심으로 수술이 잘되기만을 빌고 빌었다. 동생도 안절부절못하는 눈치다. 수술 시간은 두 시간쯤이라 했는데, 이미 정오를 넘겼다. 입안에 침이 마른다. 정수기에서 냉수를 받아 입술을 축였다.

두 손 모아 비는 내용은 참으로 단순하다. 하느님이 의사의 손을 잡아주시고 의사의 생각과 마음을 주재해서 수술이 잘되게 해 달라는 것이다. 같은 말을 수백 번 되뇌며 복도를 왕래하였다. 기원의 말 한 마디 한 마디가 수백 발의 화살처럼 하늘로 날아올랐을 것이다. 이때 수술 상황을 알리는 화면에 드디어 '회복중'이라고 뜬다. "하느님, 감사합니다." 그제야 오장육부가 제자리로 돌아온 느낌이다.

"아버지, 많이 힘드셨지요?"

"......"

침대차에 실려 수술실을 나오신 아버지는 눈을 감고 계신다. 아버지는 잘 참아내시고 생명의 밧줄을 잡으셨다. 그런 아버지가 고맙고 감사하다. 담당 의사도 만족해한다.

다음날 희소식이 날아들었다. 6·25 전쟁 참전용사이신 아버지께 정부에서 호국영웅기장증과 훈장을 보내셨다. 국가보훈처장의 명의로 된 '6·25 전쟁 정전 60주년 기념 호국영웅기장' 이다. 환자복 차림의 아버지 목에 훈장을 걸어 드리고 축하의 박수를 드렸다. 훈장 문양에는 한반도가 새겨져 있고 비둘기 두 마리가 날고 있다. 그 둘레로 '자유, 평화' 라는 핵심 가치를 새겨 넣었다. 정말 감동이었다. 사진을 찍어서 온 가족들에게 카카오 톡을 이용해서 전송했다. 축하 메시지가 쇄도하였다. 모쪼록 아버지에게 큰 힘이 되기를 염원하였다.

그날 밤에 지켜보니 소변줄에 여전히 붉은 빛이 비친다. 소변 통은 오로지 연붉은 핏빛이다. '혹여, 수술이 잘못된 것은 아닌가?' 걱정이 밀려온다. 간호사도 좀 더 지켜보자고 한다. 아마 수술 뒤에 얼마 정도 지나야 불순물이 빠져나오고 회복되리라. 혈액 검사를 하니 헤모글로빈 수치가 떨어져서 수혈이 필요하다고 한다. 수혈이 시작되었다. 회진하는 의사도 미심쩍게 여기며 부쩍 관심을 보인다.

의사가 소변줄을 제거한 뒤 자력으로 소변을 볼 수 있는지 체크하겠다고 한다. 퇴원 날짜가 다가오는 것이다. 아버지도 기분이 좋아지시고 식사도 잘하신다. 지정해서 나오는 모든 약을 꼭꼭 챙겨 드신다. 퇴원 승낙이 떨어지길 기대하게 되었다.

그런데 뜻하지 않은 위기 상황이 몰아쳤다. 한나절 만에 다시 소변줄을 차야 한다는 것이다. 전립선이 워낙 비대했던 터라 제 기능을 회복하려면 며칠 더 기다려야겠다고 한다. 의학적으로 설득해도 아버지는 곧이듣지 않으신다. 저녁 밥상을 받아놓고도 아버지는 병실 벽 쪽으로 얼굴을 묻고 울고 있었다. 점점 흐느꼈다. 그때 그날 밤 간병을 담당할 여동생이 들어온다. 경과를 전해 듣고 여동생도 안타까워하며 울먹인다. 나는 아버지의 눈물을 외면한 채 병실을 빠져나왔다. 어차피 아버지께서 스스로 감당하고 이겨내야 할 생명의 관문이라고 여겼다.

다음날 아침, 아버지의 모습은 여상하셨다. 딸의 정성어린 효도의 힘이 컸나 보다. 정말 다행스럽다. 문제는 소변에 섞여 나오는 혈흔이다. 다시 수혈이 이어진다. 실핏줄 몇 가닥을 잡아주지 못한 것이 원인일 수도 있다면서 담당의사는 마지막으로 방사능 치료가 필요하다고 한다. 통증도 없고 한 시간 가량이면 치료가 끝난다고 안심시킨다. 아버지를 모시고 방사능치료실로 향했다. 아버지께서 끝까지 생명줄을 굳게 잡기를 기도하며 담당의사의 손길에 신의 가호가 있기를 빌었다. 한 시간이 채 못 되어 치료실 문이 열리고 의사가 나오더니 피가 번져 나오는 실핏줄 두 가닥을 찾아내어 완벽하게 차단시켰다고 한다. 이제 상황이 종료된 것이다.

이틀이 경과하자 소변 빛깔이 투명해졌다. 담당의사와 간호사들이 무척 좋아한다. 소변줄과 소변주머니도 제거했다. 의사와 간호사들한테 감사하다는 인사가 저절로 나온다. 살갑게 대해 주던 간호사 한 분은 "의료진을 신뢰하고 따라준 것에 대해 우리가 더 고맙지요."라고 한다. 아버지는 이제 얼마나 자유롭고 시원하실까! 병실에 함께 입원해 있던 분들의 축하를 받는다. 아버지는 사흘 동안 경과를 살펴보며 회복 기간을 거쳐 퇴원 승낙을 받게 된다. 어머니 혼자 계신 고향집이 걱정되어 단걸음에 달려가고 싶을 것이다.

입원한 지 스무나흘 만에 아버지는 병원 문을 나섰다. 단골 이발소에 들러 말끔히 머리 손질을 하시고 고향집에 당도하였다. 호국 영웅의 귀환이다. 아버지는 승용차에서 내리시더니 집안 경내를 휘 둘러보며 한 말씀을 하신다.

"난 이번에 살아서 못 돌아올 줄 알았다."
 수술실을 세 차례 드나드는 동안 아버지는 정작 생사의 경계를 넘나들던 것이었다. 수술 뒤에 회복이 늦어지자 낙담하시며, 병실 벽을 향해 흐느끼시던 영웅의 눈물에 섞여 있는 사연을 아둔한 자식이 어찌 다 헤아릴 수 있으랴.

유혹 이제(二題)

젊은 날의 유혹은 예외가 없다. 누구든지 몇 차례씩 겪는 성장기의 통과의례라 생각된다. 그 맛과 향기는 꿀과 같고 그 빛깔은 매혹적이어서 신(神)의 은총으로 착각이 될 정도로 위장하여 다가오기 일쑤다. 만약 잘 통과하면 성공의 터닝 포인트가 되고, 자칫 유혹에 걸려 넘어가면 고통을 당하고 그 상흔도 오래 간다.

나는 대학교 이학년 시절에 한 번, 그리고 직장생활 두 해째 또 한 차례의 유혹을 받았다. 사실 그 당시는 그게 유혹인 줄을 몰랐는데 세월이 지난 뒤에야 그때가 내 인생에 있어서 위험한 고비였다는 것을 깨닫게 되었다. 유혹은 가까운 사람들을 매개로 하여 결정적인 순간에 은밀하게 손을 뻗친다.

첫 번째 유혹은 황금빛깔이다. 유혹의 손길이 닿을 수밖에 없었던 배경과 사연은 아직까지 생생하기만 하다. 사범대학 합격통지서를 받아보니 입학수속금은 당시(1967년)에 9천 원이었다. 부모님의 형편으로는 마련

할 길이 없는 큰돈이다. 아버지의 당부대로 당숙 어른을 뵙고 말씀을 드렸더니 5천 원을 보태 주셨다. 나는 고맙다는 인사도 못 드리고 동네 어귀를 돌아 나오는데 흐르는 눈물을 주체할 수 없었다. 입학금이 모자랐기 때문이다. 부족하다고 떼를 쓰면서 간청할 배짱이 없었다. 집에 와서 아버지께 그대로 말씀 드렸더니 몹시 서운해 하셨다.

다음 날 찾아간 이는 고등학교 한 해 선배이면서 같은 동아리 회원이고 무척 나를 아껴주신 분이다. 졸업하자마자 군청 건축과에 임시직으로 근무하고 있었다. 반갑게 맞아주는 선배에게 떨어지지 않는 입을 겨우 떼어서 어려운 처지를 알렸다. 선배는 선뜻 통장과 도장을 꺼내주며 필요한 만큼 찾아오라고 했다. 천우신조였다. 정확하게 5천 원만 찾아 왔다. 선배에게 빚을 얻은 셈인데 그때는 빌려주는 건지, 보태주는 건지 구분도 없이 돈을 받았다. 그리하여 입학을 할 수 있었다.

그해 시월에 입주 아르바이트를 시작하기 전까지는 동향의 친구한테 더부살이 자취도 하고 외삼촌댁에 몇 달을 기거하면서 신세를 졌다. 외삼촌은 어머니의 오빠인데도 다른 식구들 보기에 얹혀 지내는 것이 편치 않았다. 마침 기숙사에 빈 방이 있어서 소정의 절차를 거쳐 입사했다. 음식은 소박해도 심적인 부담을 털어내니 잠자리가 훨씬 편하고 즐거웠다. 이젠 그룹 과외를 나섰다. 중학생 3명을 지도하면 당시 월수입은 9천 원이요, 기숙사 생활비는 한 달에 3천 원 안팎이었으니 넉넉지는 않으나 생활을 이어갈 만했다.

겨울방학 때 참으로 오랜만에 고향집에 갔다. 부모님께서 얼마나 걱정을 하셨을까? 내가 그 동안의 생활 내력을 말씀드리니 다소 마음을 놓으셨다. 그런데 뜬금없이 어머니께서 제의를 했다.

"읍내 시장에서 포목장사를 하는 집안인데, 그 집에는 딸만 다섯 형제를 두었단다. 만약 네가 그 집 어느 처녀하고든 혼인하겠다고 약속을 하면

네 학비를 모두 부담해 주겠다고 한다. 네 생각은 어떠냐?"
"엄마, 나 혼자 해낼 수 있어요. 말도 안 되는 소리 집어치워요."
나는 어머니 면전에서 몹쓸 말로 쏘아붙였다. 자식으로서 할 도리가 아닌 줄을 그때는 몰랐다. 어머니께 자세하게 사정을 설명하고 거부하는 의사를 순차적으로 아뢰어야 도리인데, 전후 사정을 살필 경황이 없었다. 소위 데릴사위를 할 의향이 있느냐고 누가 지인 편에 촉을 넣어 본 것인데 워낙 답답하니까 어머니께서 내 뜻을 친히 확인하신 것이다. 그렇다고는 해도 우리 집안을 바라보는 주변의 시선에 대해 너무 화가 치밀었다.
예나 이제나 빈부의 격차는 우리를 우울하게 만든다. 나는 무척 자존심이 상했던 것 같다. 어려움을 헤쳐 나가는 과정이 인생 공부요, 도전 정신과 성취감은 그 자체가 큰 스승이 아닌가? 씁쓸한 뒷맛을 삭이며 나는 더욱 과외 지도에 정성을 쏟았다. 그것만이 대학 생활을 보장해 주는 유일한 생계 대안이기 때문이다. 사범대학생이었으니까 현직 교사로 발령된 것과 같은 열정으로 교과목을 지도했다. 그 열정이 주효했다. 학생들의 성적이 향상되고 석차가 올라가자 부모들의 대접도 달라졌다. 그리하여 대학생활은 탄탄대로를 걷게 된다. 유혹을 단호하게 뿌리치고 자립정신으로 헤쳐 나온 것이 여간 자랑스럽지 않다.

두 번째 유혹은 검은 색상이다. 양심을 도적맞을 뻔했다. 대학을 졸업하고 중소도시에 소재한 여자중학교에 교사 발령을 받은 이후의 사건이다. 직장을 얻고 나니 열심히 살아갈 이유가 분명해졌고 사랑할 대상도 늘어났다. 제자를 가르치고 사랑하면서 이세 교육에 힘쓴다는 것은 가슴 벅찬 일이었다.
그 당시엔 범국민운동으로 고전 읽기 열풍이 일었다. 조상의 얼이 스민 작품을 많이 읽도록 권장했다. 하기야 국민교육헌장을 선포하고 암송을 강요하던 시기였으니까. 내 업무가 도서관 담당이어서 고전 읽기 지도 영역도 내 몫으로 분장되었다. 매년 학교 급별로, 학년별로 지정 도서를 정해 주었다. 독후감 쓰기, 독서 그림그리기 등 한 해 동안 지도한 실적을 평가해서 우수 학교를 시상하는 제도도 병행되었다. 첫해엔 성적이 좋지 않아서 교장선생님으로부터 꾸중을 들었다. 이듬해에 동일한 사무가 분장되었기에 초반부터 열성을 다해 지도했다.

먼저 선생님이 지정도서를 탐독해서 내용을 훤하게 꿰고 있어야만 원활한 지도가 이루어지는 터라 사명감을 가지고 책을 읽었다. 주기적으로 독서내용을 평가하고 토론도 곁들이며 재미있게 이끌어 갔다. 딸기밭으로, 포도농원으로 장소를 바꾸어 가면서 야외에서 독서하는 체험은 학생들에게 인기 있는 프로그램이었다. 그해 군단위에서 최우수상을 휩쓸어 왔기에 지도교사상까지 받는 영예를 안았다.

그래도 교사로서 가장 보람된 시간은 정규수업시간이다. 한 시간 눈을 마주치면서 교수-학습활동을 하다 보면 알아가는 기쁨과 깨우치는 보람에 신명이 절로 난다. 늦은 가을에 접어들자 한 통의 편지가 배달되었다. 신체검사 통지서였다. 군 복무를 이행하라는 것이다. 잠시 학교를 떠나야 한다는 단절감과 군대생활에 대한 두려움이 몰려왔다. 새로운 생활에 대한 기대도 있지만 부모님을 봉양하는 의무가 소홀해질 수밖에 없어서 많이 걱정되었다. 예정대로 신체검사에 참여하고 갑종 등급을 받았다. 현역병으로 입대할 날짜가 정해지면 국민의 의무를 감당하기 위해 입영하는 일만 남겨 두게 된다.

겨울방학 때 고향집에 갔다. 설 쇠고 새봄 3월이면 입대하는 줄 온 가족이 알고 있었다. 그때만 해도 아들이 입대한다면 부모는 안타까워서 울고불고 하던 시절이다. 느닷없이 아버지께서 제안하셨다.

"집안 일가 중에 면사무소 병사계 직원을 아는 분이 있는데, 쌀 한 가마니 값만 내면 네가 군대 안 가도록 조치해 준다는데, 네 생각은 어떠냐?"
 나는 단호하게 여쭈었다.
 "아버지, 제가 그런 일 못할 줄 아시면서 왜 말씀을 하십니까? 제가 군대에 안 가면 어떻게 제자들에게 나라 사랑하라고 가르칠 수 있겠습니까?"
 그제야 아버지는, "알았다. 내가 잘못했다."고 하시며 말씀을 거두셨다.
 약 삼 년 간의 군대생활을 면제받는다면 금전적으로 엄청난 이득이 생겼을 것이다. 교사로 근무하면서 봉급이 쌓일 것이고, 결혼 기반도 훨씬 유리해질 수 있다. 나는 지금도 그때 면사무소 직원이 직권으로 입대할 사람을 면제시킬 수 있었는지에 대해서는 의문점을 품고 있다. 오직 내가 검은 마수의 미끼에 걸려들지 않은 것이 명예스러울 뿐이다.
 나는 군 복무 기간 34개월 동안에 나라 사랑의 정신도 배우고 익혔지만, 부수적으로 세상살이에 대한 무한한 깨달음을 얻었다. 그래서 병영 생활을 '인생대학'이라고 예찬한다. 내가 군대를 부당한 방법으로 가지 않았다면 평생 양심상 죄악을 뒤집어쓰고 살았으리라. 그리고 그 쓰디쓴 열매를 씹으며 얼마나 후회했을까?
 인사청문회 단골 메뉴로 오르는 것이 해당 인물과 그 가족의 병역 특혜 의혹이다. 고위공직자 자녀들 중에 석연찮게 군 면제자가 있다면 철저하게 진상을 규명해 내는 것을 여러 차례 지켜보았고, 심지어 대권 후보자 중에도 아들의 병역 사항이 도마에 올라 해명하느라고 고충을 겪던 사례를 접하고 보니 내게 천운(天運)이 따른 것으로 추억된다.

 돌이켜 보면 두 가지 유혹의 본질은 결국 물질과 명예에 관한 것이었지만 치명적인 사실은 자존심과 양심에 흠집을 내는 음모였다. 그 유혹의 손짓을 거들떠보지도 않은 나를 두둔해 줄 사람은 아무도 없었다. 부모님까지도 호기(好機)를 놓치는 것으로 아쉬운 마음이 들었다고 옛일을 회상할 정도니까.

 제대복직을 하자마자 중매를 통해 선봐 두었던 아가씨와 그해 봄에 결혼하고 슬하에 딸 하나, 아들 둘을 얻었는데, 지금은 모두 성혼하여 분가해서 일가를 이루었으며, 구순(九旬)에 닿은 부모님께서 집안 화목의 구심점이 되어 주시니 고맙고 감사하다. 또한 교직을 천직으로 삼아 양심에 거리낌 없이 당당한 자세로 이세 교육에 헌신한 세월이 사십여 년이요, 이제 자유로운 신분으로 회귀하여 이모작에 착수할 날도 멀지 않았다. 날마다 실시간으로 누리는 이 행복은 젊은 날의 유혹을 뿌리친 데 대한 하늘의 은총이라고 생각된다.

침묵의 힘

  노익장(老益壯)이라며 동네 분들한테 칭송을 받으시던 할머니께서 가족의 곁을 황망히 떠나신 지 스물두 해째 맞는 기일(忌日)이다. 할머니가 그립고 보고 싶다. 당장이라도 사뿐사뿐한 걸음으로 마당 안으로 들어서실 듯하다.
  별세하신 그해 겨울을 건넛마을 숙부 댁에 머무셨다. 아버지는 사형제여서 내게는 숙부가 세 분이다. 큰집보다 막내 숙부댁 사랑방이 더 따뜻하다고 식구들이 권해 드렸고 숙부께서 자청해서 효행을 다하려고 모신 것이다. 여느 날처럼 할머니는 새벽에 당신의 요강을 들고 뜨락에서 마당으로 발을 내려딛다가 그대로 낙상(落傷)하셨다. 간밤에 진눈깨비가 살짝 내렸는데 그 천기를 어찌 알 수 있으랴. 할머니는 큰집으로 오셔서 딱 사흘을 앓아 누우셨다.
  타관 생활을 하던 터라 할머니의 와병 소식을 받고도 공무 처리로 인해 이틀을 지나서야 부랴부랴 문안하러 갔는데, 마당에 차를 세우자마자 식구들의 큰 울음소리가 일제히 터져 나왔다. 한 발 늦어 임종을 못한 것이다.
  "숨길을 놓았다가 잡았다가 하길 여러 차례 하더니만 맏손자를 기다렸

구먼."

어른들의 말씀을 들으니 불효의 가슴앓이는 더 깊어졌다. 할머니는 장손(長孫)인 나를 유난히 사랑하셨다. 사랑과 솟아오르는 연기는 숨길 수 없다는 격언처럼, 할머니의 은근한 사랑을 늘 알아차릴 수 있었다. 좀처럼 말씀이 없으시지만 마음이 묻어나는 몸 언어로 모든 것을 다 소통하셨다. 만년에는 나의 권유로 교회에 출석해 예배를 드리고 거동이 불편해 바깥출입을 조심한 뒤로는 한 차례씩 돌아오는 가정 심방 때에 함께 예배를 드리셨다. 장례 방식을 놓고 형제들 간에 옥신각신하자 할머니는 서둘러 기독교 풍습으로 하라고 당신께서 친히 정해 주셨다고 한다. 신앙의 불일치로 인해 예견되는 형제간의 갈등마저 생전에 원천적으로 막아주신 것이다.

장례일은 봄날같이 온화했다. 햇볕이 장지를 따사롭게 데워주는 듯했다. 친지들과 조객들이 할머니의 덕을 입에 오르내렸다. 호상(好喪)이란 이를 두고 이른 말이리라. 96세를 향수하셨다. 조객들은 백수하실 분이 급작스럽게 돌아가셨다고 모두들 아까워하셨다.

할머니를 우러러보며 진정으로 그리워하는 것은 그럴 만한 사연이 따로 있기 때문이다. 우선 할머니는 대인(大人)의 풍모를 지니신 분이다. 한 해가 한결같고 십 년이 한결같고 아니 평생이 한결같으셨다. 일체 짜증을 내시는 모습을 보이지 않으셨다.

작은아들이 셋이니 이 집 저 집 드나들며 끼니때가 닥치면 아무 집에서나 드시고 일도 거들었다. 서운하거나 불편했던 경우가 어찌 한 번도 없었으랴만 전혀 내색하지 않고 말을 옮기는 것을 듣지 못했다. 집안의 화목을 모범적으로 이끄신 분이시다.

새마을운동이 들판의 불길처럼 번지던 그 시절, 참외의 고장인 경북 성주에서 우리 내외가 교원으로 재직했다. 첫아기가 태어나고 시골 동리에서 아이 돌보아 줄 사람을 구할 처지가 못 되니 할머니께서 증손을 키워주셨다. 가난을 벗어나려고 갖은 고생을 숙명처럼 받아들였던 때인지라 할머니를 좋은 찬으로 모시지 못한 것이 여태껏 마음에 걸린다. 젊은 손부가 직장 다니며 아이 키우면서 골몰하는 것을 곁에서 보신지라 차려주는 대로 무엇이든 잘 드셔서 참으로 고운 추억을 남기셨다.

할머니는 천성적으로 부지런하시다. 당신의 옷가지를 벗어서 며느리 앞에 내놓지 않고 손수 빨래를 하시고 손질을 하신다. 바느질도 능란하게 하시며 오직 바늘에 실을 꿰는 일은 손주들 손을 빌린다. 한가함이 시간과의 싸움이었나 보다. 일을 만들고 일을 찾아내어서 스스로를 일 속에 파묻고 침묵으로 자신과의 대화를 즐기신 듯하다.

오랜만에 고향집에 가면 할머니는 양말을 벗어달라고 하신다. 딸랑 양말 한 켤레를 들고 동네 우물가 빨래터로 가신다. 할머니는 무슨 생각을 하시면서 손자의 양말을 빨았을까? 어쩌면 후대가 번창하라고 기도하면서 정성껏 두 손으로 비벼대며 땟 자국을 씻어내신 건 아닐까? 그때는 깨닫지 못하고 심심해서 그러시는 줄 알았으나 침묵 속에 담긴 큰 뜻을 이제야 풀어내며 기린다.

해마다 춘분 절기 전후해서 햇살이 따사로운 날이면 거처하시던 방의 천장에 매달아 보관해 오던 수의(壽衣)를 꺼내서 봄빛을 쐬어 준다. 다시 갈무리할 때는 어김없이 좀약을 넣어서 훼손되지 않게 마음을 썼다. 수의를 일찍 장만해 두어야 장수한다는 믿음 때문에 고모 두 분이 환갑 전후해서 마련해 두었으니 근 삼십 년을 봄철마다 지성으로 손질하여 간수해 오신 것이다. 할머니는 당신의 죽음을 그토록 일찍 준비하신 셈이다. 참으로 초연하신 삶이었다. 침묵 속에 깃든 무학(無學) 노인의 심오한 생활철학을 나는 가까이에서 지켜보며 컸다.

자가용 붐이 일 무렵이었다. 고향 마을에도 명절 쇠러 오는 자녀들이 승용차를 타고 들락거리던 시절에 뒤늦은 감이 있지만 나도 승용차를 타고 집에 갔다. 식구들이 좋아하고 차 구경하느라 부산하게 떠들썩했다. 서산에 해가 노루꼬리만큼 걸쳐 있던 저물녘에 마당을 쓸다 말고 할머니께서 자동차 앞덮개에 손을 얹어 쓰다듬으시는 광경을 훔쳐 볼 수 있었다. 마당 한가운데 순한 짐승처럼 엎드려 있는 자동차를 진정으로 대견스러워하시는 모습이다. 할머니께서 별세하시기 불과 4년 전이었으니 그나마 승용차 구입 시기는 매우 적절했다고 여겨진다.

할머니는 일의 절차와 과정을 중시하신 분이다. 빨랫줄에 널려 있는 옷가지를 마를 때까지 그냥 두지를 못하신다. 싸릿대를 꺾어서 통풍이 잘 되게 옷 속에 끼워 말린다. 매우 과학적이고 치밀하시다. 이것은 지식이 아니라 삶의 지혜임이 틀림없다. 국문 해독을 못 하시는 어르신이 일머리를 살피는 데는 탁월하셨으니 존경할 수밖에 없지 않은가.

할머니는 할아버지보다 47년을 더 사셨다. 반평생을 더불어 삶이 아닌 홀로의 삶이었다. 영화(榮華)는커녕 독한 세월의 쓰디쓴 맛을 어쩌면 침묵으로 감내하시었다. 만년에는 커피를 그토록 좋아하셔서 숭늉 마시듯 큰 그릇, 사발에 타 달라고 재촉하신다. 그렇게도 맛있게 잘 잡수셨다. "쇠고기 국보다 커피가 낫다."고 말씀하실 정도였으니까. 구순 넘어서는 걸음걸이에 큰 표시는 나지 않아도 무릎 관절이 안 좋으셨다. 뜨락의 계단을 오르내리는 번거로움 때문에 계단이 호랑이보다 무섭다고 하시던 말씀이 방 안 가득 쟁쟁하다.

이제 되돌아보니 복 노인이란 소리를 들어오신 할머니의 평생은 한결같은 봄날이었다. 바람 한 점 없는 온화한 봄 날씨마냥 할머니는 침묵의 힘으로 인생의 풍파를 녹이신 분이다. 당신을 추모하는 이날에 할머니께서 눈부신 은빛 날갯짓을 하며 이생의 처소를 한 바퀴 선회하고 다녀가신 듯하다. 어둠 속 진한 그리움이 쌓인다.

무지개 양말

　아내가 백화점 앞 가판대(街販臺) 상인한테서 양말을 사 왔다. 무지개 색상을 띤 여성용 발목 양말이다. 거실에 들어서자마자 양말을 치켜 흔들며 무지개 양말이라고 자랑이 늘어졌다. 청순한 신혼시절로 되돌아간 듯 밝고 명랑해 보인다. 단돈 일천 원에 다섯 켤레를 구매했다고 공치사까지 곁들인다. 다소 못마땅했지만 나는, "야, 정말 예쁘네." 하고 관심을 보였다.
　예전 같았으면 어림없는 일이다. 내 가치 기준에 벗어난 것을 용납하지 못하는 밴댕이 속으로 뭉쳐 있던 시절이었으면 아내의 말을 즉시 되받아 쳤을 것이다.
　"여보! 그렇게 궁상맞게 살지 않아도 되잖아."
　"백화점이 코앞인데 왜 길거리에서 그 따위 물건을 사고 그래!"
　하며 역정을 냈을 것이다.
　그런데 세월이란 스승이 나를 바꾸어 놓았다. 미소로 응대하며 아내의 말을 경청하고 아내의 구매행위에 별다른 토를 달지 않는 속 너른 사람으로 진보한 것이다.

　물론 하루아침에 달라진 것은 아니다. 남자는 여성보다 늦게 철이 든다고 했던가. 나도 그런 셈이다. 아내의 의견에 동의하는 연습부터 했다. 내가 아내에게 맞추어 살고자 생각을 바꾸고 행동으로 옮겼다. 무슨 말을 들어도 대꾸를 하지 않았다. 말이 흘러나오자마자 맞장구를 쳐 주고 호의적으로 응대했다. 며칠 지나니까 아내가 나의 태도에 드디어 반응을 보였다.
　"여보, 갑자기 왜 나한테 잘하는데. 뭐, 잘못한 거 있지?"
　"그런 거 없어, 남자는 늦게 철난다고 하잖아, 이제 철드나 봐."
　내심으로는 기뻤다. 내 행동에 묻어난 마음을 들킨 것이든, 내 마음을 아내가 알아준 것이든 하여튼 기분이 좋았다.
　무지개 양말 사건을 두고 보더라도 젊은 날처럼 화내지 않고 견딘 것을 치면 사랑의 완숙(完熟) 단계에 근접했다고 자평할 수 있을는지? 오직 평가치는 아내가 스스로의 만족도에 따라 시시때때로 신호를 보내올 테니 미뤄 놓고 지켜 볼 일이다.

　당시 나는 경상북도교육청에 근무했다. 거주지 구미에서 백 리 남짓한 대구광역시에 소재(所在)한 직장까지 매일 출퇴근했다. 자가 운전을 몇 달 동안 하다가 안전을 위해 또 주유 경비가 부담스러워 열차를 이용했다. 퇴근길에 구미역에서 내려 집까지는 택시를 탔다. 그날그날의 교통 흐름에 따라 일정치 않지만 기본요금보다 조금 더 나온다.
　아내의 무지개 양말을 본 이후 택시 타기가 망설여졌다. 아니 탈 마음이 내키지 않았다. 무지개 양말이 눈에 어른거려서 허투루 돈을 써서는 안 될 것 같았다. 아예 이십여 분쯤 운동 삼아 걷기로 마음먹었다. 때로는 대중교통을 이용하여 여섯 구간 지난 정류장에서 내려 걸었다. 버스 안은 초만원이고 학생들의 소란함이며 연신 옆구리를 쥐어박는 책가방 때문에 시달리기 일쑤지만 참을 만했다.

　사실은 돈을 떠나서 아내와 마음을 같이하고 싶었다. 그저 소박한 삶을 함께하려 했다. 소비가 미덕이라고 부르짖는 사람에겐 다소 미안하지만 각인에게 맞추어져 있는 생활의 분수를 뛰어넘어 소비하는 일이 생각만큼 쉽지 않다.

　아내는 백화점 쇼핑하러 더러 가기는 가지만 좀처럼 구매하지 않는다. 아니 구매를 못한다. 한도 끝도 없이 재보다가는 그냥 돌아선다. 함께 장보기에 나선 날엔 늘 지쳐 버린다. 한쪽 휴게 코너에 앉아서 아내가 용무를 다 마치고 다가오기를 기다릴 때도 있다.

　아내에겐 눈길이 가는 물건은 많으나 마음에 차는 물품은 적은가 보다. 마음에 드는 물품은 있지만 가격대가 맞지 않아 눈요기만으로 위안을 삼는 것이리라. 비단 아내뿐만 아니라 살림하는 여성들에겐 공통으로 일어나는 구매 심리가 아닐는지? 여성 특유의 섬세함과 계획적인 경제관에서 기인했다고 여겨진다.

　누구든지 부부일신이라는 말대로 항상 일치된 생각과 마음으로 줄기차게 살아가기란 어려울 것이다. 자녀 양육과 교육 문제며, 부모 섬기는 내막과 형제끼리 부닥치는 집안 대소사며, 살림살이의 면면을 챙기는 과정에서 다툼이 생길 수도 있고 대수롭지 않은 이야기 끝에 마음이 상하여 며칠씩 말도 아니하고 냉전을 겪기도 한다. 대개의 경우 아내들의 투정과 짜증에는 남편들이 원인을 제공한다. 남편들은 아내에 비해 생활 전반에서 치열함이 못 미치기 때문이다.

　내 경우엔 은혼식(銀婚式)을 전후한 무렵에 변화해야 되겠다는 자각이 들었다. 숨 가쁘게 달려온 세월을 뒤돌아보며 여유를 찾고 가정의 중심에 아내를 앉혀야 한다는 생각을 하게 되었다. 집안일을 자상하게 의논하고 아내의 의사를 존중하며 일임하는 수순으로 흘러갔다. 우리 부부에게 상대방으로 인해 짜증내거나 스트레스 받을 일이 줄어든 것이 큰 소득이요, 집안 화목으로 모든 일이 잘 풀려나갔다.

얼마 전에는 직장으로 낯선 사람이 찾아왔다. 명함을 주고받고 보니 양복점 사장이다. 다짜고짜로 계절에 맞는 양복 한 벌 맞추라고 강권한다. 그분은 내가 알고 있는 선배와 동료들의 이름을 거론하면서 자기네 단골손님이라고 힘주어 말한다. 신뢰할 수 있는 업체임을 은근히 빗대어 자랑하면서 좀처럼 자리를 뜨지 않는다.

나는 정중하게 거절하며 양복을 맞출 의사가 없음을 밝혔다. 몹시 서운한 낯빛을 하며 돌아갔다. 난 상체의 체형이 맞춤 양복에 어울리지 않는다는 아내의 소견에 따라서 상설 매장을 애용한 지 오래다. 평소 우리네 방식대로 구매하는 매뉴얼이 있으므로 업자의 선전에 휘둘리지 않고 결례 없이 처신할 수 있었던 것이다.

부부를 일신으로 묶는 것은 사랑의 계약을 성실하게 지킬 때만 가능하다. 평상시 소통을 잘하고 매사를 의논하며, 어느 한 쪽이 먼저 양보하든지 아니면 서로 한 발짝씩 뒤로 물러서서 극단을 피하면 화평을 지키게 되지 않을까.

테레사 수녀를 취재하던 외신기자가 질문을 던졌다고 한다.
"세계 평화를 위해서 가장 시급한 일은 무엇인가요?"
"인터뷰를 끝내고 기자 양반은 바로 집으로 가서 가족과 함께 식사를 하십시오."

가정의 화목이라는 작은 과제도 실천 못 하면서 세계 평화를 논하는 기자를 성자께서 호되게 꾸지람한 것이다. 사랑의 정의를 몰라서 사랑할 줄 모르는 사람이 어디 있으며, 평화의 정의를 몰라서 평화를 도모하지 않는 이가 몇이나 될까?

무지개 양말은 우리 부부에게 하늘이 내려준 사랑의 리트머스 시험지라 생각된다. 양말 속에는 우리 부부를 이어주는 찬란한 무지개가 들어 있다. 원숙한 사랑의 경지에 다다를 때까지 무지개를 떠올리며 아내를 향한 나의 사랑을 시험해 보려 한다.

보호자

"황○○씨 보호자 분, 3번 화면 보십시오."

드디어 검사가 시작되었다. 다소 긴장된다. 아니 조금 초조하다. '아무렴, 별다른 이상(異常) 없겠지.' 스스로를 위로해 본다.

아내는 위장 내시경과 대장 내시경 검사를 수면 상태에서 받고 있는 중이다. 화면을 응시하면서도 간호사의 입에서 흘러나온 '보호자'라는 말에 생각과 마음이 온통 쏠린다.

'그래, 맞아. 내가 보호자 맞지. 그럼 제대로 보호한 것이 뭐지?'

몇 달 전부터 아내는 소화 장애를 호소했었다. 진작 보호자인 내가 서둘러서 주선하고 검사 받기를 망설이는 아내를 채근했어야 옳았다.

그게 쉽지가 않았다. 직장을 가진 사람이 여가를 내어 제 몸을 돌본다는 일이 쉬운 일이 아니다. 그냥 그대로 견디다가 방학이 되면 큰 병원에 가서 종합적으로 진단을 받아 보리라 마음먹었다.

이번 일만 해도 그렇다. 때로는 음식 먹은 것이 왠지 거북스럽고 신경 쓰일 정도로 아픈 느낌이 주기적으로 온다는 것이다. 금방 병원에 가야 할 것처럼 다급하다가도 금세 멀쩡한 사람으로 되돌아오기를 반복하니 예사롭게 여겼다.

그런데 입동(立冬)을 지난 금요일 오후, 문자 메시지가 떴다.

'배가 자꾸 아파서 진료받아 봐야 할 것 같아요.'

즉답으로 메시지를 보냈다.

'그럼 병원 정해서 예약해 놓고 진료 받으러 같이 가야지.'

내가 아내의 직장으로 약속한 시간을 맞추어 도착했다. 구미 인동(仁洞)에 있는 '○○연합의료원'이라고 불과 승용차로 10분 거리에 좋은 병원이 있었다. 그것도 모르고 대도시 큰 병원만 기웃거렸으니 진료받기가 더욱 지체된 것이다.

사람은 자기 사정이 다급해지면 자신도 모르게 토설하는 모양이다. 아내의 경우도 그러했다. 무심결에 동료에게 대장 내시경 받아봤냐고 물었단다. 동료는 아내더러 그 나이에 여태껏 검사를 받아보지 않았느냐고 놀래면서 한잠 자고 나면 금세 끝난다고 말해 주었다. 그리고 서울, 대구 등지의 유명한 병원이 아니라 우리 지역 병원을 소개한 것이다.

접수를 하고 안내 절차에 따라 움직였다. 2층에서 5층까지 기초 검사를 받는 아내를 졸졸 따라다니면서 시중을 들고 곁을 지켰다. 내심 보호자 역할을 해 왔던 셈이다. 다행히 내일, 토요일 오전 11시로 내시경 검사 예약이 잡혔다.

다시 처방전을 들고 약국을 찾았다. 저녁 7시 이후에 아무것도 먹지 말 것을 당부하며, 처방에 따라 약물 복용법을 상세하게 일러준다. 혹시나 하여 나도 명심해서 들어 두었다.

무엇보다 3리터 가량의 장 세척액을 엊저녁과 오늘 아침에 두 차례 나눠 먹었다. 이번 기회에 속을 완전하게 세척해 내고 의구심 가는 병세에 대해 정확하게 진단할 수 있으니 참으로 다행한 일이다.

내 두 눈은 3번 화면에 고정돼 있다. 1번, 2번 화면에서도 검사 장면이 순차적으로 나타난다. 다른 보호자들도 각각 자기 식구의 몸 안을 주시하면서 무사함을 기원하는 눈빛이다. 화면상으로 보니 대장의 터널 안을 소형 카메라가 헤집는다. 내 눈에는 아내의 몸속이 비교적 깨끗해 보이고 속살 빛깔도 좋아 보인다. 12시 13분에 시작하여 27분에 화면이 정지된다. 약 15분쯤 걸렸다. 수면 상태이니 한잠 자고 아내가 일어나기를 기다린다.

대기실 텔레비전에는 남녀 패션모델들이 한껏 모양을 내어 워킹을 반복한다. 옷이 날개라더니 색상과 모양새가 눈길을 끈다. 요즘엔 의상모델도 인기 직업이라 들었다. 몸매도 뛰어나고 인물도 좋은 젊은이들이 탐내어 볼만하다는 생각이 든다.

갑자기 대장의 길이가 얼마인지 궁금해졌다. 스마트 폰으로 검색을 해 보니 1.5m이다. 소장(6m)의 사분의 일이다. 대장암 발병률이 점점 높아지는 추세를 감안해 볼 때, 대장은 얼마나 소중한 분신인가? 너나없이 자신의 신체를 지혜롭게 보존하고 보호하는 일에 성심을 다해야 할 것이다.

이윽고 검사실에서 아내가 나왔다. 입실한 지 한 시간 남짓 흘렀다. 정말 잠자리에서 금방 일어난 모습이다. 피곤한 기색이 역력하다. 그동안 마음고생이 심했을 것을 생각하니 몹시 안쓰럽다. 검사결과가 좋아야 하는데, 걱정은 이제 한곳으로 귀착된다.

대기실 의자에 몸을 기대고 아내와 나란히 앉았다. 창 너머로 도심의 가을이 마주한다. 멀리 뵈는 가을 산의 채색은 이미 선홍빛을 잃었다. 하기야 이제 겨울이 코앞이니, 계절 변화가 신속히 지나간다. 아내도 올해 갓 예순을 넘어섰다. 청순한 시절이 어제인 듯한데, 금세 건강을 챙길 나이에 접어든 것이다.

간호사의 안내에 따라 아내가 검사소견을 청취하러 담당의사에게로 간다. 나는 좋은 생각만 하며 평정을 유지하러 애썼다. 5분 정도 걸려 아내가 나온다.

"괜찮대. 용종도 하나 없이 깨끗하대."

아내가 고맙다. 진료하신 의사가 고맙다. 아니 하늘이 고맙다.

건강한 아내를 다시 얻은 것과 진배없다. 앞으로는 제때에, 평소에 보호자 노릇을 제대로 해야겠다고 다짐한다. 아내의 반응도 한마디로 "개운하다."였다. 그동안 얼마나 속으로 걱정을 했을까? 이제 삶의 활력을 되찾게 되리라.

연분(緣分) 찾아 십 년 세월

나는 슬하에 삼 남매를 두었다. 첫딸을 얻은 뒤에 아들 둘을 연이어 선물로 받았다. 두 살 터울이지만 희한하게도 25개월씩 달수가 같아 생일이 있는 달은 맏이부터 차례대로 10월, 11월, 12월이다. 가을 추수기에 자식을 얻었으니 자식 농사란 말이 어울릴 듯도 하다.

딸은 대학 졸업을 하자마자 직장을 구하고 객지 생활에 안착했다. 아내는 무척 다행스럽게 여기면서 한편으론 나이가 차 가는 딸을 적잖이 걱정했다. 결혼 적령기에 혼인을 해야 마음을 놓겠다는 것이다. 어느 어머니인들 인지상정이 아닐까? 스물여섯 살까지는 결혼 이야기를 꺼내기만 하면 딸아이는 펄쩍 뛰었다.

"하나밖에 없는 딸을 그렇게 빨리 시집보내고 싶어요?"

몹시 서운해 하며 앙탈을 부렸다. 하지만 부모 처지에서는 자식의 혼사는 하늘이 내린 숙제라고 생각된다. 답답한 나머지 부모가 나서기로 마음먹었다. 친척과 친지들에게 부탁을 하고, 직장 동료들에게도 사방 통지를 넣어두었다. 천하만사에 때가 있는 법이니, 혼인의 때는 하늘이 내린다고 한 옛 어른들의 말씀을 상기하면서 마음을 추슬렀다.

직장생활의 경력이 쌓이고 스물여덟 나이에 들자, 딸아이도 결혼에 대해 마음이 동했다. 친구들이 하나, 둘씩 혼인을 하고 더러는 첫돌 잔치에 초대를 받는 과정에서 자연스럽게 결혼 의향이 높아진 셈이다. 참으로 고맙고 다행스러운 일이 아닐 수 없다. 친구 소개로 맞선(소개팅)을 보고, 부모가 주선을 하여 저희끼리 만나보도록 자리를 만들어 주어도 성사까지는 쉽지 않았다. 좀처럼 숙제가 풀리지 않았다.

딸의 나이가 서른을 바라볼 무렵, 아버지인 내가 점찍어 둔 사돈감이 생각났다. 숨겨둔 비장의 카드를 비로소 꺼냈다. 한 직장에서 근무했던 비슷한 연배인데 마침 우리 딸과 그 집 아들이 같은 해에 대학에 입학한 동갑내기다. 사윗감을 마음에 품고 짝사랑한 세월이 근 십 년쯤 되나 보다. 사람 일을 알 수 없어서 용기를 내어 말을 건네 보기로 했다.

"우리 딸애가 이만저만한데 자네 아들하고 한 번 만나볼 기회를 주면 좋겠네."

어렵사리 말문을 텄다. 그런데 선뜻 하는 말이

"그래, 좋지. 내가 아들한테 연락을 해서 만남을 주선해 보겠네."

역시나 말을 건네 보기를 잘했다고 생각되었다. 양가 부모 모두의 의사 결정이 소중하지만 우선 아버지끼리 합의에 닿았다. 그 후 재차 확인을 하니 부모가 쾌히 동의한 사실이 밝혀졌다. 속으로 잘 되기만을 빌고 또 빌었다. 사윗감은 세칭 스카이(SKY) 대학 출신의 전도양양한 젊은이였다. 나도 이참에 혼사 잘했다는 주위의 시선을 한몸에 받고 싶은 다소 엉뚱한 생각에 우쭐해 있었다.

그런데 몇 달이 지나도 도무지 연락이 없었다. 나중에 업무와 관련된 연수회에 참석했다가 친구를 만나 이야기를 들어보니 그 집 아들이 대학원 공부에 바쁘다는 핑계로 만남 자체를 거절한다는 것이다. 딸 둔 아버지의 생각으로는 '한 번 만나 보면 우리 딸한테 마음이 끌릴 것이리라.'는 고슴도치 사랑이 불 일 듯한데, 맞선 자체가 성립되지 않아 부모끼리의 행복한 해프닝으로 접어야만 했다. 하늘이 나서서 맺어주지 않으면 사람으로서 달리 방도가 없는 일을 두고 '연분'이라고 하나 보다.

낙심의 깊은 수렁에 빠져 있던 그 무렵 딸한테서 낭보가 왔다. 같은 교회에 다니는 청년과 미팅을 했는데, 고향이 같은 경상도이며 너무 잘 생겼고 역시 명문대학 출신이라는 것이다. 전화 통 속의 딸애 목소리는 약간 상기되어 있음이 분명했다. 부모의 근심을 덜 수 있는 절호의 기회를 잡았다는 의기양양한 기분을 감지할 수 있었다. 우리도 덩달아 기분을 전환하고 새로운 기대에 한껏 부풀었다.

딸의 낭보는 이어졌다. 이번 연말 휴가 때 남자 친구와 함께 우리 집에 온다는 것이다. 이게 얼마나 고대하고 기다렸던 소식인가? 마치 꿈을 꾸는 듯했다. 온 마음을 다해 정성을 모으면 그 일이 이루어진다더니 바로 이를 두고 한 말이렷다. 백년손님이라는 사윗감을 데리고 온다는데 아내는 음식 장만할 행복한 걱정을 하고 나도 집안 청소와 정리정돈에 신경이 쓰였다.

또 딸한테서 전화가 걸려왔다. 남자 친구 아버지가 고향 이웃마을 출신이고 나를 잘 알고 있는 사람이라고 한다. 이야기를 듣고 나니 내 기억의 필름에 남은 사람이다. 어쩜 이렇게 신기한 일이 있는가? 서울 그 넓은 무대, 그 많고 많은 사람들 중에서 동향의 후배 아들과 우리 딸이 만나다니 이런 것을 두고 인연은 따로 있다고 했던가? 아무리 생각해도 신비한 조화이려니 싶었다.

사연은 이렇다. 내가 교사 첫 발령을 받고 K시의 중학교에 근무할 때 고향 후배는 K시의 기차역에 역무원으로 근무했다. 나는 여동생과 함께 자취를 했고 후배는 멀지 않은 곳에서 하숙생활을 했다. 후배가 연탄가스에 중독된 적이 있었다. 그때 내가 후배를 병원까지 업고 가서 입원 치료를 시켰던 옛일이 떠올랐다. 치료를 받고 회생하자, 후배는 나를 '생명의 은인'이라며 늘 고마워했다. 그런데 그 후배의 아들이 우리 딸과 함께 초겨울 문턱에서 우리 집을 방문한다는 것이다. 그것도 혼사 문제를 안고 찾아온다니 한 편의 소설 같고 매우 극적인 사건이라고 생각되었다.

드디어 후배 아들과 우리 딸이 함께 우리 내외 앞에 앉았다. 얼마나 오랫동안 그려온 광경이었는데 이제 분명한 현실이다. 식사를 하고 차도 마시고 온 집안에 온기가 흐르고 생기가 감돌았다.

그리곤 두어 시간 지체하다가 남자 친구 부모한테 인사차 간다기에 늦기 전에 서둘러서 보냈다. 고향 후배가 근무했던 바로 그 기차역까지 딸과 사윗감을 태워주면서 인연은 신비한 덫과 같다는 생각에 잠겼다. 좀처럼 풀리지 않던 숙제를 해결해 줄 후배의 아들이 고맙게 여겨졌다.

딸한테 전해 들으니, 남자 친구 부모님께서도 좋게 여기시고 환대를 했다고 한다. 발 없는 말이 천 리를 간다더니 한 주일이 못되어 고향에서 벌써 전갈이 닿았다.

"누구네 집안과 혼사하기로 했다면서…."

상견례도 없었는데 소문이 좀 빠르다 싶었다. 기분이 썩 좋은 편은 아니었다. 어찌해서 소문이 무성하게 나도는지 진원지를 궁금하게 여기면서도 혼담은 제자리에서 맴돌았다.

한 달 지난 무렵 딸한테서 연락이 왔다. 뜬금없이 남자 친구가 그만 만나자고 한다는 것이다. 영문도 구체적으로 밝히지를 않은 채. 너무 잘 아는 사이라도 혼사에 지장 요인이 될 수 있다더니 이를 두고 하는 말인가 보다. 딸이 입은 상처는 너무 큰 듯하다. 나도 그 청년을 도무지 이해할 수 없어서 단지 연분이 아닌 탓이라고 정리하고 속히 잊기로 했다.

몇 달 뒤에 다행스럽게 딸아이가 프러포즈를 받았다. 같은 교회에서 여러 해 동안 함께 일하고 생활한 친구였다. 인상이 좋고 인품도 뛰어나며 이해심마저 깊다고 자랑을 한다. 여름휴가 때 둘이서 우리 집에 인사차 왔다. 딸보다 한 살 연하의 청년인데, 첫눈에 '우리 사람'이 분명하다는 느낌이 왔다. 딸 가진 부모로서는 우리 딸 아껴주고 위해 줄 그런 인물됨이면 족하지 않은가?

상견례 자리에서 양가 부모가 만나니 서로 간에 흡족해 했다. 이제야 연분을 만난 것이다. 십 년 가까이 공들이고 설레며 보낸 세월은 무엇일까? 어떤 의미를 던져준 것인가? 마음의 거품을 모두 제거하고 겸손하게 우리 집안의 처지를 돌아보게 해 준 것이다. 참행복이 어디에 있는 것인지 성찰하게 하고 준비시킨 값진 나날이었다.

혼례를 마치고 우리 딸과 사위가 새 살림을 꾸리고 난 다음, 틈을 내어 사돈댁을 찾아갔다. 사돈은 소백산 자락에 터 잡고 과수농원을 경작하고 있다. 사과, 포도가 주종이고 온갖 농작물도 함께 재배한다. 나 역시 시골 태생인지라 일복 차림으로 편하게 대하고 일손을 돕는다. 이런저런 이야기 끝에 출신 학교를 밝히다가 바깥사돈이 중학교 동문이요, 한 해 후배임을 알게 되었다. 사과밭에서 일하고 대화하며 정이 깊을 대로 깊어간다. 연분을 다시 생각한다. 진정한 인연은 자연스러움과 편안함이 바탕에 깔려 있어야 바른 인연이라 할 것이다. 신분과 지위의 차이가 많이 나는 경우도 더러 있겠지만, 나와 사돈은 아들과 딸을 맞바꾸어 가진 촌부로서 우애 있게 지낸다.

딸이 임신을 하고 산달이 가까워 오던 때였다. 사위한테서 급하다고 연락이 왔다. 평소 진료 받던 병원에 입원을 시켰다고 한다. 서둘러 상경했더니 사돈 내외분은 이미 도착하여 우리를 맞는다. 하룻밤을 지내도 산통만 주기적으로 반복될 뿐 출산이 지체되었다. 사돈은 농번기여서 일 때문에 도리 없이 새벽에 시골로 내려가야 했고, 나도 직장에 출근해야 되기에

친정엄마인 아내와 사위에게 맡겨두고 집으로 내려왔다. 오전 근무 중에 아들을 낳았다는 연락을 받았다. 참으로 기뻤다. 나중에 들은 이야기인데, 사돈 내외는 사과밭에서 일하다가 손자 보았다는 소식을 듣고, 소백산 자락이 흔들흔들 할 정도로 외쳤다고 한다.

"우리 집에 금송아지 봤다!"

그리고 두 사람은 서로를 끌어안고 기뻐서 한참을 울었단다. 그해 유월, 하지 무렵의 태양이 이글거리는 밭 한가운데 뜨거운 눈물을 흘렸다니 사돈 마음을 이해할 만하다. 사돈은 딸 둘에 아들 하나를 두었는데, 사위가 둘째이다. 손(孫)이 귀한 집안이라 손자 보기를 학수고대했으리라. 요즈음은 양성평등 시대이어서 아들딸을 가리지 않지만, 시집가서 시댁 어른들의 소원 하나를 이루어 드렸으니 앞으로 사랑받을 일만 남았다고 생각되어 부모 심정은 일단 안심이 된다.

농번기 철이면 주말을 이용해서 사돈댁 일손 돕기에 나서는 것이 참으로 즐겁다. 오늘은 개천절 휴일이다. 어젯밤에 통지를 해 놓고 이른 아침에 가을 풍경을 곁눈질하며 승용차를 몬다. 무슨 일감을 준비해 두었을지 궁금하다. 오전 8시 반에 도착을 하니 벌써 사돈 내외는 작업이 한창이다. 반갑게 수인사를 하고 우리 내외도 바로 작업장으로 향했다. 저온창고에서 포도를 내어 상자에 담아내는 일이다. 오늘 작업량은 5kg 상자 100개를 맞추어 내놓는 것이다. 나는 상자 접는 일을 맡았다. 사돈은 내가 할 만한 일을 미리 계획해 두었던 것이다.

쉴 참에 틈을 내어 사돈이 모는 경운기에 몸을 싣고 농원으로 나갔다. 밭 어귀에서 능이버섯을 채취하고 있는데, 사돈의 휴대전화가 울린다. 서울 사위가 전화를 했다. 세 살 손자가 전화를 받는다. 아직 발음은 부정확해도 제법 말귀를 알아듣는다. 어린이집에서 배운 노래를 할아버지한테 들려주느라고 통화 시간이 엄청 길다. 통화가 끝나자 사돈이 휴대전화기를 건넨다. 전화기 덮개를 여니 손자가 활짝 웃고 있다. 사돈은 일하다가도 보고 싶으면 손자 얼굴 들여다보고, 목말라 물 한 모금 마실 때면 또 손자 얼굴 마주하고 아무 말이라도 걸어보며 대화를 나눈다고 한다. 핏줄보다 소중한 것이 달리 있으랴 싶다.

　사돈은 힘든 농사일의 고단함도, 시름도 다 날려 보내고 백두대간처럼 든든하게 삶을 지탱하기에 우러러보인다. 돌잔치 때 손자가 돌잡이로 판사의 의사봉을 잡자 파안대소하던 사돈이다. 사돈 마음속에는 가문의 영화를 몰고 올 금송아지 한 마리가 튼실하게 자라고 있다. 나도 한껏 기운을 내 보며 창공에 눈길을 고정시킨다. 옥빛 가을 하늘이 송두리째 쏟아질 것만 같다.

혹서기(酷暑期)를 지내며

    폭염 주의보가 발령되었다. 연일 무더위가 기승을 부린다. 전력 비상이 우려되니 집집마다 에너지 낭비 요인을 철저히 살펴보고 국가적인 위기에 동참하라는 안내 방송이 귀에 익었다. 학교를 비롯한 관공서마다 에너지 절감 대책을 짜내며 고통 분담에 골몰한다. 대형 매장도 마찬가지다. 종전에는 상가 매장에 들러 아이쇼핑(Eye-shopping)을 하면서 피서하는 알뜰 고객도 있었다. 그러나 지금은 손님들 편의를 위해 출입문을 열고 냉방기를 가동하면 단속 대상이다. 너나없이 더위 앞에서 자유롭지 못하다.
    교장실 냉방기는 아예 가동할 엄두를 안 낸다. 출근하자마자 창문을 열고 유학 산골바람을 맞아들이고 출입문은 항시 개방해 둔다. 형광등 불도 켜지 않는다. 밝은 것은 좋지만 더위를 부채질하는 듯해서 금한다. 조금은 어둑한데도 컴퓨터 화면은 밝아서 업무에 지장이 없고, 신문이나 책을 읽을 때는 창가 쪽으로 옮겨 앉으면 불편함이 없다. 쉬엄쉬엄 눈을 깜박이며 지척에 있는 산자락을 바라본다. 더위를 뚫고 한 줄기 시원함이 안구를 적시어 준다.

나의 집무실에는 꽃과 나무가 제법 많다. 평당 한 그루 꼴이다. 창가 쪽으로 배치하여 은은한 햇볕을 받게 했고, 늘 통풍이 잘 되게 신경을 쓴다. 더위에 견디도록 하루 한두 차례씩 분무기로 살수(撒水)를 한다. 꽃나무의 속사정을 들여다볼 정도로 친구가 된 셈이다. 갇혀 사는 화초들도 제 딴에는 얼마나 답답할까? 역지사지 심정으로 알아내어서 대우해 준다. 바람 없는 날에는 선풍기 바람을 쐬어 준다. 줄기와 잎사귀가 얼마나 흔들리며 몸짓을 하고 싶을까 짐작되기 때문이다. 실내의 꽃나무들은 삼복지우들이다.

혹서기에 주변의 산을 둘러보라. 높은 산도 낮은 산도 모두 납작 엎드린 모양새다. 더위에 항복하고 폭염이 지나가기만을 묵묵히 고대하는 눈치들이다.

예로부터 여름을 염제(炎帝)라 하고, 겨울을 동장군(冬將軍)이라 했다. 더위와 추위의 위력을 비유해서 이른 말이다. 여기서 '임금'과 '장군'은 초월자를 지칭한 것이라 생각된다. 사람 마음대로 날씨와 기후를 주장할 수 있으랴? 과학의 힘을 빌려 제한적으로 가능할 수도 있을 것이다. 태풍의 눈을 발견하는 즉시 그 위력을 파괴할 대안을 마련하고 태풍의 방향을 임의로 조정하는 것은 미래의 과제이다. 결국 날씨에 대해서 인간이 할 수 있는 일은 순응하는 길이 상책임을 깨닫는다. 자연에 순응하는 것은 겸손을 배우고 심성을 다스리는 길이다.

우리나라 기상통보관 제1호로 등록된 김동완 씨의 일화가 전해온다. 그분은 굵은 매직펜으로 기압선을 그려가며 예보에 속담과 생활정보 등을 녹여 구수한 입담으로 시청자들의 사랑을 받았다. 한번은 "폭염, 이기려하지 말고 피하세요."라는 당부를 하면서 면역력이 약해지기 쉬우니 건강에 각별히 유의하라는 조언을 곁들였다. 너무나 친근하여서 시청자들에게 인기 짱이었다.

우리말 사전에 따르면 피서(避暑)와 피한(避寒)이란 어휘가 동시에 나온다. 그럼 '피하다'의 깊은 뜻은 무엇일까? 내 생각으로는 전략적인 의미가 내포되어 있다고 본다. 이때의 전략이란 생활의 지혜란 말과 잘 어울리겠다. 우리는 그동안 얼마나 자주 무모하게 덤비며 살았는지 반성해 볼 일이다. 자신의 처지를 헤아리지 못하고 분수를 넘어서 도전했다. 오직 성공해야 한다는 일념으로 옆을 돌아보지 않고 앞만 보고 투쟁적으로 살아오다가 에너지를 소진한 탓에 몸을 상하게 하지 않았는지?

더위를 이기려고 전략을 짜는 것을 금할 일이다. '삼복더위도 세 번 엎드리면 물러간다.'고 한다. 혹서 때에는 휴식이 필요하다. 산과 바다, 계곡과 휴양림을 찾는 인파와 차량행렬을 보라. 더위에 덤비지 않고 피하여 납작 엎드려 지내는 것이 지혜이다. 이열치열(以熱治熱)이라는 말도 더위를 즐기는 경지를 나타낸 것이리라. 자연의 섭리에 도전하지 않는 것이 인간의 지혜이다.

폭염으로 인해 각종 피해를 겪는 것은 여간 아쉽지 않다. 연해안에서 양식업 하는 이들은 적조 피해에 속수무책이다. 연신 황토를 뿌리지만 예산 확보와 황토 구하기에 어려움이 있어 시름이 깊다. 가장 확실한 대안은 태풍이 찾아와서 바다 심층부까지 세차게 휘저어서 부패하고 썩은 기운을 한 바퀴 돌려 산소를 공급하여 신선하게 해 주어야 한다는 것이다. 자연의 법칙이 매우 신묘하다.

어찌 보면 자연은 참으로 공평하기도 하다. 사람이 자연을 탓하거나 핑계 대는 것은 아주 저급한 수준이라 하겠다. 대자연의 이치를 터득하고 순리로 대응할 줄 알아야 인격자라 할 만하다. 폭염도 필요하고, 태풍도 필수적인 요소이다. 자연은 항상 순환한다. 그 순환 주기를 읽어내는 능력을 길러야 한다. 기상학이나 환경 분야에 종사하는 학자들만의 몫은 아닐 것이다. 정부의 정책을 담당하는 책임관들은 한반도 자연현상이 선순환 되도록 재해 예방에 만전을 기해야 한다.

승려들은 여름 장마철 동안 외출하지 않고 석 달쯤 함께 모여서 수행하는데 이를 하안거(夏安居)라 한다. 장마철에 각양 벌레들이 길바닥에 나오므로 이를 밟지 않으려고 한곳에 모여 공부하며 수행을 하게 되었다고 한다. 더위를 피해 계율을 익히고 제도를 정비하는 등 고유 업무에 정진하려 한 듯하다. 처서 절기 전후하여 해제(解制)되면 승려들은 도를 전하러 속세로 되돌아간다.

그렇다. 혹서기에 더위 속에서, 더위와 짝하면서 배우고 익히는 공부의 재미가 얼마나 쏠쏠할까? 피서의 최고 경지는 아무래도 독서 삼매경에 빠지는 것이리라. 요즘에는 인문학이 대세이다. 나는 생활 속의 철학 영역에 매료되어 있어 그 분야의 직무연수를 사이버 강의로 청취하기도 하고 서적을 구해 읽고 있다. 우리말 어휘나 속담, 격언 등에 감추어져 있는 선인들의 지혜를 재탐색하며 캐내는 가르침은 다이아몬드를 채굴하는 이상의 값어치가 있다.

더위에 덤비지 않고 덥다고 짜증내지 않으며 피하고 즐기는 자세를 수용하고 나니 가마솥더위, 찜통더위라 할지라도 전혀 두렵지 않다. 삼복지절이 오면 겸손히 엎드리어 독서 삼매경에 젖어 삶의 이랑을 깊게 경작하리라.

제02부

백야(白夜) 삼일

생각의 삽질

 극한 가뭄에도 참깨는 제법 대차게 자라서 꽃을 매달고 날 좀 칭찬해 달라며 응석을 부린다. 뒷산 골바람이 박수를 보낸다. 밭둑 둘레에는 망초꽃이 제철의 메밀꽃 마냥 하얗게 수를 놓은 듯 어지럽다.
 아버지께서 여든 살 들던 해까지 어머니와 함께 경작하던 밭인데, 기력이 부쳐 근 십여 년을 묵혀 둔 땅이다. 몇 해 전에는 농민의 자식으로서 땅을 놀리는 것이 하늘에 죄스러워서 맏이인 우리 내외가 재래종 마를 서너 이랑 심었다. 지난 가을에 마를 한 박스(10kg) 가량 수확했다. 정년퇴임 이후 시간을 내기가 자유로워 소일거리 삼아 본격적으로 밭을 일구려고 마음을 먹었다.
 까마득한 기억을 거슬러 가면 1960년쯤이다. 보릿고개 넘기가 호랑이 만난 듯 무섭던 시절에 한 뼘 땅이라도 확보하여 경작지를 늘리라는 시책이 내려왔던 모양이다. 동네 구장(이장)이 집집을 돌면서 채근했다. 우리도 온 식구가 나서서 산자락의 편편한 곳을 택해 잔디를 캐내고 돌 자갈을 골라내면서 땅을 일궜다. 백 평 남짓한 보기 좋은 밭이 생겼다. 고추, 마늘, 고구마, 깨, 콩 등 각양 식량이 이곳에서 나왔다. 한량없이 고맙고 정든 밭이다. 인생 이모작에 접어들면서 농토를 매입하여 농사에 취미를 붙인 선배들의 이야기도 들은 터라 고향에 묵혀 둔 땅을 새로이 경작하는 것은 실리와 보람을 함께 챙기는 의미 있는 일이라 생각했다.

참깨 씨앗을 넣을 때만 해도 아버지는 뒷밭 농사를 반대하셨다. 허름한 일복 차림으로 농기구를 챙겨서 갔더니 달갑게 여기지 않으셨다. 내심을 밝히지 않아서 잘은 모르지만 복합적인 까닭이 있을 듯하다. 우선 얼마 전까지 국가공무원으로서 존경 받는 지위에 있었는데 농사꾼으로 변신한 자식의 모습이 아마 보시기에 안쓰러웠나 보다. 솔직히 아버지 말씀대로 돈으로 치자면 참깨 한 말, 들깨 한 말이 그리 많은 돈이 아니다. 또한 당신이 접은 농사일을 자식이 대물림한다고 나서니 선뜻 마음이 내키지 않은 것이리라. 그런데 몇 달 만에 달라지셨다. 우리의 진정성을 알아보시고는 응원해 주시고 영농 기술을 알려주기까지 하신다.

생활근거지인 구미 시내에서 고향집까지는 승용차로 한 시간이 채 안 걸린다. 다달이 한두 차례는 반드시 부모님을 뵙고 부엌살림을 봐 드리고, 정기적으로 병원 진료도 받으시게 모셔 왔다. 더 자주 내왕하면서 효도하고 농사일도 할 수 있으니 금상첨화라 하겠다. 오늘은 들깨 모종을 내는 날이다. 가뭄 탓에 차일피일 미루다가 비 소식이 있기에 감행하기로 했다. 하늘이 구름차일을 잔뜩 둘러 주니 일하기가 훨씬 낫다. 일기 예보에는 오후 7시부터 이틀 동안 장마 진다고 했는데, 국지적인 기후 사정은 달라서 먹구름이 몰려들었다. 우기(雨氣)가 틀림없다. 반가운 조짐이다.

우선 아내가 낫으로 주변의 잡풀을 제거한다. 나는 삽으로 땅을 파 일궈 잔디와 잡풀의 뿌리까지 말끔히 캐낸다. 그리고는 흙덩이를 곱게 빻아서 진정한 농토로 만든다. 기경하지 않던 땅이라서 군데군데 삽질을 받아들이지 않고 튕겨 나온다. 자칫하면 무릎을 다치기 십상이다. 조심스레 삽질을 한다. 아무래도 무릎에 무리가 올까 염려스러워 삽 대신 괭이로 파 일구어도 본다. 안 쓰던 근육을 갑자기 쓰니까 느낌이 다르다. 저절로 몸이 움츠러든다.

　나름대로 준비를 철저히 했다. 자외선 차단을 위해 팔 토시를 했고, 얼굴 전체를 막아주는 마스크도 착용했다. 신나서 하는 일이지만 진득하게 못하고 연신 휴식을 하면서 느리게 해 나간다. 밭 모양을 갖추어 갈수록 흐뭇하다. 어느덧 정오를 넘었다. 점심 식사 준비하러 아내가 먼저 가고 혼자서 한 시간 가량 밭일을 더 하다가 삽질의 요령을 체득하며 깨달음을 얻었다.

　처음에는 가볍게 삽을 밟아서 눌러 본다. 땅이 받아주면 힘차게 밟아서 삽을 깊숙이 밀어 넣는다. 그리고는 흙을 파 올려 뒤엎는다. 만약 땅이 첫 삽질을 거부하면 영락없이 돌이 들어 있거나 쇠꼬챙이 따위의 단단한 이물질이 버티고 있다는 증거이다. 일단 현실을 인정하고 다시 각도를 조정해서 삽질을 한다. 반드시 수월하게 삽질 되는 곳이 따로 있다. 땅속을 모르니 무지막지하게 삽을 들이밀어서는 안 될 일이다. 땅하고 일종의 소통이요, 상호작용이다. 사람살이도 어쩌면 이와 무엇이 다르랴. 무슨 생각을 하든지, 누구와 협상을 하든지 모두 보이지 않는 삽질이다.

　오후에는 들깨 모종을 심는 작업이다. 아버지께서 마음이 쓰였던지 밭에 나오셨다. 참깨 작황이 좋은 것을 보고는 감탄을 금치 못하신다. 참깨 씨앗을 넣고서는 몇 달 만에 처음 와 본 것이다. 그리고 보면 농작물이 주인의 발자국 소리를 듣고 자란다는 말이 꼭 맞는 말은 아닌 듯하다. 때로는 사람이 던져 놓아도 하늘이 키워낸다. 자식 농사도 마찬가지다. 부모가 지나친 관심으로 과잉보호하면 잘못되는 수가 많고 믿음으로 멀찌감치 거리를 두고 지내도 스스로 알아서 잘하는 수가 있다. 부모의 간섭을 내려놓음이 천륜(天倫)의 이치에 다가서는 길이 되리라.

　참깨 이랑에 들어선 아버지는 참깨를 감고 올라간 마 넝쿨을 일일이 제거하시고, 간혹 잘못 나간 깨 순을 정리하신다. 아버지께서 우리보다는 농사에 고수이니까 들깨 심는 법도 보여주신다. 호미로 알맞은 간격으로 구멍을 뚫은 뒤 주전자로 물을 주고 들깨 모종을 심는다. 모종을 반듯하게 세워서 흙을 채워 넣고 두 손으로 꼭꼭 눌러주어야 한다. 나는 물 떠 나르는 일을 맡았다. 비 소식이 있어도 심을 때 물을 주고 모종 뿌리를 물하고 같이 묻어야 잘 살릴 수 있다.

　집안 텃밭에서 배추와 가지 등 심심찮게 농사를 지어왔지만 아버지께서 산자락 밭에 일을 나온 것이 얼마 만인가? 십 년 전으로 회춘한 듯하다. 한 시간 남짓 쉬지도 않으시고 모종 심기에 여념이 없다. 참으로 오랜만에 자연 속에서 부자간에 정겨운 이야기도 무르익는다.

　중학생 때였다. 시험 기간인데 일요일에 보리 베기를 했다. 공부한다는 핑계로 빠질 수 없어 일단 보리밭에 와서 일을 거든다. 그 당시엔 할머니를 비롯해 작은 아버지네 식구와 한 지붕 밑에 살았으니 객식구의 눈치를 봐야만 했다. 밀린 공부가 염려되어 일에 집중하기가 어려웠다. 난데없이 낫에 손가락을 베어 피가 흐른다. 그때도 아버지는 내 편을 들어 주셨다.

　"넌 그만 집에 들어가거라."

　난 부리나케 집으로 와서 마음껏 공부를 할 수 있었다.

　그 시절을 추억해서 말씀을 드렸더니 아버지는 새삼스러워 하신다. 이미 한 시간 넘게 쪼그리고 앉아서 일을 하셨기에 아버지께 그만 집에 들어가시라고 수차례 말씀을 올렸더니 나머지는 우리더러 마감하라고 맡기신다.

　공무원 생활을 하던 자식이 아버지 마음에 들게 일을 잘할 수는 없다. 아버지도 아신다. 그래도 어깨너머로 농사일을 익혀서 묵은 땅을 개간하여 농사짓는 흉내를 내니까 흡족하게 여겨주시기를 바라는 마음이다.

이윽고 반가운 비가 내린다. 날씨 예보보다 다섯 시간을 앞당겨 후드득 후드득 복을 뿌린다. 복비다. 약비다. 농작물한테 비보다 더 좋은 약은 없을 것이다. 온몸으로 비를 맞아들인다. 신명이 난다. 이젠 못물을 뜨러 갈 필요가 없다. 모종을 바로 심으면 된다. 일에 속도가 붙어 예상보다 빨리 마쳤다. 모종 내는 시기가 한 주일 정도 늦었지만 비를 맞추어 심었으니 이 또한 적기에 심은 것이다. 잘 살아 붙어 튼실하게 자라서 보란 듯이 열매를 맺을 것이다.

저녁상은 맏며느리가 정성껏 끓여 온 닭죽이다. 닭고기를 실같이 가늘게 째고 대추, 도라지에다 녹두를 많이 넣어 맛을 냈다. 어머니는 닭죽을 좋아하시는데 아버지는 그 반대다. 계란은 드시면서 닭죽, 닭백숙을 먹지 않는다고 어머니한테 수없이 핀잔을 듣던 터였다. 아버지께는 별도로 밥과 찬을 마련했는데, 혹시나 하여 아내가 닭죽을 반 그릇 정도 권했더니 다 비우신다.

아흔둘 연세에 오래 굳은 식성도 화목한 분위기와 교감 속에서 새롭게 반응을 하나 보다. 어머니와 아내가 의외라는 듯 흠칫 놀란다. 아버지께서 깊디깊은 생각의 삽질, 그 진수를 보여주신 것이다. 며느리에게 져 주시는 아버지를 한 번 더 바라보게 된다. 희끗희끗한 당신의 머리칼만이 눈 안에 가득 들어찼다. 하느님이 씌어주신 영화(榮華)의 면류관* 같았다.

---

*영화(榮華)의 면류관 : 성경 잠언 16장 31절에서 인용.

자호(自號) 단상

　월간 『문학세계』 신인상으로 등단한 지 달포 되었을 때다. 평소 각별하게 지내는 초등학교 교감선생님의 전화를 받았다. 교사와 학부모들로 구성된 독서동아리를 운영하고 있는데, 연수회에 강사로 초청할 테니 와 달라는 전갈이다. 모임의 운영 실태와 연수 주제를 재차 확인하고서야 수락하였다.
　그런데 며칠 뒤에 현수막에 적겠다며 호(號)를 알려달라고 했다. 정해 놓은 호가 없다고 정중하게 양해를 구했다. 나는 평생 호 없이 살 줄 알았는데, 느닷없는 요청을 받고 나니 이참에 호를 지어야겠다고 생각하기에 이르렀다.
　일반적으로 호를 본이름 외에 따로 지어 부른다고 하여 별호(別號), 높임말로는 아호(雅號)라고 하며, 집의 이름에서 따온 그 주인의 호를 당호(堂號)라고 쓴다. 자신이 짓거나 남이 지어주기도 하는데 흔히 거처하는 곳, 이루고자 하는 뜻, 처한 환경이나 여건, 간직하고 있는 가치관 등을 근거로 짓고 글자 수는 보편적으로 2자라고 알려져 있다.

처음엔 한학에 밝은 선배에게 부탁하려고 했으나 삶에 녹아져 있는 특정한 사물이나 경험을 매개로 하여 나름대로 인생의 의미를 살려서 스스로 짓는 것이 낫겠다고 생각했다. 그리하여 60여 년 남짓한 세월의 궤적을 추적, 선명하게 새겨져 있는 생활의 흔적을 들추어 보았다.

학창 시절의 시골집 사립문을 젖히고 들어가니 마구간에 소가 매여 있다. 학교 공부를 마치고 집에 오자마자 난 소꼴을 베러 꼴망태를 메고 낫을 든다. 때로는 소를 몰고 들로, 산으로 풀 뜯기러 나간다. 논두렁, 밭두렁 옆에서는 농작물을 해치지 못하게 고삐를 단단히 붙들고 조심해야 한다. 산에 오르면 구렁에 소를 풀어놓고는 친구들과 여치도 잡고, 산골짝 개울에서 가재도 건진다.

철 따라 산에는 먹을거리가 늘 있다. 삘기도 뽑아 먹고, 잔대도 캐고, 찔레 새순도 따 먹는다. 난 소월 시집을 들고 암송하는 재미에 푹 빠져 있었다. 바위에 올라서서 「진달래꽃」, 「못 잊어」, 「초혼」, 「산유화」 등 심취했던 시를 낭송하는 것이 즐거운 일과였다. 그래 봤자 소귀에는 경 읽기가 아니었을까마는.

소는 집안 살림에 효자노릇을 톡톡히 했다. 아버지는 큰 소를 팔아서 이윤을 남기고 송아지를 사 오셨다. 그 수익으로 학비를 충당했기에 나는 소를 정성껏 돌보는 게 신나는 일거리였다. 하기야 대학을 속된 말로 우골탑(牛骨塔)이라 부른 사연도 가난한 농가에서 소를 팔아 마련한 등록금으로 세운 건물이라고 낮잡아본 데서 연유한 것이 아니던가. 지금은 추억의 마구간이 곳간으로 바뀌어 각종 농기구와 연장을 넣어두는 창고로 쓰이며, 소의 분뇨를 쌓아두던 거름더미는 텃밭으로 일구어 채소를 재배하고 있다. 어디에도 소를 키운 흔적은 찾아볼 수 없다.

유년의 부엌을 기웃거려 보니 어머니는 아궁이에 불을 지피고 있다. 나더러 불을 때라고 시킨다. 땔감을 알맞게 넣어서 불의 세기 조절에 유의해야 한다. 잘못한 날엔 동작이 굼뜨다고 사정없이 핀잔을 당한다. 스스로를 돌아봐도 매사에 임기응변식 대처가 늦어 늘 손해를 감수하며, 따라서 무슨 일이든 일찍 서둘러 쉬엄쉬엄 완성도를 높이어 때가 차면 결과물을 내놓는 식이다. 말하자면, 이 역시도 소와 흡사한 천성 내지는 습성이 굳어져서 그리 된 것이리라.

중년의 어느 하루 우리 부부의 생활상을 들여다본다. 아내가 나를 향해 불평을 퍼붓고 있다. 나더러 소처럼 느려서 답답하다고 못마땅해 한다. 아내는 정반대로 일거리를 두고는 참지를 못하는 성미(性味)다. 아내에게 맞추어 라이프스타일을 조율하려고 마음먹지만 쉽사리 되지 않아 속상해 한다. 가위 눌린 꿈에서 깨어난 듯 이윽고 난 현실로 되돌아온다.

이처럼 내 삶 속에서 소는 뗄 수 없는 분신이다. 소와 엮어진 이런저런 사정으로 내 호에는 기필코 소 우(牛) 자가 들어가야 한다고 미리 선을 그어 놓았다. 그런 다음 일일이 확인하는데, 우보(牛步)는 『청춘예찬』의 민태원이 차지했고, 우계(牛溪)는 조선 중기의 대학자 성혼의 아호였다. 향토 시인 가운데 '금성'(1924년) 동인으로 활약했고 해방 후에는 『상화와 고월』(1951년)이란 시집을 발간한 백기만(白基萬)의 호가 목우(牧牛)였다. 며칠 고민 끝에 나의 타고난 성정이 소를 닮은 데다 일처리 방식도 느릿느릿 신중할뿐더러 소를 뜯기러 산봉우리까지 오르내렸던 체험으로 인해 '우봉(牛峰)'을 별호(別號)로 정하기로 했다.

그런 연후에 인터넷을 검색하니, 황해도 금천군에 우봉면(牛峰面)이란 지명이 나온다. 그 유래는 알 길이 없지만 공교롭게도 자호(自號)와 일치한다. 고려시대에 황해도 우봉을 관향으로 쓰는 최(崔)씨, 이(李)씨 등 우리나라 성씨가 생겼다는 기록도 확인할 수 있었다. 하지만 이는 행정구역의 지명이므로 무관한 일로 치부하기로 한다.

　별호를 우봉으로 확정한 이후 새삼스럽게 어른이 된 듯하고 기분도 묘하다. 춘원은 '우덕(牛德)'을 칭송하며 '소가 짐을 지고 가는 모습은 거룩한 애국자나 종교가가 창생을 위하여 자기 몸을 바치는 것과 같아서 눈물이 나도록 고맙다.'고 술회하였듯이, 자호 우봉(牛峰)에는 소의 덕스러움에서 따온 나름대로의 삶의 철학이 배여 있다. 느릿느릿 황소걸음으로 걸어도 꾸준함이 뒷받침된다면 최고봉까지 오를 수 있다는 자신감을 가져야 하리라. 세상사가 생각대로, 마음대로 되는 것은 아닐지라도 가치 있는 일이라면 목표를 향해 차근차근 도전하고 기어이 정점(頂點)에 다다라야 하리라. 인생 이모작을 앞둔 마음은 그래서 몹시 설렌다.

　지금은 우리 사회가 다원화 체제로 워낙 복잡해짐에 따라 안전하게 실명을 담보해야 하므로 별호는 문예 활동에 국한될 것이며, 더러는 허물없는 선후배 간에, 동년배 사이에서 정을 나눌 때 쓰일 것이다. 특히 내 경우는 애당초 본명이 여성스러워서 누구와 대면하기 전까지는 여성으로 오해를 많이 받았고 익살스러운 해프닝을 수없이 겪었던 비사(秘事)가 있다. 이순(耳順)의 강나루를 건너 한참을 달려온 지금에서야 별호 덕분에 여성스런 이미지를 벗게 되어 일면 다행스럽다. 지인들한테는 일종의 서비스가 될 것으로 지레짐작하니 입가에 엷은 미소가 번진다.

개념의 옷

우리가 일상적으로 쓰는 언어들도 사전적인 의미를 넘어서는 경우가 한 두 사례에 그치지 않는다. 언어는 나름대로 의미의 장막을 치고 사전(辭典)에 갇혀 있다. 우리들이 삶의 현장에서 치열한 생존의 몸부림을 펼치는 가운데서 언어는 또 다른 개념의 옷을 껴입고 새로운 빛을 발하는 것을 터득하게 된다.

요즈음은 '행복(幸福)'이란 말이 들어가지 않으면 큰일 날 것처럼 야단 법석이다. 회사도 행복경영을 외친다. 학교도 행복한 학교 만들기에 박차를 더하고 있다. 행복의 상대어는 단순하게 생각하면 불행이다.
그러나 행복을 느끼지 못하는 이들의 한결같은 관념은 스트레스를 적(敵)으로 꼽는다. 사람으로 인한 스트레스, 업무적인 스트레스를 호소한다. 불행하다고 느끼기 전에 짜증스럽다고 아우성이다. 스트레스에 시달리면 행복한 기분은 한순간에 망가져 버린다. 불행하다고 스스로 주저앉은 이들 중에는 한순간의 깨달음과 상황 호전으로 불행스럽다고 느끼던 자리에서 훌훌 털고 일어나는 사례를 보고 들으면서 불행과 행복의 경계는 종이 한 장 차이라고 여기게 된다.

흔히 현대인들 중에는 상대적인 박탈감으로 인해서 불행하다고 자인한 경우도 있고, 과욕을 품고 경쟁심의 포로가 되어 행복을 잃어버린 수도 있다. 이런 사례는 행복을 스스로 놓친 것으로 볼 수 있을 것이다. 하여튼 행복과 불행의 개념은 반대적인 것이 아니라 이웃사촌쯤 되어 보인다.

행복의 통로는 일과 사람이다. 행복은 그냥 혼자 오는 법이 드물다. 어쩌면 혼자는 다니지 못하고 그 무엇에 업혀 다니는 것쯤으로 인식이 된다. 일복이란 말을 풀어 헤쳐 보면 '일해야 복 받는다.' 또는 '복 받으려면 일을 하라.'는 암시가 들어 있지는 않을까? 곰곰이 생각해 본다.

인복(人福)이란 말도 의미심장하다. 사람을 통해 복이 온다는 것으로 받아들여도 좋으리라. 또는 복을 받으려면 주변 사람들과 잘 소통하고 폭넓은 교우관계를 유지하라는 철학이 담겨 있다고 본다.

김형철 박사는 일상생활 속에서 접하는 평범한 사안들을 철학적인 개념으로 풀어내어 진리를 설파하는 학자요, 유명 강사로 회자된다. '이솝 우화에 숨은 철학적 코드'라는 강좌에서 들은 그분의 이야기를 한 토막 전한다.

세간에는 '열심히 일하면 성공하고 성공하면 행복하다.'는 말이 있는데 그분은 그 메시지를 역설적으로 바꿔 던진다. "행복하면 즐겁게 일하게 되고 즐겁게 일하면 성공한다."라고. 나아가서 김 박사는 우리가 세우는 비전을 성취했을 때 나 혼자만 좋다면 그것은 탐욕일 뿐이라고 잘라 말한다. 그럼 이 탐욕의 처방전은 어떠해야 하는가? 바로 다른 사람의 행복도 내 꿈속에 넣어주어야 한다는 것이다. 참으로 명쾌한 혜안이라 하겠다.

우리는 대다수 '성공(成功)'이라는 단어에 꽁꽁 묶여 있다. 성공을 위해서 못할 것이 없단다. 가치지향적인 안목으로 법과 원칙을 지켜 가면서 정상적인 과정을 밟아서 성공가도를 달린다면 누가 탓할 것인가? 자타가 인정하는 성공의 궤도에 진입했다고 하더라도 부정직한 술수를 썼다면 이는 진정한 성공이 아니다. 성공의 개념과는 거리가 있다. 존경 받을 수 없다.

공병우 박사는 '성공이란 세월이 흐를수록 나와 주변의 사람이 점점 나를 더욱 좋아하고 존경하게 되는 것'이라고 개념을 밝혔다. 언어는 사전적인 뜻만으로는 한계가 있음이 분명하다. 실제 생활 속에서 가치를 획득해야 드디어 살아 있는 언어가 되는 것이다.

흔히 성공의 반대되는 말로 실패를 떠올린다. 에디슨은 전구를 발명할 때 일만 여 회를 실패했다. 그러고도 그는 불을 밝히지 못하는 경우를 일만 여 회 실험했을 따름이라고 태연해 했다. 무수한 실패를 딛고 난 후에야 그는 인류에게 불빛을 선사한다. 필라멘트를 발명하여 전구의 불을 밝혔다. 인류의 마음의 불까지 환히 밝힌 것이다. 에디슨의 실례에서 보다시피 어찌 성공과 실패가 반대적인 개념인가? 성공과 실패는 동전의 양면처럼 생각되지 않는가? 그렇다. 살아보고 겪어보면 성공의 반대는 실패가 아니라 포기임을 알게 된다. 포기하지 않는 한 언제든지 성공의 길은 열려 있게 마련이니까.

이스라엘 랍비(선생)의 기도는 반드시 응답을 받는다고 한다. 하느님의 응답을 받을 때까지 기도하기 때문이란다. 성공이란 단어는 참으로 매력이 넘치는 말이다. 성공이란 말 속에는 꾸준함과 기다림, 간절함 등이 녹아져 있는 셈이다.

세상의 주제어는 '사랑'이라고 생각된다. 사랑의 의미를 사전에서는 '어떤 상대를 애틋하게 그리워하고 열렬히 좋아하는 마음 또는 그런 관계나 사람. 또는 다른 사람을 아끼고 위하며 소중히 여기는 마음 또는 그런 마음을 베푸는 일'이라고 규정한다. 사랑에는 대상이 있고 반드시 관계

설정이 전제된다. 그 관계는 쌍방 간에 그리움과 좋아하는 마음, 그리고 아끼고 소중히 여기는 마음이 깔려 있어야 비로소 사랑하는 사이라고 말할 수 있겠다.

우리는 사랑과 상대적인 말을 미움이라고 너무 쉽게 단정 짓는다. 지상에서 가장 가까운 사이인 부부지간에도 세월의 풍화작용에 '미운 정, 고운 정'이 들며 삶의 꽃을 피운다. 사랑의 반대 개념은 무관심이다. 관계의 끈을 풀어 놓은 상태에서는 서로 간에 상처 줄 일도 없고 털끝만큼도 상처 받을 일도 없다면 남남 사이다. 사랑하다가 미워하게 되고 미워하다가 사랑이 싹 트는 것이다. 겪어본 사람은 안다. 일상생활 속에서 산전수전 다 겪으며 자신과 세상을 사랑해 본 사람은 안다. 자신과 세상을 원망해 본 사람은 사랑과 미움이 동전의 양면과 같다는 것을 안다. 아니 동일한 사건 속에, 같은 상황 속에 사랑도 있고 미움도 있다는 것을 안다. 사건과 상황의 주체는 오직 사람이다. 사람이 해석하고 수용하는 자세에 따라 처지는 달라진다. 복불복(福不福)이다.

사랑은 관계를 이어주는 신비한 마력을 지닌 끈과 같다. 그 끈은 겸손과 온유, 절제의 덕목을 토대로 한다. 미움은 좋은 관계를 지속하지 못하게 훼손하려는 악한 세력이다. 무관한 사이에는 무관심이 지배적이니까 둘 사이를 이어주는 끈이 아예 없다. 갈등도 없고 소망도 없다. 그러나 사랑하는 사이에는 소망이 크고 더 나은 삶을 위한 갈등도 연속된다.

한평생 우리들의 삶을 통틀어 가장 많이 애용하는 화두는 행복과 성공, 그리고 사랑이다. 불행과 실패, 그리고 미움도 늘 우리들 곁에 자리하고 있는 암초이다. 생활의 현장에서 누구를 만나든지, 무슨 일을 대하든지 성심을 다하여 좋은 관계를 설정하고 진실하게 처신한다면 스트레스를 줄이게 될 것이다. 상황과 여건이 다소 불편하더라도 결코 포기하지 않는 용기도 필요하다. 우리 앞에 있는 사람과 일에 지속적인 관심을 기울이면 상황이 호전되고 소망이 회복될 것이다. 중요한 것은 사전적인 언어의 개념을 넘어 실제적인 의미를 깨달아 삶에 적용하는 지혜라고 여겨진다.

마음의 탯줄

　자녀는 부정모혈을 통해 내려준 신의 선물이요 은총이다. 신세대 부모들은 태중에 있는 아기에게 음악을 들려주고 책을 읽어주기도 한다. 어머니는 태내의 아기와 하루 스물네 시간 서로 교감한다. 만약 부모가 짜증을 내면 곧바로 아기는 스트레스를 겪고 이런 일이 누적되면 나쁜 기질을 형성하게 된다고 한다. 이렇듯 최초의 교사는 부모 자신인 것이다.
　자식 농사란 말이 있다. 자식은 천부(天賦)의 기업이란 뜻이다. 그런데 어느 부모 없이 기업을 독점하고 싶은 마음을 버리지 못한다. 탯줄을 끊는 순간 아이는 개체 생명으로 독립했건만, 부모는 자녀를 좀처럼 놓아주지 않는다. 탯줄의 미련일까? 초등학생의 과제를 부모가 대신해 주고 아예 인터넷 시장을 통해 구매해 주는 사례도 있다고 하니 결코 좌시할 일이 아니다. 그래서 마음의 탯줄을 생각하게 된다. 자녀를 속박하지 말고 놓아주되, 부모는 마음의 탯줄로 자녀를 응원하는 후원자 역할을 하는 것이 바람직하다.

우선, 믿음의 줄이다. 무한한 신뢰를 보내주자. 하고 싶은 일을 신나게 하도록 하자. 자녀를 조종하려는 시도는 금물이다. 웃음으로 반겨주고 친근한 말을 건네자.
"넌 할 수 있어!"
"실수해도 괜찮아, 다음에 잘하면 돼!"
힘을 실어주고 재기하도록 용기를 북돋워 주자. 남의 자녀와 비교하는 일을 피해야 한다. 비교하면 속상하고 비참해진다. 다른 아이들과 차별된 내 자녀의 창조적인 행보를 눈여겨보아야 한다. 관심을 가져야 하나 간섭하면 안 된다. 간섭하면 창조성이 떨어진다.

둘째, 염원의 줄이다. 자녀를 향한 염원을 꿈속에서도 잊어서는 안 된다. 부모의 기도는 영험하다. 자녀가 어떤 방면에 소질이 있고 잠재된 능력은 무엇인지 지켜보자. 자녀의 미래를 컨설팅 하는 일은 담임교사와 공동으로 하는 것이 옳다. 조급한 마음으로 인해 자녀에게 성화를 내기 쉽다. 불안한 마음에서 자주 닦달하게 된다.
자녀를 사랑한다면 오래 참아야 한다. 자녀를 애물단지라고 여기는 부모도 있을 것이다. 그 자식을 포기하지 않고 한 세월 기다리면 끝내는 부모의 염원이 이루어져 보물단지로 변하는 기적을 체험하게 될 것이다.

셋째, 축복의 줄이다. 자녀는 행복의 통로이다. 나를 닮은 자녀가 있다는 사실이 신비하지 않은가? 자녀 잘되라고 비는 마음은 인지상정이다. 항상 마음속으로 자녀의 장래를 위해 빌고 또 빌어야 한다. 마음의 파장은 빛보다 빠르다. 그 마음을 자녀가 왜 모르겠는가? 알고 있다. 자녀도 안다. 알면서도 공부가 잘 안 될 때 제일 가까운 부모한테 짜증을 낸다. 받아주어야 한다. 그래서 부모 마음은 바다보다 넓다고 하는 것이다. 사사건건 자녀의 말과 행동을 맞받아치는 부모는 함양 미달이다.

　다시 한 번 생각해 보라. 우리 자녀는 분명 '복덩어리'이다. 금지옥엽(金枝玉葉)이란 말의 속뜻을 아는가? 그렇다. 귀한 자식이니 정성껏 키워 내라는 하늘의 분부가 실려 있다. 자식은 부모의 소유물이 아니다. 자자손손 행복을 이어나갈 뿐 아니라, 국가와 사회를 짊어질 후세대들이다. 자녀 양육과 교육에 따른 어려움이 있을지라도 사랑 가득한 눈길로 자녀를 지켜보며 밀어주자. 가장 확실한 미래 보험은 우리 아이들이다.

백야(白夜) 삼일

　교단생활을 마감했다. 정년퇴임이다. 여기저기에서 선배들이 퇴임을 맞아도 그런가 보다 여겼는데 정작 내게도 닻이 내리어졌다. 명예로운 퇴임을 축하한다는 메시지와 전화를 수차례 받으면서도 속심정은 쫓겨나는 듯 섭섭한 한편 시원하다.
　시대의 추세에 따라 직장에서 퇴임식을 하지 않았다. 졸업식장에서 학교장 회고사를 하면서 끄트머리에 사실은 오늘 나도 평생직장인 교직에서 졸업한다고 한마디 덧붙인 것이 전부이다. 전날 저녁 교직원 친목회 송별 모임에서 학부모회 대표들이 몇 분 참석해서 꽃다발과 마음이 담긴 선물을 전해 주어서 조촐하게 의식을 한 셈이다.
　직장을 그만둔다는 공공연한 진실을 순순히 받아들이기가 그토록 쉽지 않았다. 그래서 주변에서 튀어나오는 '퇴임'이라는 말을 싫어했다. 직원들에게 작별의 아쉬움을 담은 수건 한 장을 건넬 때에도 '교단행복 44년 기념'이라고만 적고 그 말은 쏙 뺐다. 새로운 시작과 또 다른 비상(飛翔)을 준비하려니 긴긴 세월 가운데 근심으로 어둠을 불사르며 밤을 지새운

세 차례의 기억이 극지방의 백야 현상같이 영롱하게 되살아난다.

교사에서 장학사로 전직하여 도교육청에 근무하던 시절이다. 화랑문화제 행사를 총괄하는 업무를 맡았다. 문예, 음악, 미술, 무용 등 네 개 분야로 나뉘어 경북 도내 지역 예선을 통과한 학생들이 참가해서 실력을 겨루는 예술행사이다. 규정에 따라 엄격한 심사를 거쳐 개인상과 단체상(학교)을 수여한다. 분야별로 입상자 등위를 합산한 종합점수를 산정하여 그 해의 영예로운 최우수상을 확정한다. 먼저 채점이 완료된 분야부터 심사표를 넘겨받아 검토한 지 근 한 달 만에 모든 심사가 마무리되었다. 대회 성적을 발표할 공문을 기안하고 결재선을 따라 최종 라인의 결재까지 받았다.
 ·대회 결과를 통보하는 공문을 발송한 당일, 두 시간쯤 지났을 때 단체 최우수상을 받은 학교에서 전화가 걸려왔다.
 "장학사님, 종합 점수 집계가 잘못되었습니다. 저희 학교가 최우수상이 아닙니다."
 이 일을 어쩌나? 순간 아득했다. 찬찬히 재점검해 보니 음악 분과의 점수 집계가 틀린 것을 찾아내지 못하고 그냥 네 분과의 점수를 합산하여 빚어진 참사였다. 이미 늦은 저녁이고 윗분들은 퇴근하고 몇몇 동료와 야근하던 중이었다. 도리 없이 퇴근을 했는데 그 밤을 하얗게 지새웠다. 주도면밀하게 업무를 살피지 못한 자책으로 자신을 용서할 수가 없었다. 윗분들한테 꾸중 들을 생각, 책무를 제대로 감당하지 못한 수치심 등 온갖 잡념과 망상으로 속을 끓이며 밤을 삭였다.
 이튿날 출근하자마자 사실대로 보고했더니 과장 전결로 수정 공문을 발송하라고 지시하신다. 뭐라고 큰소리로 혼을 내시든지, 조목조목 따져서 문초라도 하실 일을 그냥 덮고 여상하게 지나치신다. 이 일로 인해 옆의 동료와 서로 업무를 챙겨서 살펴주는 크로스 채킹(Cross checking) 시스템을 구축하고 업무의 완벽을 이루고자 더욱 힘쓰는 계기로 삼았다. 그리고 윗분으로서 지닐 도량과 포용심이 어떠해야 하는지를 가슴으로 익히며 배울 수 있었다.

공직자는 한 곳에 오래 머물면 정체되기 십상이라서 규정해 놓은 근무 기간이 있다. 물론 만기 이전이라도 희망에 따라 전보내신을 할 수 있지만, 나는 재직 기간 내내 우직스럽게도 승진, 전직 외에는 근무 기간 만료 전에 자의로 자리를 옮기지 않았다. 그 까닭은 행복한 직장이 따로 있다고 믿지 않았으며, 수주작처(隨主作處)란 말도 있듯이 내가 머무는 그곳을 행복한 곳으로 만들어야 한다는 일념으로 그리했다.

어느 해 봄 학기 인사철이었다. 마음에 찍어두고 소망하던 자리가 있었다. 선후배 동료들이 나더러 적격이라고 권하기도 하고 윗분들한테 추천을 했다고 풍문이 돌았다. 덩달아 고무되어 정작 그 자리로 옮기면 혁신해야 할 과제는 무엇인지 미리 짚어보기도 하였다. 그러면서도 약간 불안한 마음이 없지 않았다. 입소문이 먼저 나도는 것이 찜찜하였다. 소문이 앞서면 될 일도 어렵게 꼬인다는 속설이 거슬렸기 때문이다.

인사 발표를 한 주일 앞두고 낌새가 영 좋지 않았다. 분위기가 급격하게 냉각된 것이다. 후배 한 사람이 그 부서에 적임자로 내정된 기류를 감지한 그날 밤에 잠을 이루지 못했다. 내가 무슨 처신을 잘못했는지? 나를 추천한 선배와 동료들 앞에 어떤 모습으로 비쳐질는지? 일면 자신을 성찰하고, 일면 뒷일을 어찌 감당해야 할지 고민하면서 그 밤을 하얗게 밝힌 것이다.

며칠 뒤 인사발령 서류에는 내가 소망했던 그 자리에 후배의 이름이 찍혀 있었다. 이른 아침에 축하 전화를 했다. 그 직위는 내가 감당할 수 없는 자리여서 하느님이 막으신 것이라고 깨끗이 마음을 정리했다. 블루오션이란 말로써 위로를 받았다. 사람마다 행보가 다르니, 나만의 행보를 즐겁게 가면 될 것이다. 지금 되돌아보니 그때 소원했던 그 자리 못지않게 내가 지내온 자리와 행보도 보람되고 유익하였다.

　공직의 마지막 근무지에 발령되었을 때다. 중학교 교장으로서 지역 내 신설 고등학교의 개교 업무를 겸임하게 되었다. 겸임 기간은 고작 여섯 달이었지만, 할 일이 만만치 않았다. 가장 큰 걱정은 학생 수를 채우는 과제였고, 그 다음은 개교일까지 모든 공사를 마무리하는 일이었다. 다행히 우리 학교의 삼학년이 여덟 학급에 학생 수가 이백오십여 명이어서 절반 정도를 신설 고교로 지원토록 안내할 수 있었고, 수차례의 입시설명회를 개최하여 홍보한 것이 주효해서 한 명 미달인 채로 입학 정원을 채웠다. 주변에서 축하한다는 인사와 격려를 받으면서 여기까지는 흡족했다.
　그런데 개교일이 두 달 앞으로 닥쳐온 시점에서 급식실 집기를 구매하여 효율적으로 배치하는 내부공사를 해야 하는데 막막하기만 했다. 행정실의 담당자가 답답하던 차에 인근 시지역의 영양교사연구회 대표를 몇 분 청해서 자문을 받아보기로 했다. 자문에 응한 영양교사들이 숙의하여 전문 업자 한 분을 모시고 함께 현장을 둘러보고 집기 배치에 관련된 정보를 얻었다. 이제 한시름 놓을 수 있겠거니 여겼는데, 지역 출신으로서 급식실 설비 사업을 따내려고 호시탐탐 기회를 엿보던 다른 업자가 있었다. 이분이 소정의 서류를 들고 찾아와서 강력하게 참여 의사를 밝힌 것이다. 담당자가 세밀하게 서류를 살피고 대화를 나눠보니 전문성과 믿음이 떨어져 일을 맡길 수 없다는 결론에 이르렀다. 지역의 유력한 인사를 끼고 부탁하는 통에 일정 부분의 일감이라도 나눠 주는 방안을 제시해 봤지만 일고의 가치도 없다는 듯 거절하면서 오히려 상대 업자를 비자격자라고 몰아세웠다.

하루는 퇴근시간이 임박한데 경찰신문 기자라는 분이 찾아와서 명함을 내밀었다. 다짜고짜로 신설 고등학교 급식실 집기 구매에 문제가 있다는 제보를 받고 내방했다는 것이다. 상부기관의 매뉴얼대로 준수하고 청렴하게 처신했어도 만에 하나 신문기사로 나면 무슨 창피란 말인가? 절반은 신문기사대로 믿는 것이 세상인심이 아닌가? 기가 찰 노릇이었다. 퇴임을 정확히 두 해 남겨둔 시점이었으니 근심이 이만저만이 아니었다.

그 기자가 떠나자마자 상부기관에 전화를 걸어서 사안을 보고하고 업무처리에 대한 감사를 받겠다고 요청감사를 의뢰했다. 퇴근해서 사택에 있는데 밤 10시쯤 기자로부터 전화 한 통이 걸려왔다. 내일 다시 학교로 찾아와서 조사를 더해 봐야겠다는 말씀이다. 아무런 잘못이 없었지만 구설수에 휘말리는 처지가 되었으니 별별 생각이 꼬리를 문다. 넉넉하게 여유를 두고 대처하지 못한 자신을 탓하며 자는 둥 마는 둥 날밤을 새웠다.

다음 날 아침, 상부기관서 일정상 감사를 나갈 수 없으니 관련 서류를 팩스로 보내라고 전갈한다. 일건 서류를 제출한 지 두어 시간 후에 아무런 이상이 없다는 답을 받았다. 그 이후로 기자는 나타나지 않았고 우려하던 일도 일단락되었다. 급식실 내부공사는 영양교사들이 천거한 전문 업자가 훌륭하게 마무리 지었으며 개교 전에 준공검사를 완료하니 천만다행이었다.

"명예로운 퇴임을 축하한다."는 인사를 받기까지 백야 삼일의 비화(秘話)가 있었으니 어찌 잊히리오. 인생살이에서 잠자는 시간이 사분의 일을 차지하는데 그까짓 삼일 간 잠 못 이룬 것이 무슨 대수랴마는 공직자로서의 책무감과 자존감, 그리고 명예를 지켜내는 일이 생명처럼 고귀함을 상기하게 된다.

어떡하라고

"주민 여러분! 안녕하십니까? 층간 소음으로 인한 민원이 잦습니다. 늦은 밤에 세탁기나 청소기를 사용하지 맙시다. 피아노를 비롯한 악기를 연주할 때는 반드시 창문을 닫으시고, 아이들이 뛰지 않도록 단속해 주시기 바랍니다."

초저녁 연속극에 신경이 쏠려 있을 즈음, 관리사무소 직원의 안내방송이 벽을 뚫고 방 안에 흐른다. 아파트에 산다는 실감이 난다. 층간 소음으로 말썽을 빚는 경우가 심심찮게 도마에 오르더니 예외는 없나 보다. 심지어 위·아래층 간에 언쟁을 하다가 격렬한 몸 다툼으로 번져서 급기야 경찰이 출동하는 사례가 있음을 신문과 방송에서 익히 보고 들었다.

선진 국민이 되는 길은 이다지도 먼가? 이웃을 배려하고 존중하는 공존지수가 한층 높아져야 할 텐데 걱정스럽다. 유치원 시절부터 기초 생활습관을 반복해서 지도하고 중등학교에 오르면 민주시민교육을 시킨다. 법과 질서를 지키는 것이 편리하고 안전하며 행복한 생활을 보장하는 길임을 누구이 가르치지만 몸에 배고 생활에 익숙하게 되기까지는 사람마다 각별한 마음 씀이 따라야 할 것이다.

　공무원으로서 낯선 지역에 발령되어 직원 관사인 아파트에서 자취생활을 하던 시절이다. 나는 14층 아파트의 중간 이하 층에서 살았다. 홀몸으로 와 있으니 생활 소음을 만들어 아래층에 민폐를 끼칠 일은 거의 없다. 출장도 빈번한 데다가 주말엔 본가에 내려오므로 층간 소음을 별로 의식하지 않고 자유롭게 생활하는 편이다.
　나의 밤 시간 활용은 10시 이전까지다. 비교적 일찍 잠자리에 든다. 새벽을 깨우며 하루를 시작하는 삶의 방식이 몸에 배어서다. 이웃들과 생활 리듬이 달라 종종 위층에서 버려지는 물소리 때문에 수면에 지장이 많았다. 때로는 생활 소음과 울림이 들려온다. 그래도 으레 있는 일쯤으로 치부하고 지나친다. 이웃이 있다는 든든함도 큰 혜택이며, 외롭지 않아서 좋다고 생각하며 잠을 청한다.
　어느덧 타지생활도 한 해를 넘기면서 정든 이웃이 많이 생겼다. 엘리베이터를 함께 타고 눈인사도 나누며 안부를 확인하며 지낸다.
　"좋은 아침입니다."
　"좋은 하루 되시기 바랍니다."
　사람이 사람을 대할 때는 먼저 얼굴에 미소를 머금고, 축복의 인사를 건네는 것이 사리에 맞다. 이것이 축생(畜生)보다 차원 높은 사회생활을 이루어 가는 길이라고 믿는다.

　교직에 있는 아내가 겨울방학을 맞아 동행했다. 자취하며 어질러 놓은 방 안 정돈이며 빨래 등 아쉬움이 일순간에 해결되었다. 퇴근하면 저녁 식탁이 마련되어 있으니 너무 행복했다. 어느 날 저녁 식후에 텔레비전을 시청하면서 평소처럼 방 안에서 가벼운 운동을 했다. 운동이래야 지압 봉을 밟음으로써 발바닥의 용천(龍泉)을 자극하여 신체에 활력을 불어넣는 동작이다. 약 20여 분을 투자하면 효과를 본다. 아내는 설거지를 하고 있었고 너무 행복에 겨운 나머지 나도 몰래 격하게 동작을 했나 보다. 전화통이 울렸다. 바로 아래층에서 걸려왔다.

"천장이 울리니 하는 일을 중단해 주세요."라고 하며 죄송하다는 말꼬리도 붙여서 요청을 한다. 깜짝 놀랐다. 이런 전화 받기는 처음이었다.

층간 방음이 제대로 되지 않았다고 의심한 적은 있으나, 이삼 분도 채 경과하지 않았는데 즉각적인 반응을 보인 점에서 매우 놀랐다.

평상시처럼 했으면 탈이 없을 터인데, 아내가 와 있다는 행복감에 기분이 상승되어서 분수에 넘쳤던 것이 사단이었다. 몹시 쑥스러웠다. 즉각 반성을 했다.

그날 저녁 이후부터 아래층 분들이 마음 쓰여서 더욱 조심조심한다. 야간에 소변을 보는 일이 있어도 변기의 물을 날이 밝은 다음에 비우는 새로운 습관이 생겼다.

'안팎곱사등이'란 말이 불현듯 떠올랐다. 나는 어떡해야 하나? 그렇다고 나도 위층에 전화를 해야 할 것인가? 그럴 수는 없다고 생각했다. 함께 살면서 수용을 하는 것이 도리라고 마음먹었다. 여태까지 생활하수가 흘러내리는 소리를 산골짝 개울물 소리쯤으로 묵인하며 삶을 공유해 온지라 신경에 크게 거슬리지는 않은 터였다. 전혀 스트레스를 받지 않는다.

아래층에 대해서는 역지사지하는 마음에서 나만 조심하면 우애 있게 지낼 수 있다고 생각한다. 서로 겪어보면 누구나 깨달아지는 원리가 있을 것이다. 깨달은 대로 실천하면 우리네 사는 방식이 적잖이 개선되리라 여겨진다.

아침 식사 시간이다. 위층에서 식탁 의자를 끄는 소리가 가볍게 들린다.

일상의 시작이 힘차게 이루어지는 순간이다. 난 의자를 번쩍 들어서 옮겨 놓는다. 이런 나의 마음 씀을 굳이 아래층에서 알아주기를 바라지는 않는다. 이 정도 가지고 생색낼 일이 더더욱 아니라고 본다. 스스로 빛나는 배려를 실천할 수 있어서 스스로 행복하고 즐거우면 그만이다.

강물이 얼어붙은 겨울밤에 걸려온 짤막한 통화가 깨달음의 단초요, 마음을 넓게 쓰는 도화선이 되었다. 우리네 마음에는 일정한 흐름이 있고 마음의 향방이 사안을 따라 교류하는 것을 경험했다. 마치 전류의 흐름같이. 위층을 포용하고 아래층을 배려하면서 익힌 마음공부를 작은 경전처럼 간직할 것이다. '포용과 배려'의 가치를 삶의 전 영역에 확산하면서 행복지수를 키우고자 다짐해 본다.

임플란트 이후(以後)

    임플란트 시술을 한 지 두 해가 지났다. 본 이처럼 쓸 수 있으니 현대 의술의 덕을 톡톡히 누리는 셈이다. 사전 검사와 초진을 거쳐 시술하던 첫날, 통증을 염려하며 수술대에 누워 초조하게 대기할 때였다. 간호사는 의료 기구를 챙기며 수술을 준비하는데 갑자기 웃음이 나왔다. 웃음소리를 흘리지 않으려 속으로 삼키고 미소로 마무리했지만 간호사가 보았다면 별사람 다 봤다고 이상하게 여겼으리라. 웃게 된 연유는 그 짧은 순간에 뜬금없이 '남아일언중천금'이란 말이 떠오른 것이 사단(事端)이었고 본래의 뜻과는 동떨어진 다소 해학적인 치기가 발동했기 때문이었다.
    '남자로 태어나서 드디어 내 입에 천금을 넣는구나!'
    시술 비용이 공교롭게도 일금 일천오십만 원이었다. '입안에 천금을 넣은 이상 책임질 수 있는 값비싼 말만 해야겠구나!' 하고 스스로를 위로하며 긴장감을 풀었다.
    양치질을 소홀히 해서 이와 잇몸이 수(壽)를 못하고 일찍 망가진 것이니까 굳이 따지자면 자업자득이라는 말이 어울릴 듯싶다. 원인을 규명하러 더 거슬러 오르면 초등학교 시절에 이 닦기에 대한 개념을 바로 깨닫지 못한 데 기인한다.

담임선생님이 청소 시간에 창문을 닦으라, 마룻바닥을 닦으라고 시키면 있는 힘, 없는 힘을 다해 뽀드득뽀드득 소리를 내면서 열심히 닦았다. 그때 익힌 '닦다'의 개념은 '온갖 힘을 다해 문질러 때를 없애는 것' 정도였다. 하기야 그 당시엔 칫솔도 구할 수 없어서 검지와 장지에 굵은 소금을 찍어 입안에 넣고 대충 이를 문질렀지만 칫솔을 사용하게 되었을 즈음에도 그때 익힌 개념이 강하게 작용했음이 사실이다.

치열의 결을 따라서 아래위로 칫솔질을 해야 바른 용법인데 항상 좌우로 힘껏 문질렀으니 빨리 망가질 수밖에 없었던 것이다. 예로부터 치아 건강상태를 오복(五福) 중의 하나로 꼽는데 그런 점에서 나는 스스로 복을 감한 것이 매우 아쉽다.

임플란트 시술 이후 내 삶이 달라졌다. 먼저 개념 학습에 대한 관심이 꽤 깊어졌다. 한번 따져보라. '이 닦다'라는 말보다 한자어 '양치(養齒)'가 더 어울릴 듯 하지 않은가? '이와 잇몸을 가꾼다!'는 의미가 새롭다. 진작 알았다면 정성을 다해 부드럽게 칫솔질을 해야 한다는 뜻으로 받아들였을 것이다. 우리들이 늘 꾸려가는 삶 속에서 개념을 잘못 짚어서 일을 그르치는 경우를 가능한 막아내야 하겠다.

개념 이야기가 나왔으니 말이지, 국립국어연구원이 펴낸 『표준국어대사전』에는 '닦다'의 각기 다른 의미가 무려 열두 가지나 제시되어 있다. 국어 교사를 비롯한 문인 등 전문인들이야 용례에 맞추어 쓸 수 있지만 보통 사람들로서는 쉽지 않은 일이다. 이처럼 우리말 어휘는 다의어(多義語)와 동음이의어(同音異義語)가 많은 게 특징이다. 이를 두고 어휘가 풍부하므로 큰 장점이라 받아들이고 자랑도 한다. 물론 수긍할 수 있다. 하지만 개념의 혼동을 불러일으키는 일을 미리 차단하는 노력도 병행되어야 할 것이다.

　임플란트 시술 이후 진위(眞僞)의 혼동에 휩싸였다. 의치(義齒)에 의존해서 살면서 멀쩡한 것처럼 살아가는 내 모습이 실상은 아니기 때문이다. 남을 기만하는 일은 아닐지? 나 자신을 속이는 일이 아닌지? 모호한 세상살이에 빠져 버렸다. 평소 이와 잇몸이 부실하여 음식을 제대로 씹을 수가 없고 말소리도 새어 나가서 발음이 부정확하므로 여간 불편하지 않았다. 이 같은 불행(?)을 치유하는 차원에서 현대 의술의 신세를 졌을 뿐인데 나는 정직하지 못한 사람인가? 가식적인 삶을 산다고 지탄 받을 일인가? 이래저래 기(氣)가 한 풀 꺾인 것은 사실이다.
　젊지도 않은 내가 젊게 살려고 애쓰는 노력이 위장술이 아닌지 고민스럽기도 하다. 사람과 친숙한 가축 중에 소를 예로 들어보자. 소는 출생 당시부터 개체 식별 시스템을 갖추지 않았으면 치열을 보고 나이를 알아낸다. 물론 과학적인 방법은 아니다. 그런데 사람은 대개 얼굴을 보고 나이를 짐작한다. 때로는 나이가 든 사람 중에도 동안(童顔)인 이가 있으며, 열정과 긍정으로 삶을 일구는 사람은 나이보다 훨씬 젊게 산다. 우리 주변에는 실제 나이보다 젊게 살아가는 사람이 흔하다. 누가 나의 이를 들여다보고 검증하면 실제 나이는 금세 들통이 나고 말 것이다.
　그럼 '젊게 살고 싶은 소망'이 비난 받을 일인가? 중장년층에서 흰 머리칼이 듬성듬성 늘어나면 염색을 하는 것처럼, 의치는 젊음과 건강을 지키기 위한 보조수단이다. 현대인들은 할 수만 있다면 너나없이 나이를 잊고 젊음을 유지하며 패기 있게 살려고 애쓴다.
　젊지 않지만 젊게 살려고 노력하는 것은 남을 의식한 데서 비롯됐지 않았을까? 어떤 이는 진실하지 못한 처사라고 시비 거리로 삼을 수도 있을 것이다. 하지만 궁극적으로 자신의 삶의 질을 높이기 위한 전략으로, 또는 동년배 무리와 섞여 살아가려는 배려로 그냥 보아줄 수도 있지 않을까? 사물과 사리에 대한 해석은 자유이겠으나 좋지 않은 쪽으로 치우치는 것에 찬동할 수만은 없을 법하다.

임플란트 시술 이후 또한 비장애인인가? 장애인인가? 고민에 빠졌다. 한번은 상급기관을 방문했는데 승강기도 비치되어 있었다. 승강기를 타러 다가갔더니 '장애인 전용'이라는 표지가 붙어 있었다. 순간 또 혼돈스러웠다. 타야 하나, 타지 말아야 하는지의 망설임이다.

'뭐, 임플란트 했는데, 내 몸에도 장애가 있잖아! 의치(義齒)나 의족(義足)이나 별반 다를 게 뭐야?'

굳이 따지면 나는 장애를 가진 사람이다. 치아가 성치 않으니 말이다. 그때 마침 낯익은 분들이 인사를 하였다. 나는 잠시 전의 고민과 혼돈스러움을 감춘 채, 승강기를 한 번 타고 싶다고 제의하였다. 네 사람이면 절전에 크게 위배되지 않으니 타자고 해서 함께 이용했다. 나는 상황에 따라 유리하게 처신하는 카멜레온 같은 사람이 아닌지? 하지만 분명한 사실은 의치 이후 장애우들에게 동병상련의 애정과 친근감을 느끼는 사람으로 변했다는 것이다. 그리고 장애우 복지시설 두어 곳에 다달이 일정액을 기부하는 데 동참하며 보람을 키우고 있다.

그나저나 임플란트는 어쩔 수 없어서 선택한 나의 지체임이 분명하다. 새로 생긴 분신을 사랑해야 하므로 음식을 골라 먹는 습성이 생겼다. 뷔페식당에 가면 부드럽고 연한 반찬을 가려 담는 자신을 발견한다. 내 의지와 상관없이 너무나 자연스럽게 바뀌어가는 내 모습이 신기할 따름이다. 여기엔 의사 선생님의 권위 있는 조언 즉 반영구적이라고 하지만 관리를 잘

못하면 오래 못 간다는 위협적인 권유가 일조했을 것이다.
 성장기의 어린이들에게 성장통이 찾아오고 사춘기 청소년들이 사랑의 아픔을 앓듯이 이순을 넘어서 의치로 인해 겪는 이 혼돈과 번민은 도대체 무슨 암시인가? 더 깊은 경지로 삶이 발효될 조짐인지도 모를 일이다. 어쨌든 임플란트 시술을 기점으로 안목이 훨씬 넓어졌고 무엇보다 마음 씀씀이가 푹 익었다고나 할까 그렇게 나는 달라졌다. 더 낮은 자리에서 아픔을 간직한 이들과 스스럼없이 사귈 수 있고 정겨운 이웃도 많이 생겨서 부자(富者)로 살아가니 이 또한 늦복이라 여겨진다.

효행 일기

　사람은 누구나 부정모혈(父精母血)의 은덕으로 세상의 빛을 본다. 특히 동양적인 사고방식에 의하면 효행을 백행의 근본이라 일렀다. 효행을 실천하는 사람은 남에게 해로운 일을 저지르지 못하고 이웃에게 폐를 끼치지 않는 법이다. 그리하여 사람됨의 근본을 저울질하는 척도는 오직 효행이 최고 덕목이었던 것이다. 세월이 흘러갈수록 사람 관계도 각박해지고 냉랭해지는 현대사회를 살면서도 아직 희망이 있는 것은 효행을 강조하고 있기 때문일 것이다.
　가문이나 집안 내력에 따라 효행의 실천 방안은 다양하다고 본다. 효행의 덕목을 거론할 때 흔히 부모님의 심적인 평안을 첫째로 내세우고, 가정 화목과 물질적인 봉양도 중시한다. 무엇보다 입신양명하여 부모님을 기쁘시게 해 드리는 것이 유교의 가르침이다.
　집집마다 대대로 전승되는 가풍이 있다. 대개 종교적인 영향이 지배적이다. 왜냐하면 종교마다 교리로 부모님을 공경하는 방식을 규제하고 있기 때문이다. 유교에서는 사후(死後)에도 효행을 강조하며 조상 숭배와 제사를 앞세운다. 기독교에서는 생전의 효행에 국한시키고 우상처럼 숭배하는 것을 금하며 사후에는 추모의 예로 조상의 덕행을 기린다. 천주교에서는 각 나라의 전통문화를 중시하여 융합적인 교리를 허용하므로 우리나라에서도 제사 풍습을 용인하는 것으로 알고 있다.

특이한 사항은 비록 방법적인 면에서는 차이가 있더라도 효행을 인류의 최고 덕목으로 강조하는 점은 종교마다 일치하는 부분이다. 우리 집안은 기독교 가풍으로 전승되어 오기 때문에 부모님이 살아계실 때의 효행에 심혈을 기울인다.

아버지께서는 여섯 남매의 맏이시다. 나는 숙부님 세 분과 고모님 두 분의 관심과 보살핌을 받으며 자랐다. 어머니께서는 18세에 결혼하여 시집살이를 하셨다. 나는 3남2녀 중 맏이다. 아버지는 내게 집안을 일으켜 세우라는 총대를 메어 주셨다. 직장생활 처음부터 객지를 떠돌다보니 부모님은 고향집에 두 분이 거처하신다. 동생들도 결혼하여 객지에 나갔으니 부모님을 모실 자식들의 형편이 못 된다. 따라서 효행에 소홀한 점이 많고 부모님을 곁에서 모시지 못하는 불효의 심정을 떨치기 어렵다.

우리 형제들은 먼저 역할을 분담한다. 다섯 남매가 각자의 처지에 따라 일정 부분 역할을 배분한다. 아들 삼형제가 매월 부모님의 생활비를 분담해서 보낸다. 여동생들은 명절과 생신 등 절기에 나름대로 효행을 실천한다. 자녀 모두가 모이는 날은 명절이나 생신, 조부모 기일 등이고 평상시는 가급적 중복되지 않게 주말에 찾아뵙고 안부를 살펴 드린다. 자식들을 기다리는 심정이 부모님의 건강을 지탱해 주는 약이 된다고 믿게 되었다. 사전에 약속을 드리고 필요한 생필품과 잡수시고 싶은 음식을 여쭤 보고 실천한다.

그리고 안부 전화로 소통을 잇는다. 안부 전화는 말 그대로 부모님의 마음을 평안하게 해 드리는 필수 사항이다. 정례적으로 전화를 드리는 것도 좋지만 수시로 자주하는 것이 상책이다. 정례적인 전화는 때로 비상사태에서 전화를 안 드리면 역으로 부모님이 확인 전화를 걸어오신다. 그때 통화가 연결이 안 되면 부모님의 불안은 더욱 커지기 때문이다. 전화는 부모님의 건강을 점검하는 바로미터이다. 목소리만 경청해도 어른들의 심리상태와 기력을 감지할 수 있기 때문이다.

사철에 농사일이 다르듯이 연세에 따라 알맞은 일감을 드려야 한다. 노인들이 제일 곤혹스러운 것은 심심하고 무료함이다. 부모님은 여든 초반까지는 밭농사를 직접 지으셨다. 참깨 농사를 지으면 추수하여 참기름을 짜서 순수한 정성을 자식들에게 나눠 주는 기쁨이 크셨다. 그 외에도 직접 재배하신 농작물을 봉지봉지 싸서 돌린다. 이제는 집안 마당에서 채소를 가꾸는 소일거리가 전부이다. 나는 언제부터 부모님께 일감을 드린다. 일감은 무엇인가? 다름이 아니라 숙제를 내주는 것이다.

"어머니, 제가 보름 뒤에 선생님들 이백여 명이 모인 자리에서 연설(강의)을 합니다. 잘할 수 있도록 기도해 주십시오."

그러면 어머니는 보름 동안 정성을 다해 기도해 주신다. 이처럼 심심할 겨를이 없으시도록 보살펴드린다.

또한 믿음과 신뢰를 쌓는 데에 주력한다. 부모님은 자식의 내비게이션이다. 자식의 일거수일투족을 훤히 꿰고 계신다. 자식의 일이라면 서서 천리를 보고 앉아서 만 리를 보는 분이시다. 자식의 일이 궁금해서 걱정의 단계까지 나아가지 않도록 미리 소통하려 노력한다. 비교적 자세하게 보고하는 것이 낫다. 미주알고주알 아뢰는 것이 맞다. 노인이 될수록 어린아이 된다는 말을 새겨들을 일이다. 휴대폰에 저장된 증손자, 증손녀들의 재롱 동영상을 보여드리고, 나 또한 하모니카를 연주하며 직접 재롱을 보여드린다.

나의 경우는 부모님을 뵐 때마다 제일 듣기에 거북스러운 말씀이 "내가 오래 살아서 너희들이 고생한다."는 말이었다. 얼마 안 되는 용돈을 드려도 "너희들한테 폐를 끼치는구나." 하고 뒷말을 남기신다. 자식으로서 한없이 가슴이 아팠다. 어찌하면 생명의 존엄함을 해치는 말씀을 하지 않도록 도울 길이 없을까 궁리했다. 늘 소망 중에 즐겁게 지낼 수 있게 해드릴 묘수가 절실했다. 먼저 내가 선수(先手)치는 것이 좋으리라고 생각되었다. 그래서 어머니를 뵈면 "부모님이 건강하게 계시면서 자식 잘 되도록 기도해 주셔서 감사합니다."고 너스레를 떤다. 그리고 용돈을 드릴 때도 "전번에 강의하고 강의료 받았는데 어머니가 기도해 주셨기 때문에 절반은 어머니 몫입니다." 하고 드리면 웃으시면서 기쁘게 받으신다.

어머니는 다 큰 자식을 두고 몇 해 전까지만 해도 "너는 어릴 때 젖배를 곯아서 키가 작다."고 말씀하셨다. 부모는 자식에 관해 어린 시절 양육 당시의 아픔과 상처를 한평생 지고 간다는 사실을 뒤늦게 알았다. 이를 치유하기 위해서 나는 굽이 높은 마사이족 구두를 사서 신는다. 키를 5cm 정도 크게 해 준다. 마사이족 구두를 신고 처음 고향집에 갔을 때 마당에서 맞이하는 어머니를 덥석 안아드리면서 "엄마, 나 요새 키가 많이 컸어요." 하였더니 나를 올려다보면서 "어, 정말이네." 하셨다. 그 이후로는 성장기의 과거사에 대한 마음 아픈 말씀을 듣지 못했다. 이제 완전하게 치유가 된 것이리라.

이 세상에 효행보다 더 기쁜 일이 있을까? 아마 없을 것이다. 올해도 어버이날을 앞두고 효행체험을 했다. 고향집에 들어서면 나는 제일 먼저 부모님께서 거처하는 방 청소를 한다. 아버지의 가재도구와 소품을 정리한다. 머리 빗는 빗을 깨끗이 청소하여 말린 다음 꽂아놓는다. 아내는 냉장고 정리가 최우선이다. 오래된 음식을 비우고 부엌살림을 살피며 별미를 장만한다. 자식이 부모와 등지면 자식의 앞길이 막힌다는 옛말이 생각난다. 이 말은 성경에 적혀 있는, "네 아버지와 어머니를 공경하라. 이로써 네가 잘되고 땅에서 장수하리라."는 계명과 맞닿아 있다고 하겠다. 부모님께서 자식을 위해 기도해 주시는 은총으로 사회생활의 현장에서 늘 새 힘과 기운을 제공 받는다. 또한 자식의 도리를 다하려고 부모님을 위해 기원한다. 효행은 부모와 자식이 상생하는 인륜의 최고 덕목이라고 믿어진다.

약(藥) 타령

　개똥밭에 굴러도 이승이 좋다는 말은 "살아 있는 개가 죽은 사자보다 낫다."고 한 성경구절과 상통한다. 생명을 소중하게 여김은 동서고금이 다를 바 없나 보다. 소설가 이외수 님은 현재 생존하고 있는 사람은 누구나 '절대강자'라는 메시지를 던져 고통 속에 놓인 사람들에게 희망과 힘을 실어준다.
　그런데 우리 몸은 안팎으로 연약하여 스스로 철저하게 관리하지 않으면 질병에 노출되기 쉽고 안전을 위협받는다. 따라서 수많은 명약이 이목을 솔깃하게 한다. 세상에는 신묘한 약이 참 많다. 약이 많다는 것은 곧 병이 많다는 반증이기도 하다. 몸의 병은 마음의 병과 밀접하게 관련돼 있다. 마음을 다스리지 못해서 몸이 병들고 급기야 건강이 악화된다. 그래서 천수를 누린다고 해도 질병으로 인해 정상적인 생활을 하지 못하고 병수발을 받으며 연명하는 연수(年數)를 제외시키고 건강수명을 논한다.
　우리 선조들은 심리적인 안정을 최우선했다. 생활 속에 흔하게 인용되는 속담이나 관용구에는 선조들의 지혜 있는 처방이 담겨 있으니 이 어찌 명약이 아니랴.

엄마 손이 약이라서 약손이라고 했다. 어린 시절에 체하거나 까닭 없이 배가 아프면 으레 어머니는 자식의 배를 자애로운 손으로 쓰다듬어 주셨다. 그리하면 신통하게도 금세 나았다. 엄마의 손끝에서 나온 사랑의 광선이 아이의 몸과 마음에 닿으면 아픈 증세가 거짓말처럼 치유됨을 비유한 것이리라.

유년시절에 어머니는 침을 함부로 뱉지 못하게 가르쳤다. 침은 곧 약이라고 하셨다. 약이니까 삼켜야 한다는 이치다. 살갗이 가려워도 절대로 긁지 못하게 엄명을 내렸다. 대신에 침을 바르라고 하셨다. 평상시 침보다는 잠에서 깨어 일어날 즈음, 아무 말도 내뱉지 않은 채로 입안에 괸 침을 상처에 바르면 특효약이라 하셨다. 또 첫술을 서른 번 넘게 씹어 삼킬 것을 당부했다. 입안에서 음식을 침과 고루고루 섞여서 넘겨야 소화 작용이 원활해진다. 지금 되새겨 보면 이 가르침은 어떤 상황에서도 매사를 깊이 성찰하고 삶의 여유로움을 잃지 말라는 교훈이라 생각된다.

'세월(시간)이 약'이란 말도 흔하게 쓰이는 관용구이다. 아무리 가슴 아프고 속에 맺혔던 일도 시간이 흐르고 나면 자연스레 잊게 된다. 특정한 사안일지라도 일상사에 파묻혀 세월이 지나면 견딜 만해지는 법이다. 그래서 혹자는 갈파한다. 삶은 견디는 것이라고. 견디는 힘은 어디서 오는 걸까? 시간과 친해지고 분주하게 살다 보면 일을 사랑하는 열정이 마음의 상처를 이겨내게 되는 것이리라.

이는 '참는 것이 약이다.'라는 말과도 맥을 같이한다. 성경에는 사랑의 개념을 연속적으로 열다섯 가지나 나열했는데, 그중 첫째가 '사랑은 오래 참는 것'이라고 규정했다. 또 '사랑은 모든 것을 참는 것'이라고 했으며, 맨 끝 구절에서 '사랑은 모든 것을 견디는 것'이라고 확정지어 말했다. '백인(百忍)'은 온갖 어려움을 참고 견디어 내는 것을 이름이다. 참지 못하고 순간마다 화를 다스리지 못한다면 삶을 파멸로 이끌게 될 것이다.

'모르는 게 약이다.'란 말은 아무것도 모르면 차라리 마음이 편하다는 뜻이다. 식자우환(識字憂患)과 쌍벽을 이룬다. 요즈음 건강염려증이라는 신종 병이 생겼다니 패러독스의 가시가 박힌 유머에 속한다. 너무 성격이 깔끔하여 결벽증을 의심할 처지가 된다면 그 역시 스트레스로 심적 장애를 겪게 된다.

인터넷상에 널려 있는 수많은 정보 중에는 믿을 수 없는 것들, 근거가 불확실한 것도 많다. 잘못된 지식과 정보에 의지하여 기쁨과 유익이 아니라 근심과 불이익을 당한다면 차라리 모르는 것만 못하다고 하겠다.

'웃음이 최고의 명약'이라고 한다. 웃음치료법이 각광을 받고 있다. 웃을 때 근육운동이 일어난다. 650개 근육 가운데 231개가 움직이고 엔도르핀, 도파민 등 몸속의 병균을 죽이는 호르몬과 신경전달 물질이 분비된다고 한다. 미국 스탠포드대학교 심리학과 교수인 프라이 박사는 웃음의 가장 중요한 효과로 면역에 미치는 영향을 꼽는다. 웃음이 백혈구의 생명력을 강화시키는 역할을 한다고 밝혔다. 노만 커즌스도 『질병의 해부학』이라는 그의 저서에서 웃음은 질병을 막는 방탄조끼라고 찬사를 보냈다.

신생아는 하루에 400번 이상 웃는 데 반해 어른은 고작 세 번 웃는다는 유머도 떠돈다. 마지못해 웃고, 기가 차서 웃고, 어이없어 웃는다는 것이다. 우리 뇌는 억지로 짓는 웃음도 진짜 웃음으로 치부해 준다니 반갑기 그지없다. 효능은 동일하니까.

한편 웃음과 상반되는 '울음 역시 명약'이란 사실에 주목하자. 역사비평가 박종평 님은 『난중일기』속에 자주 등장하는 이순신 장군의 울음을 이야기하면서 장군의 울음이 승전의 요인이라고 분석했다. 얽히고설킨 마음이나 답답한 심정, 분노를 푸는 데는 목 놓아 우는 것이 명약이라고 한다. 그는 울면서 마음의 근육을 키워야 한다고 술회하였다. 산천초목과 농작물의 해갈에 한 줄기 단비가 반갑듯이 메마른 마음을 촉촉이 적시는 것은 눈물이다. 실컷 울고 나면 시원해지던 지난날의 경험을 상기해 보자. 감정적인 눈물은 정신적 충격을 없애주는 효능이 있다고 한다. 울음은 스트레스 호르몬을 몸 밖으로 배출시킨다니 울음이 약이라는 것을 공감할 수 있을 터이다.

최근에 시(詩) 한 편이 약이 될 수 있음을 깨달았다. 시의 효용성을 새삼 논하게 된다. 정호승 시인은 「수선화에게」란 시에서 "외로우니까 사람"이라고 노래한다. 외로움에 떨고 있는 사람은 이 시를 읽고 공감하면서 치유를 경험하게 될 것이다.

구상 시인은 「꽃자리」라는 시를 통해서 "앉은 자리가 바로 꽃자리"임을 일러 준다. 혹자가 자기 처지를 가시방석이라고 타박하다가도 이 시를 감상하면서 새로운 인식을 하고 행복을 발견하게 된다면 시의 가치는 바로 삶을 치유하는 약이 된다고 확신할 것이다.

정현종 시인은 "모든 순간이 다 꽃봉오리인 것을/ 내 열심에 따라 피어나는 꽃봉오리인 것을"이라고 노래한다. 만약 우리 중에 누가 현재 자신의 모습이 생애 속에서 꽃봉오리라는 사실을 모른 채 살아간다면 그것은 세월에 속고 스스로에게 속으며 사는 것이다. 하루하루의 삶에 최선을 바치며 더 나은 자신의 모습을 이루어가는 것이야말로 생애를 꽃피우는 아름다움이 아니겠는가.

의원의 처방전을 받아 들기 전에 선조들의 속언과 경구를 거울삼아 정신과 마음을 다스리고 일상생활 속에서 시 한 편 더 감상하면서 생각과 의지를 다잡는다면 이보다 더 좋은 명약이 없을 것이다. 최고의 명약은, 병원과 약국의 약을 의존하지 않고 정신적으로, 심리적으로 예방할 수 있는 대체 효능 재(材)를 찾아내어 스스로의 삶에 적용시켜 부지런히 실천하는 일이라 하겠다.

마사이족 구두

 마사이족 구두가 세간에 유행하고 있다. 발바닥이 지면에 최대한 고루고루 닿을 수 있도록 밑창이 둥글게 고안되었기에 걸을 때 충격을 흡수하여 건강을 증진시킨다고 한다. 나의 직장에도 수시로 구두 장수가 들락거린다. 한번은 마사이족 구두라면서 직원들 앞앞이 다가가서 열심히 선전한다. 기능성은 정품과 다를 바 없다고 우기며 정품의 삼분의 일 값이면 장만할 수 있다고 권유한다. 말하자면 유사 제품이다. 살 마음이 없다고 돌려세웠다. 그리곤 마사이족과 구두 사이의 연결고리가 궁금해져 사전도 찾아보고 자료 검색까지 마쳤다.
 마사이족은 케냐와 탄자니아에 걸쳐 있는 지역에 사는 유목 민족으로서 180㎝가 넘는 큰 키에 고수머리, 암갈색 피부가 특징이며 늘씬한 몸매를 자랑한다. 진흙으로 만든 집 주위에 크고 둥근 가시나무 울타리를 치며 한 집에서 네댓 세대가 함께 거주한다. 일부다처제가 보통이며 결혼할 때는 신랑이 신부 값으로 상당한 양의 가축을 바치는 풍속이 전해 온다. 이들은 같은 성년식 기간에 할례(割禮)를 받은 다음 하나의 연령집단을 형성하는

데 죽을 때까지 이 연령집단의 구성원으로 살아가게 된다. 연륜이 쌓이면서 위계가 높아지는데 등급은 상하급 전사, 상하급 연장자 등으로 나눠지며 한 등급은 대략 십오 년간 유지된다. 상급 연장자들이 부족의 중요한 일을 결정할 권한을 가진다.

마사이족은 세상에서 제일 잘 걷는 사람들로 주목받는다. 이들은 마을에서 몇십 킬로나 떨어진 시장을 수시로 왕래한다. 거의 서너 시간 이상을 걸어서 시장 볼일을 본다. 하루 평균 삼만 보를 걷는다고 한다. 이들은 허리를 꼿꼿이 펴고 큰 보폭으로 빠르게 걷는다. 걸을 때 무게 중심이 발뒤꿈치에서 발 중심으로 다시 발가락으로 이동하면서 몸의 균형을 잡아준다. 바른 걷기를 통해 많이 걸으면 허리의 근육이 단단해지기 때문에 일자형 허리를 유지할 수 있는 법이다. 이처럼 마사이족의 보법(步法)으로 걸으면 체력을 담보할 수 있다는 기대감으로 마사이족 구두는 선풍적인 인기를 끌고 있다.

몇 달 뒤에 마사이족 구두 장수가 약속이나 한 듯이 다시 나타났다. 아무래도 구매 의향이 있음직하여 나를 찍어두고 온 낌새이다. 그게 사실이라면 매우 눈치 빠른 사람이라 할 만하다. 내가 마사이족 구두에 끌리는 이유는 기능성보다는 딴 곳에 있다. 일반 구두보다 굽이 높기에 키 큰 사람으로 비칠 수 있음직하여 호감이 생겼고, 어머니를 기쁘게 해 드릴 수 있는 한 방편이 되리라 여겼기 때문이다.

미수(米壽)에 닿은 어머니는 여태껏 장남인 내가 어릴 적에 배를 곯아서 키가 작다고 안쓰러워하신다. 두 남동생들은 나보다 크고 튼실한 편이다. 어머니는 맏이인 나를 유독 애틋하게 여기며 젖배를 마음껏 채워주지 못한 한(恨)을 한평생 둘러메고 사신다. 한국전쟁 당시 낙동강 인근 마을로 피란을 갔을 때 식량이 떨어지자 어른들은 끼니를 굶어도 두 살배기였던

나를 거두어 먹이려고 고생한 기억은 어머니의 가슴 깊숙이 갈무리된 한 편의 대하소설이다. 직장 따라 객지 생활하는 내가 고향에 들를 때마다 어머니로부터 빠짐없이 듣는 이야기가 있었다.

"애비는 어릴 적에 배를 곯아서 키가 작다."

나도 어엿한 가장(家長)이요, 맏이로 딸을 낳고 연이어 두 살 터울로 아들 둘을 얻었다. 딸이 결혼한 뒤 이내 외손자까지 보았다. 그런데도 찾아뵐 때마다 걸핏하면 어머니는 해묵은 아픔을 또 끄집어내시는 것이다. 한번은 정말 그 소리가 듣기에 거북스러웠다. 순간적으로 역정을 내었다.

"엄마, 우리 이제 밥 먹고 살 만한데 그 소리 듣기 싫어요!"

말을 내뱉자마자 스스로 무안하여 어찌할 바를 몰랐다. 불효막심한 말을 쏟아놓고서 주워 담을 수가 없었다. 참으로 많이 뉘우쳤다. 그리곤 어머니가 한평생 안고 사는 그 아픔을 받아들여야 한다고 생각을 바꾸었다. 이후론 어머니의 타령을 골백번 듣더라도 웃어 넘겨야지 작심을 한 터였다.

마사이족 구두를 신어 보니 그야말로 만족스러웠지만 걷기 훈련이 필요했다. 자칫하면 발목을 접을 수 있겠다. 계단이나 노면이 고르지 않은 곳에서는 특히 조심해야 한다. 처음엔 남들이 보기에도 어둔해 보여 동료와 지인들이 걱정을 많이 해 주었다. 혹자는 내밀한 사연을 모르니까 공직자가 신기에는 적절한 신발이 아니라고 조언까지 해 준다. 사연을 일일이 설명하기도 그렇고 하여 건강에 좋다고 해서 그냥 신는다고 입막음을 했다. 걸음걸이가 제법 익숙해진 뒤에 마사이족 구두를 신고 어머니를 뵈었다. 그날은 내가 선수(先手)를 쳤다.

"엄마, 나 키 컸어요."

너스레를 떨며 어머니를 덥석 안아 드렸다.

어머니는 나를 올려다보시며, "애비가 정말 키가 더 컸구나!" 하시며 빙그레 웃으신다.
참으로 오랜만에 어머니의 환한 웃음을 마주했다.
어머니를 껴안은 팔을 푸는데 도종환 님의 시가 섬광처럼 떠올랐다.

"젖지 않고 피는 꽃이 어디 있으랴/ 이 세상 그 어떤 빛나는 꽃들도 다 젖으며, 젖으며 피었나니/ 바람과 비에 젖으며 꽃잎 따뜻하게 피웠나니/ 젖지 않고 가는 삶이 어디 있으랴."(「흔들리며 피는 꽃」 일부)

그렇다. 그렇고말고. 이 세상에 완벽한 삶이 도대체 있을 수 있단 말인가? 단언하건대 없을 것이다. 우리 어머니가 그러하시듯 자식인 나도 그러하고, 모든 이들이 그러하리라. 조금씩 아픔을 삭이며, 슬픔을 흩뿌리며, 평생토록 이고 가며 안고 가는 상처가 있지만 그래도 굳건하게 지탱해 나가는 우리네 일상이 아니겠는가. 환갑, 진갑을 넘어서야 나는 어머니의 높은 하늘을 마음껏 날 수 있는 연(鳶)이 되었고, 어머니의 한없이 너른 바다를 자유로이 유영(遊泳)하는 물고기가 된 것이다.
그 이후 두 해가 흘렀지만 어머니로부터 이전의 푸념을 재차 들은 적이 없다. 한번은 어머니를 뵙는 자리에서 응석을 부렸다.
"엄마, 이제 왜 그 소리 안 해요? 어릴 적에 배를 곯아서 키가 작다는 그 소리?"
어머니는 잠자코 소리 없이 미소로 답을 하신다. 자식이 어머니의 속마음을 진심으로 수용하고 감싸주자 어머니의 지독한 상흔도 치유된 듯하다.
한번은 대구의 어느 결혼예식장에 하객으로 참석했다가 교사 시절에 함께 근무한 선배를 만났다. 열 살 정도 차이가 나는 분이어서 늘 형님이라 부르며 따랐다. 식사 자리에서 이런저런 담소를 나누다가 마사이족 구두 이야기를 꺼냈다. 공직자 이미지와 다소 거리가 있어 보일지 모르지만 효도하는 차원에서 신고 다닌다고 어머니의 일화를 곁들여 속내를 털어 놓았다.

갑자기 그 선배가 하는 말씀, "그러면 그렇지, 나는 그런 줄도 모르고 내가 나이 들어 키가 오그라든 줄 알고 걱정했잖아!" 하신다.

선배는 마사이족 구두의 비밀(키를 커 보이게 하는)을 모른 채 나와 단순 비교를 하여 예전보다 키 차이가 덜해 상대적으로 자신의 키가 줄어든 것으로 착각했다는 우스개이다. 구두 이야기를 꺼냈기에 망정이지 그대로 헤어졌다면 연고(緣故)도 모른 채 선배는 얼마나 속앓이를 했겠는가.

내게는 약이 되는 일이 이웃에겐 병이 될 수 있다는 이치를 곰곰이 되새김질해 본다. 약 주고 병 주는 마사이족 구두를 마냥 신고 다닐 수만은 없겠다. 애당초 어머니의 한(恨)을 풀어 드리려고 시작하여 효험을 보았으니 이젠 공무원의 품위도 챙길 겸 양반(?) 구두로 갈아 신어야 할 것 같다.

수신사우(隨身四友)

선비들이 갖추어야 할 네 가지 용품, 즉 지(紙), 필(筆), 묵(墨,) 연(硯)을 문방사우(文房四友)라고 지칭하는데, 여기에 빗대어 외출할 때 반드시 챙기는 물품이 넷이어서 '수신사우'라고 명명하기로 한다. 집을 나서면 이 친구들은 항시 날 따라나선다. 주머니 속에 있거나 손에 들려져 있다. 아무리 애를 써도 한 친구를 못 챙길 때가 다반사다. 궁리한 끝에 약속부호를 정해 노래하듯 읊조린다. 외출할 때마다 점검을 하며 주문처럼 외는 음절은 '지·폰·키·치'이다.

짐작이 쉽겠지만, '지'는 지갑이요, '폰'은 휴대전화기, '키'는 승용차 열쇠다. '치'는 뜻밖이라 할 수 있으리라. 바로 치간 칫솔이다. 이들은 내 벗이요, 분신처럼 엮이어 있다. 애당초에는 '지·폰·키' 셋을 챙겼는데, 임플란트 시술을 한 뒤부터 치간 칫솔을 애용하게 되어 친구 하나가 늘었다. 수신사우를 잊지 않으려고 노래하듯 흥얼거리는 것은 세월의 속도를 따라잡지 못하는 기억력의 보조 수단이요, 긴요한 소품을 아끼는 애착이다.

최우선적으로 지갑이란 친구를 양복의 오른편 속주머니에 고이 모신다. 지갑 속에는 흠모하는 인물들을 모셨기 때문이다. 이율곡, 이퇴계, 세종대왕, 신사임당 등이다. 이분들은 조선왕조 오백 년 역사 속에서 학식과 인품이 출중하고 존경받는 위인들이다. 대다수 국민들이 인생의 롤 모델로 삼고 있는 분들이 아닐까 싶다.

지갑 속에는 신용 카드와 약간의 현금이 항상 보관되어 있어야 든든하다. 지인을 만나 접대할 경우를 떠올릴 수 있겠고, 비상사태에서는 말 그대로 비상금이다. 세속에 회자(膾炙)되는 인간관계 십계명 중 열 번째 훈계 사항은 '열어라, 지갑을!'이다. 속언에 '쌀독에서 인심 난다'고 했으니, 큰돈은 아니어도 서너 명 친구와 식사할 만큼의 두둑한 마음까지 넣고 다녀야 하리라.

지난 1월 하순, 전국 교장동계연수회에 참석하려고 서울역에 아침 8시쯤 내려 역구내 식당에서 조식을 하고 밖에 나오니 찬 바람이 온몸을 휘감는다. 택시 승강장으로 두어 계단 내딛는데 노숙자 한 분이 하얀 입김을 뿜으며 추위와 싸우고 있었다. 선뜻 지갑을 열고 '세종대왕' 한 장을 건네며, "따뜻한 아침 식사하세요." 했더니 말없이 쳐다보며 목례를 한다. 나에게 선심(善心)이 있는지 시험해 보려고 하느님이 보내신 천사일지도 모른다는 생각이 들었다.

두 번째 친구, 휴대전화기는 소통과 정보를 책임지고 있는 최첨단 기기(器機)이다. 한번은 지역 기관장님들과 모임 때 좌중에서 유행가 노랫말이 화제에 올랐다. 어느 분이 '찔레꽃 붉게 피는 남쪽 나라 내 고향'이란 가사의 오류를 지적하며 찔레꽃은 흰색이라고 강변했다. 그러자 군수님이 휴대폰을 꺼내 곧장 검색하더니 붉은 찔레꽃 사진을 보여주신다. 화훼 재배 기술이 워낙 뛰어나니까 신종이 개발된 것일까? 동석한 분들이 신기해

하면서도 믿기지 않는다는 표정이다. 이처럼 유용한 친구를 대동하면 의문이 드는 것을 바로 알아낼 수 있으니, 백과사전을 품고 다니는 것과 마찬가지다.

최근에 카카오톡을 활용해 우리 가족 대화방을 개설했다. 1녀2남 모두 결혼해서 화목한 가정을 이루었고 이제 손주들이 여섯이다. 그것도 집집이 고루 두 명씩이다. 손주들 자라는 모습, 노는 양을 동영상으로 확인하고 사진으로 나누는 일이 그토록 반갑고 기쁘다. '까꿍' 신호음이 천사의 나팔소리처럼 즐겁다. 요즈음에 진일보하여 페이스북까지 장착했으니 그 위력이 어마어마하다. 그러니 이 친구를 밤낮 곁에 둘 수밖에 없는 것이다.

승용차 열쇠는 방문 옆의 벽에, 눈에 가장 잘 띄는 눈높이 위치에 못을 박아 걸어놓는다. 급할 때 허둥지둥 찾아 헤매는 것을 예방하는 시스템이다. 그 전에는 열쇠를 거실 소파에, 그 날 입었던 옷 주머니에, 들고 다니던 가방 속 등등 아무데나 보관했었다. 아침 출근 시간에 열쇠를 못 찾아서 아내까지 나서서 소동을 피운 적이 한두 번이 아니다.

한번은 세미나 당일에 목적지에 일찌감치 도착하여 여유를 즐기고 있었다. 승용차 트렁크에서 발표 자료와 준비물을 꺼내고선 열쇠를 트렁크 안에 둔 채 덮개를 눌러 닫고 만 것이다. 요새는 열쇠가 차량 안에 있으면 잠기지 않는 제어장치가 있다지만 그렇지를 못해, 하는 수 없이 보험사에 연락해서 긴급 서비스를 받은 경험이 있다. 한순간의 방심으로 얼마나 진땀을 뺐는지 너무 황당하고 허탈했다.

생로병사에 대해 강의하는 의학전문기자(김철중 님)한테 들은 이야기다. 그분 말씀에 건망증과 치매 증세를 구분하는 사례가 있어 소개한다. '열쇠를 어디에 두었는지 모르면 건망증이고, 열쇠를 보고도 무엇에 쓰이는 것인지 분간 못하면 치매' 라는 것이다. 참으로 그럴듯한 비유라 생각되어 입가에 웃음을 흘렸다.
 혹자는 건망증이 건강에 좋다는 주장을 펴기도 한다. 날이면 날마다 넘쳐나는 정보의 홍수 속에서 새 지식으로 무장하고 옛것을 잊어버리라고 주문한다. 일면 옳은 견해라고 여겨진다. 그런데 우리네 사람들은 정말 해롭기가 짝이 없는 원망, 불만, 시기, 질투심 등을 잊지 못하고 마음의 어두운 곳간에 쌓아두고 살아간다. 심지어 평생토록 원한을 풀지 않는 경우가 있고, 대를 이어 원수지간으로 살아가는 집안도 있다는 풍문을 들으면 금세 우울해진다.
 육신의 소욕에서 싹튼 이롭지 못한 찌끼들은 말끔하게 정리하고 잊어야 할 것이다. 용서와 화해로 묵은 응어리를 풀고 청심(淸心)으로 살아가는 복을 그리워하게 된다.

 후발 주자인 치간 칫솔은 치아 건강을 위한 필수품이다. 나무 재질의 흔한 이쑤시개와는 차원이 다르다. 또 녹말 재질의 초록색 이쑤시개보다도 상질(上質)이다. 중소 도시만 해도 웬만한 마트의 일용잡화 진열대에서 이 친구를 쉽사리 만날 수 있다. 구강 위생에 관한 넘쳐나는 홍보 덕택일 것이다.
 요즈음 시중에 나오는 치간 칫솔은 매우 고급스럽다. 그만큼 가격대도 높다. 갈수록 진화한다. 치아를 특별나게 관리하는 사람들에게는 정말 희소식이다. 휴대하기 좋도록 간편한 소포장으로 나와 있다. 신경을 많이 쓴 제품이 즐비하다.
 물론 치과의사들은 치간 칫솔을 권장하기보다는 금하라고 요청한다. 그 까닭이 궁금할 것이다. 잇몸을 찌르기가 쉽고 치아 사이를 점점 벌게 할 단초가 될 수 있기 때문이다. 치아 건강은 조상으로부터 타고난다는 것이 사실일까? 어머님이 쉰 살 들면서 틀니를 착용했는데 나 역시 환갑 전에 잇몸이 부실하여 치과병원 신세를 지고 산다. 그나마 의술이 좋은 세상을 만났으니 다행이라 생각한다.

어쨌든 생애의 동반자인 네 친구들—지갑, 휴대전화기, 승용차 열쇠, 치간 칫솔—을 애지중지하여야겠다. 가족 관계뿐만 아니라 지인들과의 편안한 만남을 이어주어 삶의 지평을 넓혀주기도 하거니와 건강을 챙겨주니 고맙고 유익하지 아니한가.

벚꽃 속의 하루

금오산 올레길을 걷는다. 아침 햇살이 산골짜기까지 비추고 있는데도 바짓가랑이 속을 기웃거리는 바람은 차다. 절기상으로 오늘이 청명(淸明)이다. 이곳은 벚꽃이 지금 한창이다. 바람결에 하얀 꽃잎이 공중으로 흩어진다. 눈송이 같기도 하고, 수천 마리의 흰나비가 떼 지어 몰려가는 듯하다. 더러는 저수지 물속에 고이 내려앉는다. 잦은 봄비 덕에 저수지에는 물이 넉넉하다.

일상으로부터 벗어나는 것이 이처럼 상쾌할 줄이야. 주말이라 점차 인파가 몰려든다. 형형색색으로 차려입고 가족끼리, 동료끼리 삼삼오오 걷는다. 아내는 연붉은 색상의 스포츠웨어에 청바지를 착용했고 나는 노란색 상의에 청바지를 받쳐 입었다. 나이가 들수록 원색 계열로 입는 것이 낫다는 소리를 들었기 때문이다.

남는 것은 사진밖에 없다는 시쳇말을 따라 우리는 휴대전화기로 촬영에 몰입했다. 포토 존을 골라서 근사하게 찍고 싶다. 나름대로 사진에 일가견이 있는 것처럼 내가 주도한다. 어느새 연인들 흉내를 내는 우리 모습이

다소 어색하여 표정은 굳고 자세는 부자연스럽다. 그래도 정겨운 포즈를 서로 권하면서 사진을 많이 찍었다.

저수지의 물과 벚꽃, 그리고 산과 하늘이 어우러져 경관이 정말 빼어나다. 어디 멀리 승용차 운전해서 안 가기를 잘했다. 고생은 고생대로 하고 특별히 여기보다 나을 게 없을 것이다. 생활 터전 근교에 이만한 휴식 공간이 있는 것은 행복이다. 공기가 청정하다. 맑은 공기가 몸속 깊이 퍼져가서 새 기운이 충만해질 것이다.

올레길 일주하는 데 한 시간이면 족하다. 야외무대에는 주말 저녁에 공연을 예고하는 색소폰 동호회의 현수막이 걸려 있다. 사람이 밥만 먹고 산다면 '밥버러지' 밖에 더 되겠는가? 문화와 예술을 사랑하고 즐기는 것이야말로 사람의 본성이요, 인간다움의 기본일 것이다.

'본능'의 상대어가 '문화'라는 말처럼 인성을 바르게 기르기 위해 문사철(文史哲) 중심의 인문학을 가까이 하고 예능에도 힘을 쏟아야 할 것이다.

한참을 걷는데 반가운 지인이 눈에 들어온다. 그분은 사진작가로서 같은 교회에 출석하는 권사님이다. 일요일 예배 때 만나지만 깊은 정담을 나눌 시간이 늘 부족했다. 그래서 서로 기쁜 만남을 축하하듯이 인사를 건넸다. 대뜸 기념사진을 청했다. 전문가답게 배경을 골라서 세우더니 표정이 굳었다고 질책이 이어진다. "얼굴이 다 죽었네." 하기에 무슨 소리인가 어리둥절했다. 알고 보니 웃기려고 일부러 수작을 건 것이다. 즉석에서 여러 컷을 보여준다. 덕분에 좋은 기념사진을 건졌다.

대구에서 동호인들이 사진 촬영 체험연수를 왔는데 현지에 있는 선배 작가를 선생님으로 초빙한 것이었다. 삶의 길에 평생을 두고 즐길 취미와 소질이 있음은 다행이다. 경관 좋은 곳을 찾아다니며 전문성도 높이고 맑은 공기 마시며 운동을 겸하니 일석삼조의 효과가 있을 듯하다.

저수지 둑에는 풍력발전기와 태양광 발전기가 설치되어 있다. 에너지가 신성장 동력에 절대 필요하니 지방자치단체에서 아이디어를 내어 개발에 박차를 더하고 있는 것이다. 절약하고 검소한 생활의 모범이라 생각되어 박수를 쳐 주고 싶다. 그리고 보니 새마을 운동이 한창이던 그 시절에 초임 교사로 발령되어 근무하던 곳이 바로 저수지 밑에 있는 구미여자중학교이다. 문예반을 맡아서 특별활동 시간엔 어김없이 여기 둑에 올라 작문 공부를 하였다. 해맑은 소녀들의 미소가 그립다. 재잘거리며 따르던 그 아이들도 어느덧 쉰다섯 살이나 되었겠다. 철부지 딸애들 중에는 선생님에게 농을 걸고 아홉 살 차이밖에 나지 않음을 강조하면서 까불대던 모습이 마냥 귀엽게 회상된다.

올레길을 한 바퀴 돌았다. 운동한 기분이 난다. 등에 땀이 차오르고 다리도 뻐근하다. 평소 안 쓰던 근육이 모처럼 원활하게 풀렸나 보다. 벚꽃 그늘 아래 의자에 앉아서 휴식이다. 아내는 방금 찍은 사진들을 일일이 확인하면서 지울 것은 지우고 쓸 만한 것만 고른다. 그리한 연후에 카카오톡 그룹 채팅으로 자녀들에게 사진을 전송한다. 보내자마자 답신이 날아든다. 연신 '까꿍, 까꿍' 기계음이 울린다. 자식 키우고 손자, 손녀 자라는 모습에서 삶의 재미를 느낀다.

지금이 좋다. 삼남매 키워 공부시키고 취직하고 모두 결혼한 지금이 좋다. 힘들고 마음 졸이던 순간들이 바람결에 날리는 벚꽃처럼 아름답게 추억된다. 아픔만큼 성숙한다는 이야기가 맞다. 고생 끝에 낙이 온다는 어른들의 말씀이 지당하다.

흘러간 생각에 잠시 취했다가 그늘이 추워서 햇볕을 쬐러 일어선다. 금오산 낮은 봉오리까지 산행을 계획했으나, 이미 정오를 지났기에 뜻을 바꿔 올레길을 반대쪽으로 한 바퀴 더 돌기로 했다. 인파는 절정이다. 저수지엔 오리 모양의 소형 배가 열 척 이상 떠다닌다. 제법 멀리 안쪽으로 치닫는 배는 노련한 솜씨를 뽐내고 있다. 이런 풍경이 봄날에 어울린다. 한

편의 소설을 읽고 있는 기분이다. 우리 내외도 그 소설 속의 주변 인물이라 할 수 있으리라.

군데군데 자리를 잡고 식사를 하는 가족들이 보인다. 정자 난간에 걸터앉은 연인들이 주위 시선을 아랑곳하지 않고 사랑 놀음을 하고 있다. 지나는 이들이 힐끗힐끗 눈총을 준다. 아는 체를 하지 않는다. 어쩌면 사랑하는 두 사람 외에 다른 사람들은 안중에 들어오지 않을지도 모른다. 사랑의 콩깍지 이론이 있지 않은가? 하느님도 보시기에 좋다고 하실 것 같다.

이제 허벅지 근육까지 소식이 온다. 제법 운동량을 채운 듯하다. 족히 두 시간 이상 걸었다. 이십 리 길이다. 시장기가 감돈다. 점심은 예정한 대로 소고기국밥이다. 가마솥에서 24시간 푹 끓인다는 소문난 집이다. 식당 입구에 손님들이 줄지어 대기하고 있다. 대열에 합류한다. 기다리는 긴장감에 배 속에서는 음식 받을 준비가 한창일 것이다. 드디어 식당 안으로 들어선다.

"몇 사람입니까?"

"두 사람입니다."

자리를 잡고 국밥 둘, 석쇠 불고기 하나를 주문한다. '의식주'란 관형구가 '식의주'로 바뀌었다더니 먹는 즐거움이 제일 크다. 손님들이 북적대니 더 맛있게 느껴진다. 국 맛이 깊다. 간도 알맞다. 아내가 만족하는 걸 보니 대박이다. 외식을 평소에 즐겨하는 편이 아닌데 모처럼 오붓한 재미에 푹 빠졌다. 벚꽃 길의 아름다운 동행, 그 대단원을 흐뭇한 식사로 장식한다. 유가(儒家)의 '부부의 도'에 적힌 가르침대로 가까울수록 서로 신용을 지키며 오래갈수록 공경하면서 행복살림을 꾸려 가리라 다짐해 본다.

제 03부

황소걸음으로 여기까지

돌발 상황

 교단생활 십 년을 넘어서던 해(1981년 3월), 선산고등학교에 부임했다. 1학년 2반 담임을 맡았다. 공부시간에 학습태도가 제법 진지했다. 이전에 근무했던 성주농업고등학교의 교실 분위기와는 차원이 달랐다. 대학교 진학을 목표로 한 학생들이므로 교재 연구를 열심히 하여 매시간 수업에 임했다.
 그 당시에는 교사가 전입해 오면 부임 첫해에 연구수업을 의무적으로 했다. 연구수업이란 교장선생님을 비롯한 전체 선생님을 모신 가운데 한 시간 공개수업을 하는 것을 말한다. 평소 수업보다 더 많은 연구를 하고 정성을 들이는 특별수업이다.
 학교교육계획을 들여다보니 어김없이 연구수업이 배정되었다. 정확한 일자는 기억나지 않지만, 설레는 마음으로 차분하게 준비했다. 교과서 진도에 따라 김소운 님의 「가난한 날의 행복」이란 수필이 연구수업의 학습 단원으로 정해졌다. 글의 내용은 세 쌍의 가난한 부부 이야기를 담은 것인데, 비록 집안이 가난하더라도 사랑만 있으면 역경을 딛고 행복하게 살아갈 수 있다는 실화이다. 세 번째 이야기는 아래와 같다.

　사업에 거듭 실패한 남편이 사과 장사를 시작했다. 서울에서 춘천으로 사과를 팔러 간다. 트럭에 사과상자를 실었는데 사람들이 상자에 걸터앉는 바람에 사과가 많이 상했다. 상한 사과까지 알뜰하게 팔기 위해 며칠을 묵어가면서 장사를 한다. 아내는 남편의 안전을 걱정하며 잠을 이룰 수 없어서 참다못해 닷새째 되는 날 서울에서 춘천으로 남편을 찾으러 나선다. 다행하게도 춘천역에서 부부는 만난다.
　집으로 돌아오는 경춘선 열차, 한 좌석에 나란히 앉은 부부, 남편은 아내의 손을 말없이 잡는다. 남편은 아내의 손을 한 번도 놓지 않은 채 그렇게 서울까지 간다. 6·25 동란 때 남편은 작고하고 아내가 가난 속에서 어린 자녀를 훌륭하게 키워 대학생이 되었다. 아내가 모진 세파를 이겨낸 힘은 춘천에서 서울까지 자기 손을 놓지 않았던 남편의 손길이라고 회상한다.

　나는 학습목표를 세 가지 제시했다. 수필 문학의 형식적인 특성을 이해하도록 하고, 특정한 제재를 가지고 한 편의 글로 엮어나가는 과정을 통해 누구나 글을 쓸 수 있는 능력을 가지도록 이끌어주며, 끝으로 오늘의 주제인 사랑은 과연 무엇인가를 발표하게 하는 것이었다.
　학습지도안을 짜고 풍부한 자료를 찾아냈다. 학교도서관에서 김소운 님의 수필집 『가난한 날의 행복』을 대출했다. 공부할 내용을 재구성하여 쾌도를 만들고 성심을 다했다. 혹시 실업계 고등학교에서 온 선생님이라 실력이 좀 떨어지지 않을까 의구심을 품은 선생님들이 있을지도 모를 일이어서 이번 수업을 통해 공적인 자리에서 인정받으려는 동기가 강하게 작용했나 보다.
　긴장 속에 연구수업의 일자가 당도했다. 교실 환경도 신경을 써서 꾸몄다. 담임 학반에서 수업을 하니까 그래도 다행이다. 늘 조례, 종례 때 부대

끼며 함께 생활한 학생들이어서 친숙하고 다정다감한 분위기는 큰 위로와 힘이 되었다.

드디어 연구수업 당일이다. 교실 뒤편에는 내빈용 의자가 한 줄로 정돈되어 있다. 수업 시작종이 울리고 교실에 들어서니 동료교사들이 뒷자리에 앉아 있고, 교장선생님께서도 중간 좌석에 계셨다.

책 읽기와 내용 해설, 학생 발표 등 학습지도안 순서대로 수업이 착착 진행되었다. 학생들은 담임교사를 많이 도와주려고 노력하는 모습이다. 평소보다 발표도 잘하고, 학습태도가 반듯했다. 고등학생쯤 되니 눈치도 빠르고 나름대로 분위기를 파악하여 담임교사를 위해주는 듯해서 기특했다.

수업 마무리 부분에서 글의 주제를 발표하는 대목이 있다. 오늘의 주제와 관련하여 사랑을 무엇이라고 정의할 수 있는지 발표하도록 요청했다. 그때 듬직하고 인물이 출중한 안○○ 학생이 손도 들지 않은 채 앉은 자리에서 외쳤다.

"사랑은 눈물의 씨앗입니다."

학생들과 참관선생님들 모두 한바탕 웃음바다가 되었다.

아니, 웬 날벼락인가? 이건 돌발상황이었다.

"예, 정답입니다. 발표 잘했습니다."

분위기에 맞춰 내가 응수했다. 잠시 뒤에 사랑은 상대방에 대한 깊은 관심이라고 수습해 주었다. 학습요점 정리와 차시예고를 하자마자 마침종이 울리고 50분간의 수업을 무사히 마칠 수 있었다.

점심시간 이후 특별교실에서 강평 시간이 이어졌다. 교장선생님께서 나의 수업을 극찬하셨다. 학생들과의 상호작용이 잘 이루어진 모범된 수업이라고 평을 하셨다. 적극적으로 참여해서 담임교사를 도와준 학생들의 덕분이었다.

3년간 근무를 마치고 나는 김천여자고등학교로 옮겼다. 그 이후 학생들의 소식은 듣기 어려웠다. 간혹 제자들을 만나면 누구누구는 어떻게 되었다는 안부를 전해 듣기도 했다. 착실하게 성공하여 다복한 가정을 이루고 직장생활 및 사회생활을 잘하고 있으리라 믿는다.

2000년대 초반이렷다. 우연한 기회에 구미 재래시장에서 이십 년 전, 연구수업 때의 영웅, 안○○ 군을 만난 적이 있다. 부부 동반으로 시장을 보러 나왔나 보다. 나는 반갑게 안부를 물으며 안(安) 군에게 '사랑은 눈물의 씨앗' 임을 잊지 않았는지 확인해 보았다. 그리고 동행한 부인에게 남편의 고교시절 공부시간의 일화를 들려주었다. 세상 물정(物情)과 인심이 요동치는 큰 교실, 시장 한복판에서 우리는 사랑수업을 복습하며 한바탕 또 웃었다.

비상을 위한 화려한 날갯짓

언젠가 TV프로그램〈동물의 세계〉에서 새끼를 훈련시키는 어미 새와 새끼의 어둔한 날갯짓을 눈여겨본 적이 있다. 대학 시절의 추억을 들추면서 어린 새의 날갯짓을 먼저 떠올리는 것은 나만의 특별한 의미 때문이다. 초등학교 졸업을 앞두고 장래 희망을 묻는 담임선생님께 주저 없이 선생님이 되겠노라 대답하고는 줄곧 선생님이 되기 위한 일념으로 공부를 했다. 그리고 마침내 사범대학에 입학을 했다. 앞으로 선생님이 되어 직장을 얻고 부모님께 효도할 수 있는 날을 기다리는 것은 행복한 꿈이었다. 가난이 몸에 배인 시절에 배움의 길은 참으로 무한한 인내를 가르쳐 주었다. 그 고난의 터널을 빨리 빠져나오고 싶은 욕구는 학문의 기쁨보다 더 간절한 것이었다. 이런 나에게 교육실습은 곧 직장의 문이요, 성공의 청신호였다.

드디어 교육실습이 시작되었다. 3년간 학습으로 배운 지식을 실제로 교단에서 연습을 하고 교사로서의 자질을 검증받는 기회가 온 것이다. 처음 부속초등학교에서 2주간 일학년 아동들을 대상으로 실습을 했지만 만족한 결과를 얻지 못한 것이 몹시 아쉬웠다. 경륜 많으신 지도교사님께서 일러 주신 '교육엔 비약이 없다.'란 말씀이 가슴에 와 닿았다. 교사의 길은 무한한 인내와 성실, 그리고 사랑이 요구된다는 묵시가 담긴 금언이었다.

1970년 4월 20일 월요일. 부속 중학교에 배정 받고 첫 출근을 했다. 국어과 지도교사들은 참으로 덕망이 높으신 분들이셨다. 최춘택 선생님(前 대구과학고 교장), 김진 선생님(前 포항제철고 교장), 김종년 선생님, 소주영 선생님, 이상태 선생님(前 경북대 사범대학 교수) 등 여러 분이셨다. 인자하면서도 해박한 전문지식으로 우리들을 자상하게 지도해 주시고 때로는 혹독하게 훈련시키셨다. 담임 업무 및 교사로서의 자상한 인품을 배우고 익힐 수 있었으며, 국어교과에 대한 수업 기술과 학생지도 능력을 배양할 수 있었다.

이튿날 배정 받은 담임 학급에 들어갔는데 인사하는 학생은 몇 안 되고 아예 거들떠보지도 않는 학생이 대다수였다. 이것이 교생에 대한 인식이려니 여기면서도 처음부터 대충 해서는 안 되겠다고 생각하게끔 한 계기가 되었다. 나는 매일 학교생활에서 일어나는 사항을 빠짐없이 기록하면서 꼼꼼히 챙기는 한편 궁금한 것은 지도교사님께 여쭈어 해결해 나갔다. 교육실습 일지에 그 모든 사항을 인생의 지침인 양 성실하게 기록으로 남겼다. 지도교사님과의 대화 시간이 부족할 때는 실습일지에다가 궁금한 것을 질문하고 대답을 기록하시도록 '지도교사의 의견' 란을 공백으로 만들어 놓았으므로 강청(强請)에 못 이겨서라도 성의 있는 해답을 하시도록 떼를 썼다. 이런 나의 열정은 상당히 의욕적인 자세로 비쳐서 좋은 반응을 얻었다. 지도 선생님께서는 주서로 '지도교사의 의견' 란을 빽빽이 메워 주시고 오자, 탈자, 띄어쓰기 등까지 성심껏 지도해 주셨다.

수업 참관은 실제 수업 장면을 지켜보면서 수업 기술과 학생 관리 등 전반적인 것을 배울 수 있는 유익한 기회였다. 지도교사님들의 수업을 참관하면서 겁도 없이 이것저것 눈에 차지 않는 점을 비판적으로 기술하다가 '관찰은 한 발 물러나서 하고, 실행은 한 발 다가가서 합시다.' 라고 질책을 받기도 했지만 기분이 나쁘지는 않았다. 채찍을 맞아도 선배님께 맞는 것은 원래 기분 좋은 일이 아니던가? 때로는 동료들의 수업을 참관할 때도 좋은 점을 본받으려는 생각보다 잘못을 지적하기에 바빴으니 지금 생각하면 제 살 깎아먹기가 아니었던가. 그러나 이것도 따지고 보면 비상(飛翔)을 위한 날갯짓이었다.

닷새째 되는 날, 드디어 교단 실습이 시작되었다. 대상은 중1학년 4반, 제재는 한흑구 님의 수필 「보리」였다. 지도교사님 한 분만이 참관하셨다. 마음만 급하고 안정된 수업이 이루어지지 않았다. 다음날 수업을 위해 교재를 궁리하다가 문득 실제로 '보리'를 구해야겠다는 생각을 해냈다. 당시 나는 현재 경북대 공과대학 자리에 있던 기숙사인 '기독교 학생회관'에서 생활했기 때문에 근처 들판으로 나가서 손쉽게 보리와 밀을 구했다. 보리밭을 찾아내자 농기구 생각이 났다. 농가로 달려가서 수소문하여 호미와 고무래를 빌렸다. 출근하니 간신히 지각을 면한 시각이었다. 보리와 밀을 화분에 심었다. 교재 준비에 허둥거린 탓에 첫 시간 수업을 효과적으로 운영하지 못하고 종소리와 함께 서둘러 끝마쳤다. 그러나 이게 어찌 된 일인가? 교무실에 도착하니 그제야 마침종이 울렸다. 알고 보니 전화벨 소리를 종소리로 오인하고 수업 정리도 못하고 다급히 마친 것이었다.

다음 시간은 좀 나았다. 보리와 밀을 구분하여 실물을 보여 주었고, 고무래로 흙덩이를 깨는 장면을 연출해 보이기도 했다. 호미와 낫을 직접 보여 주며 용도를 설명했다. 갑자기 한 학생이 보리를 베는 모습을 보여 달라고 했다. 교탁 위의 화분에 심겨진 보리를 당장에 베어 보라는 주문이었다. 장난 섞인 요구였으나 여러 학생들이 일시에 강력히 요청을 해 와서 순간 당황했다. 만약 베어버리면 너무 삭막한 느낌이 들 것 같아 끝내 학생들의 요구를 들어주지 않았다. 수업이 끝난 뒤 지도교사님께서 "보리 싹을 베는 것은 학생들의 정서의 순을 자르는 것과 같다."라고 참관 평을 해 주실 때, 예상치 못했던 위기를 잘 넘겼다는 안도감이 들었다.

이 같은 와중에 연구수업 담당자로 선정되었다. 여간 부담스러운 일이 아니었다. 지도교사님의 집중적인 지도를 받으며 교수학습지도안을 짜고 교재 내용을 분석하고, 자료를 제작하느라 무척 골몰하였다. 밤잠을 설치고 코피를 쏟으면서 고된 훈련의 기간을 견디어 냈다. 교재 내용을 구조화한 괘도를 제작했고, 교재와 연관된 방송 드라마 〈다시 비친 태양〉을 녹음해 놓았다. 준비가 철저했기에 연구수업 당일 든든한 자세로 교단에 오를 수 있었다. 서병국 교수님을 모시고 국어과 지도교사님들과 동료 교생 및 대학 동과 후배들 앞에서 수업의 솜씨를 선보였다. 처음엔 긴장한 탓에 학생들과 호흡을 잘 맞추지 못했으나 시간이 흐를수록 안정된 자세로 전개해 나갔다. 참관하신 분들께서 보기에는 어둔했겠지만 나로서는 그토록 날고 싶은 화려한 날갯짓이었다.

 그날 이후 교직에 더욱 강렬한 매력을 가지게 되었고 하루빨리 중등학교 교단에 서서 나의 꿈을 펼치고 싶은 소망으로 마지막 학년을 보내게 되었다. 졸업을 앞두고 동료 중에 한 사람이 개신교 목사를 지망할 때 그리고 심지어 대학원 진학을 준비하는 친구의 경우까지도 외도(外道)로 규정하고 그들을 딱하게 여겼다. 왜냐하면 사범대학 교육을 받고 교육실습까지 마친 우리들이 오직 중등학교 교단에 서는 것 외에 다른 길을 생각하는 것은 도저히 용납될 수 없는 처사라고 굳게 믿었기 때문이었다. 우직(愚直)하기 그지없었지만 당시의 사범대학 특히 국어과의 분위기는 그토록 진지했고 우리들의 자긍심도 대단했었다. 나는 지금도 그때의 순수했던 열정을 잃지 않으려 애쓰며, 남은 교직의 길도 누(累)를 끼치지 않으리라 마음을 다진다.

 다시금 교육실습일지의 마지막 대목을 펼쳐본다. 거기엔 지도교사님께 던진 나의 마지막 질문과 선생님의 답변이 다음과 같이 적혀 있다.

 "평생을 교직에 종사하기로 맹세한 저에게 주실 말씀은 무엇입니까?"

 "돈과는 등을 진 교직을 돈으로 더럽히지 말자는 것, 모든 물욕을 극복하는 길, 돈과 출세를 원한다면 처음부터 직장을 바꾸라는 점입니다."

손님

    매화가 벙글 무렵에 월간 『문학세계』 윤지훈 실장과 안부 전화를 주고받으며 올봄에 예천 지역으로 문학 기행을 강력히 추천한다고 기별을 넣고선 태무심하고 있는데 뜻밖에 삼월 첫 주말에 내려올 수 있다는 답신이다. 경칩지절에 서울 손님을 맞이하게 되어 근 열흘을 들뜬 기분으로 보냈다.
    신인문학상에 당선된 지 백일을 갓 넘은 시점이라 영광과 기쁨이 채 가시지 않았는데 백일잔치를 열어 주려고 타이밍을 맞춘 걸까? 아니면 자호(自號) '우봉(牛峰)'에 관한 단상을 적은 원고를 제출했더니 축하해 주려고 때맞추어 오시는 걸까?
    3월 2일 금요일, 기상대 예보는 비소식이 들어 있다. 이를 어쩌나 걱정이 앞섰지만 봄비는 으레 소량이고 이내 갤 것이라고 안도한 대로 당일 새벽에 흩날리던 빗줄기는 가늘어지고 잔뜩 찌푸린 하늘은 용케도 잘 참아주었다. 오후엔 햇살이 내비치며 쾌청하다. 3시 무렵 출발 여부를 확인하니 이미 경기도 광주를 통과 중이란다. 다시 실장님으로부터 충주를 지났다고 연락이 온다. 거기서 한 시간이면 되니까 6시 30분쯤이면 당도하리라.

예상한 시간을 맞추어 손님 일행이 도착했다. 윤지훈 실장이 승용차를 운전하고 윤제철 시인, 최병영 시인, 김광선 시인 그리고 소설가 정선교 님이 동승했다. 장시간 운행에 수고로움이 컸을 텐데 안전하게 도착되어 고맙다.

한국문인협회 예천지부장 권오휘 시인과 황길영 회원께 귀띔했더니 때 맞추어 와 주었다. 우리 교육지원청 마당에서 반갑게 해후하니 마주하는 순간부터 정의(情意)가 상통하고 형제 사이 같다. 무엇인가? 문학의 세계로 한 길을 걷는 이들끼리 공유하는 세상은 시공을 초월하여 한 동네인가? 산과 강, 하늘과 바람과 햇볕, 풀과 나무 등 우리는 그러니까 날마다 똑같은 양식을 취하며 서로를 그리워하면서 살아온 것이 틀림없으리라.

집무실에 들어서자마자 윤 실장은 나의 별호 명명식(命名式)부터 해야 한단다. 좌장 윤제철 시인이 나선다. 『문학세계』 3월호에 게재된 나의 수필 「자호(自號) 단상」을 펼쳐들고 한 문단을 읽은 뒤 추인을 하는 의식을 진행했다. 마무리는 별호 '우봉(牛峰)'을 함께 외치는 것으로 간단히 그러나 진지하게 이루어졌다. 참으로 고맙고 감사하다. 윤 실장은 연신 카메라 플래시를 터뜨렸다. 물론 사진 속에 본인은 없을 것이다. 한사코 사진 속에 들어오심을 사양하고 본업에만 전념하였다. 반짝이는 프로 기질이 온 몸과 태도에서 묻어난다.

저녁밥은 단골 식당인 '김서방숯불'에 예약되어 있다. 예천 한우를 전문으로 하는 음식점이다. 고민하고 궁리한 끝에 정했지만 어쩜 자호에도 '소 우(牛)'자가 들어 있는데 쇠고기를 먹게 된다. 아무래도 약주를 걸쳐야 제격이려니 생각하고 육식을 정했는데 손님들은 매우 만족스러워했다. 맛과 향이 입안에서 녹아나는 것을 음미할 정도였다니 '예천 참우' 브랜드가 서울에서도 뜰 것이다.

술 향내와 문학 이야기에 몰입되어 두어 시간도 순식간이다. 주로 예천

문학을 부흥시키는 방안을 모색하며 지역의 문단 실태를 냉철하게 짚어보고 자문을 받은 점이 유익했다. 한국문단과 세계문단의 동향을 전해 듣고 지역 문단의 활성화 방안과 등단 지망생 교육에 관한 도움 말씀을 경청했다. 재정적으로 열악한 지방 문예활동을 위해 지자체의 협조를 이끌어내고 정부의 보조금을 끌어올 수 있는 통로가 환하게 열리기를 기대한다.

이차 자리는 지역의 황길영 수필가가 깃대를 잡는다. 임대수 시인이 직접 경영하는 민속주점 '옛터'로 안내했다. 임대수 시인은 한국작가협회 소속으로 전국 무대에서 많은 활약을 하신 분이다. 점포 안은 온통 시화전을 방불케 한다. 청사초롱 불빛 아래 갖가지 골동품들이 날 좀 알아달라고 보챈다. 고풍스럽고 정감이 넘친다. 나는 밤낮으로 '옛터' 주점 앞길을 내왕했어도 안에 들어와 본 건 처음이다. 내 관사(館舍)가 지척에 있지만 손님들 덕에 이제야 인연이 닿았다.

토속 막걸리에 파전과 도토리묵을 안주로 내놓는다. 한 순배 두 순배 돌리면서 화제는 때 지난 참여문학과 순수문학이 도마에 올랐다. 한국문학사와 세계 문학사조의 흐름을 넘나들며 토론이 이어진다. 마침 임대수 시인이 참여문학에서 손을 뗀 이후라서 맹렬한 화염은 피해 갈 수 있었다. 연이어 대두된 화제는 시 낭송 대회에 관한 성토가 이어진다. 특정인의 낭송 억양과 톤까지 모창(模唱)하듯 흉내 내는 풍조를 나무랐다. 어느덧 시간은 자정을 훌쩍 넘는다. 아쉬움과 미련을 거둘 길이 없지만 훗날을 기약하며 자리를 떴다. 심야의 대담은 이번 문학기행의 백미(白眉)라 여겨진다.

이제 숙소로 향한다. 애초에 여관을 예약하려다가 윤 실장의 권유로 결국 나의 관사로 확정한 것이 참으로 잘했다는 생각이 든다. 글 쓰는 사람들은 서로 땀 냄새 맡으면서 흉허물 없이 무관하게 하룻밤을 보내는 것이 좋겠다는 깊은 뜻을 받아들였다. 그래도 손님을 맞이하는 예의가 아닌 듯하여 많이 재보다가 생각을 굳혔다. 33평형 아파트이기 때문에 비좁지 않을뿐더러 화장실도 두 개이고, 무엇보다 청결 상태는 여관보다 낫다는 자평(自評)이 내려지자 결정하기가 수월했다.

이틀 동안 실내 보온에 신경을 썼더니 웬걸 손님 한 분은 아예 하의만 걸친다. 순진무구한 소년시절로 회귀한 듯하다. 굳이 안방을 외면하고 거실에 그냥 자리를 편다. 흥에 겨워 약주 일 배씩 더하고 잠을 청하니 이미 시곗바늘은 새벽 두 시를 향해 치닫는다.

아침 여섯 시에 먼저 깨어 거실에 나오니, 정선교 소설가와 김광선 시인이 거실 바닥에 홑진 이불을 덮고 곤히 잠들어 있다. 방 안이 더웠나 보다. 동지 간의 우애가 아지랑이처럼 피어오른다. 침대에서 함께 옛 시절 이야기를 나누다가 한밤을 지낸 우소(牛笑) 윤제철 시인은 그새 일어나서 샤워까지 하고 옷을 갖춰 입고 나온다. 손님 앞앞이 홍삼 분말에 꿀을 넣어서 내 손으로 따뜻한 차를 올렸다. 약주에 지친 속을 확 풀어드릴 참이었다. 모두 좋아하셔서 다행이다. 애연가 두 분은 몹시 불편하실 터이다. 베란다에 나가서 볼일을 보고 들어온다.

8시를 넘겨서야 '제주복집'에서 시원한 복어지리로 조반을 해결하고 예천교육지원청 마당에서 기념사진을 박고 곧장 천연기념물 제294호 '석송령(石松靈)'을 만나러 갔다. 600살이 넘은 소나무가 여태 청청한 기품을 자랑하는데 그 앞에서 우리는 600년을 훌쩍 넘어서도 살아남을 불후의 명작을 생산하리라 다짐하면서 기념 촬영을 한다. 나무 둘레가 4.2m, 높이가 12m, 그늘 면적이 324평이나 되며, 땅을 2,000평 가진 부자나무로서 세금을 내고 있음에 모두들 경이로움을 감추지 못한다. 부귀와 장수를 상징하는 소나무 위에는 정월대보름 동신제 때 둘러놓은 금줄이 여태 늘어져 있었다.

다음 행선지는 예천진호국제양궁장이다. 김진호 선수는 예천여고 2학년인 1978년 방콕 아시안게임에서 5관왕의 위업을 달성하고 1979년 베를린 국제양궁선수권대회에서도 5관왕에 오른다. 신궁 탄생을 기념하여 세운 것이 바로 진호국제양궁장이다. 그 후에 이 고장 출신 윤옥희 선수가 올림픽 금메달을 획득하여 양궁 메카의 명성을 이어간다. 김광선 시인이 즉흥시를 읊는다.

"활은 말한다./ 한 과녁이어야 한다./ 꼿꼿이 날아가 박혀야 한다./ 황금 잔디 위 둥근 표적이/ 화랑이 전하는 숨 쉬는 메달이니/ 모두 나아가 그들을 맞으라."

솔숲에 둘러싸인 너른 잔디광장 위에서 시인은 하느님이 풀어놓은 어린애가 되나 보다. 양궁체험 일정이 없는 날이어서 아쉽지만 모두들 활시위를 당기는 시늉을 하며 사진을 찍고 양궁 꿈나무들의 금메달 행진이 영속되기를 빌며 파이팅을 외쳤다.

일행의 발길이 삼강 주막에 닿았다. 봉화에서 발원한 내성천과 문경에서 흘러든 금천이 낙동강과 합류하는 곳에 전통주막이 있다. 서울로 가는 길목으로 문경새재에 들기 전에 묵어가던 장소로서 때로는 과객들의 허기를 면하게 해 주고 보부상의 숙식처로, 시인묵객들의 유상처(遊賞處)로 이용된 건물이다. 1900년경에 지은 이 주막은 집약적 평면 구성의 특징을 간직한 건축사의 소중한 자료란다. 부엌에 남은 주모의 외상 장부 흔적도 감상하고 싸리나무 울타리로 둘린 재래식 변소도 신기한 듯 카메라에 담았다. 시대의 역사와 지역의 문화를 지켜낸 500년 수령의 보호수 홰나무가 우리 일행에게 그간의 속내를 털어놓는다. 89세를 향수(享壽)하고 2005년에 별세한 유옥련 주모 할머니는 만날 길 없지만 막걸리 한 잔에 두부, 배추 부침개, 도토리묵을 안주 삼아 앞서 스쳐간 시인 묵객을 마냥 그리워했다. 흘러간 세월이 무상하다고 추억에 젖어 있을 때가 아니다. 다가올 세월은 얼마나 창창하며 한없이 기대되는가.

마지막 행선지는 회룡포를 찾았다. 주차장에 설치된 관광 안내도의 문구– '한 삽 뜨면 섬이 될까, 회룡포' – 가 눈에 확 빨려든다. 시적인 표현에 손님들이 감탄한다. 가파른 오르막길로 나무 계단을 수없이 밟아 이른 고지에 회룡대가 기다린 듯이 우뚝 나타난다. 풍경은 삭막해 보여도 봄빛이 완연하다. 전망대에서 내려다보니 굽이굽이 감돌아 흐르는 물길이 자연의 이치에 닿아 있음이 신묘하다. 육지 속의 섬이란 표현이 제격이다. 이틀 뒤면 경칩이니 움츠린 강마을 집집도 기지개를 켜고 봄단장에 나서려나. 사진 찍기 좋은 명소에서 회룡포를 배경으로 연거푸 기념사진을 남기고 돌아서는데 발길은 자꾸만 뒤가 켕긴다.

비룡산 중턱엔 신라 고찰 장안사(長安寺)가 다소곳이 좌정해 있다. 손님 중에는 참배하러 대웅전에 들어가 부처님께 절하는 이도 있고 주변 경치를 둘러보는 이도 있다. 마침 선실 마루에는 소쿠리에 한과를 담아내어 놓고 나그네한테 보시한다. 정선교 소설가가 큰 놈으로 집어 맛을 보다가 지나가는 초등학생에게 보시하니 고맙다고 넙죽넙죽 인사를 한다.

권오휘 지부장의 안내를 받아 손님 일행은 그 유명한 용궁 순대국밥으로 시장기를 달래며 문학 기행은 대단원의 막을 내렸다. 하오 두 시에 손님들이 상경하니 작별의 아쉬움은 낙동강 물살로 일렁이는데 나는 윤 실장의 안전운전을 빌고 충효의 고장, 예천의 명승지와 유적에 배인 고풍(古風) 창연(蒼然)한 기운들을 모아서 모쪼록 좋은 작품 많이 쓰시고 문운(文運)이 빛나시길 축원할 따름이다.

못 돌이

 아내가 아파트로 이사를 가자고 보채는 등살에도 요지부동이었으나 이웃에서 한 집 두 집 매각하고 떠나는 바람에 고민을 하게 되었다. 주택을 헐고 장기간 버려져 있던 공터에는 원룸이 들어섰다. 주변 환경이 예전만 못했다. 그 해 여름, 직무연수를 받기 위해 밀양영화학교에 가 있었는데 초저녁에 아내에게서 전화가 걸려왔다.
 "집 앞에 세워 둔 승용차 안의 물건을 뒤지고 엉망으로 만들어 놨어요."
 "없어진 물건은?"
 "동전만 가져갔어요."
 유리창을 제대로 올리지 못한 것이 화근이었다. 차 안의 기기(器機)가 온전하다니 그나마 다행이다. 원룸에 입주한 사람들이 시도 때도 없이 들락거리며 동네가 분주해지더니 좀도둑이 틈을 탔나 보다. 내 소유물에 남이 손을 댔다는 점이 영 찜찜했다. 이튿날 집에 돌아오자마자 아내에게 제의했다.
 "여보, 아파트 모델하우스 구경 가자."

"당신이 웬일로?"

"아파트로 이사 갈 시점이 되었나 봐. 나도 마음이 동하네."

모델하우스의 적은 평수, 넓은 평수를 고루고루 둘러보았다. 며칠 뒤엔 공사 현장을 답사했다. 층간 거리는 괜찮은지, 교통은 원활할 것인지 나름대로 기준을 가지고 계산을 했다. 당장 정하기는 어려웠다. 이리 재고 저리 재보는 사이에 한 해가 훌쩍 지나갔다.

그러던 어느 날 이번에는 아내가 제의했다.

"여보, 괜찮은 회사에서 짓는 모델하우스 오픈했대요. 구경 가요."

"아파트 위치는 좋은가?"

"도심에서 벗어난 농촌이래요. 별로 멀지도 않고."

마침 아내와 친분 있는 사람이 상담을 맡고 있었다. 그분의 남편이 공사 현장 감독이라며 홍보에 열을 올렸다. 모델하우스 구석구석을 찬찬히 설명하면서 좋은 자재를 써서 시공하기 때문에 믿어도 된다고 했다. 아내는 이미 마음이 기운 듯했다. 나는 좋은지 나쁜지조차 판단이 서지를 않고 아파트에 가면 답답해서 살 수 있을는지 엉뚱한 고민만 밀려왔다.

한 시간 남짓 둘러보고 상담이 종료되어 계약을 체결했다. 두 해 동안 불입하면 입주하게 된다. 아내와 같이 공사현장도 확인했다. 뒤편엔 푸른 숲이 무성한 산자락이 내려와 있고, 건너편에는 벼 심은 논이요, 저수지에는 물이 넉넉하게 채워져 있었다. 시골 태생인 우리에게는 일단 전경이 마음에 들었다. 공사가 한창이었다.

그 이후 두 해 세월이 유수같이 지났고 입주 시기를 두 달쯤 앞두고서도 쉽게 결정을 못 했다. 살던 주택을 매각하려니 여의치 않아서 아파트를 전세로 돌릴 방안도 찾아보고 포기할 생각도 해 봤다. 그런데 입주민을 초청하여 완공된 아파트를 공개하는 날이었다. 우리 아파트의 문을 열고 현관에 들어서자마자 나도 모르게 탄성을 질렀다. 양쪽으로 탁 트인 조망과 고층에서 내려다보는 전망 때문이었다.
"여보, 우리 이사 오자."
 그 한 마디에 모든 갈등이 종결되었다. 다른 미결 사안은 일단 보류다. 아내도 좋아했다. 서류 수속을 밟으니 입주 허가가 떨어졌다. 그해 삼일절 공휴일에 이사를 했다. 단독주택에 살던 미련이 싹 가신 것은 아니지만 처음 경험하는 아파트의 매력도 수긍할 수밖에 없다.
 거실에서 조망하면 멀리 산들이 네 겹 다섯 겹으로 포개져 보인다. 사색의 나래를 펴고 산 너머 산을 밟으며 하늘가를 산책하는 기분이 정말 상쾌하다. 남서향인지라 일몰의 장관을 즐길 수 있다. 건너편 저수지에서 날아오른 두루미가 저무는 해를 향해 날갯짓을 하며 떠내려가듯 떼 지어 이동하는 광경을 넋을 잃고 바라볼 때도 있다.
 저녁 무렵이면 주민들은 삼삼오오 저수지 둑을 따라 걷는다. 저수지에 대한 호명(呼名)은 대략 셋이다. 행정 구역 '문성리'를 따서 '문성지'라고 불린다. 또는 선산 김씨(들성 김씨) 집성촌이 있던 동리 이름, '들성'에서 연유하여 '들성못'이라고 명명한다. 전설에 의하면 '여우못'이라고도 불리어 왔다. 조선 초기에는 이 지역이 원래 늪이었단다. 하루는 자고 일어나니 늪지대 둘레에 지금의 못 둑 모양으로 짚 울타리가 쳐져 있었다. 동민들은 간밤에 몹시 울어대던 앞산 여우의 짓으로 생각했다. 짚 울타리를 따라 둑을 쌓으라는 암시로 받아들여 둑을 높이 쌓았더니 그대로 물이 괴어 못이 되었다. 여름 장마에 못 둑이 터지는 해 봄이면 여우가 반드시 울어서 피해를 미리 알려주었다고 한다. 주민들은 여우사당을 지어 제사를 지내고 무당을 들여 굿을 했다고 전해온다.
 지금 여우의 흔적은 그 자취를 모른다. 다만 인근 주민들이 건강을 위해 열심히 걷는다. 여우못 둘레를 친수공간으로 조성하는 사업이 한창이다. 생태공원과 생태학습지를 조성하고 생활체육시설을 건립할 청사진이 못

둑 진입로에 걸려 있다. 홍수와 가뭄을 해결하고 경제와 환경을 모두 살리는 한국형 녹색뉴딜사업이 펼쳐진다. 여우들이 알면 몹시 놀라고 섭섭해할 일들이 벌어지고 있는 셈이다.

창문 너머로 내려다보면 초저녁부터 인간 사슬이라 부를 만큼 연락부절이다. 모두들 건강을 위해 한 시간 남짓 즐겁게 투자한다. 색다른 볼거리다. 누가 시키는 것도 아닌데 너도나도 함께 참여한다. 나도 아내와 함께 저녁 시간에 못 둑을 따라 걷는다. 이름 하여 '못 돌이'다. 걷는 이들의 모습과 자세는 각양각색이다. 그러나 염원하는 바는 한 가지일 것이다. 현대인들은 자기 관리 중에 건강관리를 최우선으로 여긴다. 건강관리 중에는 걷는 것을 상책으로 권장한다. 못 돌이를 하다 보면 부수적인 보람이 한두 가지가 아니다.

사람이 그리운 시대에 사람을 가까이에서 접할 수 있다. 못 둑에는 늘 사람 체취가 흥건하다. 연인끼리 또는 부모와 아들딸이 도란도란 이야기하는 모습이 아름답다. 이어폰을 끼고 홀로 음악에 취한 이가 총총걸음으로 비켜가기도 하고, 유모차에 공주를 태워서 세상 구경을 시켜주는 엄마도 보인다. 어쩌다가 수년 전에 함께 근무했던 동료를 만나 그간의 안부를 확인하며 소통의 연결을 이루는 것은 더없는 기쁨이다. 그래서 못 돌이는 이웃과 교감하고 따사로운 인정을 주고받는 연결고리이다.

못 둑에는 야생화가 저마다의 빛깔로 반겨준다. 잠시 걸음을 멈추고 꽃과 마주하는 것은 삶의 여유이다. 우리는 일과 욕망에 얼마나 쫓기고 살아가는가? 주객이 바뀌고, 본질을 잃고 현상에만 집착할 때가 얼마나 흔한가? 잠시 여유를 좀 부려보자. 여유는 비우는 것이요, 여유는 넉넉함이다. 지금은 하절기라 군락을 이룬 달맞이꽃이 제철이다. 상현달에서 보름달로 차오르는 달밤을 택해서 못 돌이에 나서볼 일이다. 신비롭고 그윽한 분위기를 만끽할 수 있다. 처서 절기가 한 달 남짓하니 쑥부쟁이, 구절초, 금낭화, 하늘매발톱 등 못 둑의 꽃들이 수줍은 얼굴로 반겨줄 날도 멀지 않았다. 못 둑을 따라 돌면서 세상 염려를 비워 내자. 내면의 양식으로 채워질 것이다. 그래서 못 돌이는 여유를 즐기고 본질을 되찾는 기회이다.

못 안에서는 여러 어종과 수초들이 또 하나의 세상을 부지런히 가꾼다. 상념에 잠겨 골똘히 걷다 보면 못 안의 여기저기에서 물고기들의 향연이 목격된다. 튀어 오르는 놈들도 있고, 미끄러지듯 물살을 가르는 놈도 있다. 낚시꾼의 말을 빌면 붕어, 가물치 등이 주종이란다. 원앙새와 가창오리는 한껏 자태를 뽐내며 물결 따라 노닌다. 물이 유입되는 못의 한쪽은 아직도 늪지로 남아 있는데, 각양 수초들이 갈대와 엉켜 우거져 있고 연잎이 물을 뒤덮었다.

이른 아침에 산책길에 나서 보라. 물안개 피어오르는 날이면 환상적인 나라로 일시나마 도피할 수 있을 것이다. 물 위에 설치된 '둘레길'을 걷는 낭만은 이국적이다. 둘레길을 따라 걸으면 못 가운데 있는 정자와 소나무에 닿는다. 휴식 공간으로서 일품이다. 수면과의 거리가 불과 50㎝ 내외인 구간도 있다. 가족끼리 지인끼리 화제 만발이다. 때로는 가족과 진배없다는 애완견도 참여한다. 애완견을 매개로 하여 동호인들이 금세 모여들어 한 마디씩 거든다. 물 위에서의 이웃들과의 만남은 참으로 특종감이다. 그래서 못 돌이는 녹색 친환경 속에서 이웃끼리 화합하며 녹색의식을 열어가는 문호이다.

내가 아파트로 이사를 한 것이 어쩌면 들성못을 두고 묶인 필연일까? 들성못의 사계를 보면서 못 둑을 따라 돌고 또 돈다. 주민들을 따라 나도 돌고 나를 따라 주민들이 돈다. 여우못의 전설을 아는 이도 돌고 갓 이사 온 이도 그냥 따라서 돈다. 못 돌이를 하면서 사색하는 즐거움이 날로 새롭다. 너도나도 자연의 일부임을 깨닫는다. 마을 사람들은 못 둑을 걸으며 혼자만의 은밀한 희로애락을 풀어내고 더러는 애환의 부스러기를 길섶에 뿌리거나 물속 깊이 던지고 돌아설 것이다. 그래서 못 돌이는 자기성찰이요, 나를 찾아 돌고 도는 긴 여정이다. 우리 아파트 단지를 비롯해 저수지를 끼고 있는 인근 주민들이 못 돌이를 계속하면서 세상살이 재미를 만끽할 것이다. 전설처럼 넘실거리는 여우못의 물결무늬를 바라보며 땀에 전 성공담을 나누고 돈과 무관한 행복을 오래도록 읊조릴 것이다.

황소걸음으로 여기까지

나는 67학번이다. 남우세스러운 이야기가 될 듯하여 덮으려 하다가 고심 끝에 교직 생활의 편린을 적는다. 전설 같은 문자 속에서 후배들이 법고창신(法古創新)의 자료를 얻을 수 있으면 다행이겠고, 공직생활의 남은 기간을 나 자신도 초지일관의 자세로 채울 수 있기를 기대한다.

당시 사범대학의 분위기는 학문 탐구 못지않게 소명의식(사명감)에 대한 자긍심이 대단하였다. 제2차 경제개발 5개년 계획이 힘차게 추진되던 그때는 식량 자급자족이 소원이었고 이제 막 공업화의 기치를 올리고 공단조성에 힘을 기울였다. 가난한 집안 자식들이 사범대학에 지원한다는 꼬리표가 붙은 시절인데, 나 역시 경제적인 사정으로 아르바이트에 진력하느라고 학문에 몰입하지 못했다. 학비와 생활비가 마련되어야 학업을 지속할 수 있으니까 절박하였다. 한낱 핑계일 수도 있을 법하지만 공부는 나중에 나 혼자서도 얼마든지 할 수 있다는 다소 엉뚱한 생각에 젖어 있었다. 어쩌면 교수님들의 처지에서도 중등학교 교사를 양성하는 사범대학의 본연의 기능에 충실하면서 학문적인 깊이와 넓이를 추구해야 하는 이중의 고충을 겪었을 것이다. 교직과목을 다양하게 이수하지만 전공교과 교사로서의 자질은 전공과목 교수님들과의 긴밀한 유대 및 정신교육에 의해 많이 좌우되었다.

그때는 졸업과 동시에 취업 기회가 보장되었으므로 내 경우에는 학문 탐구에 그토록 몸이 달지 않았다. 빨리 졸업하여 교단에 서서 가르치는 보람을 얻고 봉급을 타서 효도하고 싶은 열망이 앞질렀었다. 학과 공부를 마치면 바로 아르바이트를 위한 교재 연구와 수업 준비에 시간을 할애하였다. 새까만 먹지(복사지) 사이사이에 갱지를 끼워서 문제를 내어 과외 학생들에게 나눠 주고 문제 풀이 중심의 학습을 시켰다. 남들처럼 캠퍼스 생활의 자유와 낭만을 즐기며 멋에 취해 보지도 못했고, 미팅과 연애는 호화스러운 사치에 불과한 것이었다.

내가 학문에 열정을 다하지 않으니까 교수님 눈에 들지 못한 것이 너무나 당연했다. 성적은 중간 이후로 뒤쳐져 있었을 것이다. 그런데 좋은 기회가 다가왔다. 바로 교생 실습이었다. 교단에 서는 것을 그토록 갈망해 온 나였기에 너무나 신명이 났다. 정성을 다해 배우고 실습에 적극적으로 참여했다. 지도교사님께 바짝 붙어서 문제를 해결하고 한 가지라도 더 익히기 위해 무진장 애를 태웠다. 그런 열심이 있은 덕분으로 공개수업 담당자로 뽑혔다. 전공교과마다 한 사람씩 의무적으로 수업연구를 하도록 배정하였는데 이를 두고 '을종' 공개수업이라고 불렀다.

지도교사님과 상의하여 수업단원을 정하고 학습지도안을 짜고, 교재연구를 충실히 하는 일, 자료 제작 등 할 일이 너무 많아서 긴장되었다. 공개수업 당일 지정교실 안에는 학과 교수님을 비롯하여 동료 교생, 3학년 후배들이 참관 좌석을 전부 채웠고 창문 밖 복도에도 참관인이 만원을 이루었다. 준비된 시나리오대로 한 시간 수업이 끝나고 평가시간이었다. 교수님과 지도교사님들의 강평이 이어지는데 대체적으로 수업을 잘했다는 평을 받았다. 정말 흐뭇하고 당장 내일이라도 일선 학교로 떠나고 싶은 마음뿐이었다. 며칠 뒤 학과 수업 시간에 교수님께서 "학과 성적과 교단에서 가르치는 능력은 정비례하지 않는 것 같다."라고 말씀하시면서 나를 지목하여 추켜세웠다. 마지막 학년에서야 드디어 교수님 눈에 든 학생이 될 수 있어 참으로 기뻤고 대학생활의 대미를 행복하게 보냈다.

지금 생각하면 난 참으로 우직하기 짝이 없었다. 교수님들의 정신교육이 얼마나 철저하였던지 졸업이 임박한 시점에서 대학원 입학을 하겠다고 나선 동료를 향해 '정신이 제대로 된 친구인가?' 의아하게 여기면서 힐문한 적이 있었다. '중등교사 전문교육을 받은 사람이 어찌 딴 길로 갈 생각을 할 수 있느냐?'고 속으로 그 친구를 원망했다. 물론 내가 학문 탐구보다는 현장 교사를 갈망하면서 살았기에 편협한 의식을 지닌 탓이었으리라.

졸업을 하고 초임 교사로 경북의 중소도시에 소재한 여자중학교에 발령되었다. 육군사관학교에서 교육과 훈련을 마치고 장교로 임용되어 전선에 배치되는 것과 진배없었다. 중등학교 교단을 사수하라는 명령을 받고 학교에 배치된 심정이었다. 그토록 선망한 교단이었지만 가르치는 일과 담당해야 할 업무는 그제나 이제나 만만치 않았다. 나는 원래 중·고등학교 시절부터 시 공부에 빠져 있었다. 대학 4년간 시 쓰기에 심취해 대학신문에 간간이 발표를 하고 기성 시인의 평을 받기도 했다. 곧 등단할 줄 알고 주변에서는 기대하였는데 그럴 처지가 정말 못 되었다. 늦은 밤 또는 이른 새벽에 시 한 편을 구상하려고 책상 앞에 앉으면 교실이 먼저 떠오르고, 가정환경이 딱한 아이들 이름이 생각나고, 온 방 안에는 그 학생들 얼굴로 가득 차는 것이었다. 그런 상황을 제재로 하여 시를 쓰면 될 것인데, 현실은 그렇지 않았다. 시를 구상하려고 마음먹는 자체가 용납되지 않았다. 교재 연구가 시급했고, 업무의 완성도를 높이는 일이 더욱 절실했다. 그래서 두 가지 일을 할 수 없다는 야무진 결정을 하고 절필하였다. 그 이후로 쓰디쓴 세월 속에 초년고생이 약이 되어 자강불식(自强不息)이란 말처럼 쉼 없이 하나의 목표를 향해 스스로를 단련시킬 수 있었다. 지금 생각해도 결코 후회스럽지는 않다.

요즈음은 멀티 플레이어 시대이다. 얼마든지 두 영역에서 빛을 낼 수 있다. 하지만 그 당시에는 두 마음을 품는 것 자체를 내가 용서할 수 없었다. 대학 시절에 학문에 몰입하지 못했으니 졸업 후 교단생활에 몰입하는 것이 내 인생에 대한 예의라고 생각한다. 나는 교사로 발령된 학교에서 근무 기간 5년 만기까지 채운 것이 네 곳이요, 구역 만기에 걸려 3년 근무교가 한 곳이고 여섯 번째 학교에서는 두 해 반을 근무하다가 전문직으로 전직했다. 만기 이전에 이동할 생각을 아예 하지를 않았다. 전문직으로 옮긴 이후에도 승진과 전직 이외에는 스스로 근무지를 옮길 생각을 하지 않았다. 인사발령은 내 뜻대로 되는 것이 아니라 하늘의 뜻에 따라 지역 및 근무처가 정해지는 것으로 생각한다. 행복은 더불어 살면서 스스로 만들어 내는 것이지 행복한 곳이 따로 있다고 믿지를 않는다.

시류에 휩쓸리지 않고 우직한 황소걸음으로 한결같이 지내온 세월이 그토록 편안하고 감사할 뿐이다. 지금도 꿈을 꾸면 언제나 학교와 교실, 아이들이 보인다. 며칠 전에도 수업시간 시작종이 울려서 출석부를 들고 교실을 찾아 헤매다가 깨고 보니 꿈이었다. 그리하여 나는 교원의 원형질(DNA)은 전공교과 수업 능력이라고 생각한다. 때가 되면 승진하여 교감, 교장으로 또는 전직하여 장학사, 장학관으로 진출하지만 교원으로서 수업에 대한 애착은 영원하다고 할 것이다.

교사로 재직하면서 교과수업 방법 개선을 위한 현장연구 활동을 수차례 수행했다. 승진을 향한 부가 점수를 바라보고 실행한 연구이기에 목적이

순수했다고 할 수는 없을 것이다. 그러나 연구논문을 작성하면서 전공교과에 대한 안목과 실력이 한 단계 업그레이드 된 것도 사실이다. 교육연구사 시절에도 교과연구에 대한 논문을 한 해에 한 편씩 생산하려고 작심했지만 뜻을 이루지 못한 점이 아쉽다. 현장 지원 업무가 폭주하여 시간을 낼 겨를이 없었다. 스스로 건강을 챙기며 잘 적응하기에 바쁜 나날이었다.

하지만 되돌아보면 나는 교직을 평생직장으로 선택하여 그 선택을 줄곧 사랑하면서 가난을 벗어났고, 가르치는 일로써 삶의 보람을 만끽했다. 후배들은 앞으로 좋은 세월을 만나서 훨씬 더 개선된 교육 여건에서 마음껏 연구하고 제자 기르기에 힘쓰면서 교직생활에 자긍심을 품고 항상 행복하길 바랄 뿐이다.

우리 아이 좋은 품성 기르기

자손이 귀한 집안에서는 금지옥엽(金枝玉葉)처럼 자식을 길렀다고 전해 온다. 자녀를 낳아 길러본 부모라면 넉넉히 이해할 것이다. 특히 출산율 저하를 극복하려고 범국가적으로 공을 들이는 시국(時局)이니, 자녀는 가문을 잇는 차원을 넘어 국민의 일원으로서 좋은 품성과 실력을 겸비한 인물로 키울 것이 요구되고 있다.

학부모들은 대개 자식이 공부 잘하기만을 바란다. 품성에 대한 기대는 늘 뒷전으로 밀리는 듯하다. 공부에는 개인차가 있어서 단언하기 쉽지 않으나, 품성은 어릴 적부터 바르게 길러야 한다. 옛 어른들께서 공부에 문리(文理)가 트이는 때가 있다고 하신 말씀을 새겨듣는다면, 부모는 그저 아이를 지켜보면서 격려해 주고 문리가 훤해질 시점까지 기다리면 그때부터 스스로 열심히 공부한다. 부모는 '아이의 타고난 재능과 적성이 무엇인지? 어떤 분야에 흥미를 가지고 몰입하는지?' 꼭 유념해 두었다가 수시로 조언하면 좋은 결과를 얻는다. 공부와 성적에 연연하여 지나치게 간섭하면 품성이 훼손될까 봐 걱정스럽다.

부모와 자녀 사이에는 상호작용이 활발하게 이루어져야 한다. 아이가 부모를 닮았지 누구를 닮겠는가? 친근하게 대하고 일상적인 대화를 나눠야 한다. 자식이 대화를 기피한다고 부모까지 덩달아 자녀를 멀리 대하면 무관심으로 비쳐질 수 있다. 대화 시간이 여의치 않다면 문자 메시지를 날리든가, 이메일을 주고받든지, 그도 아니면 편지를 써서 책상 위에 놓아두자. 강아지 한 마리를 사고파는 일도 자식에게 물어보고 결정하면 좋다. 어쨌든 부모가 먼저 자식을 감싸 안아야 한다. 아들딸의 의견도 높이 평가해 주어야 가족의식이 싹튼다. 부모한테 인정받고 칭찬을 들으면 자녀의 기(氣)가 살아난다. 부모님이 믿어주는 아이가 선생님한테도 인정받고 친구와 잘 섞인다. 일방적인 훈계나 지시는 금물이다. 왜냐하면 상호작용이 일어나지 않기 때문이다.

자녀는 부모의 말을 잘 듣는 기계가 아니다. 나름대로 생각이 있고 마음이 동한다. 그래서 자녀를 인격적으로 대우해야 한다. 자녀는 부모의 앞뒤를 보고 배우며 스스로 판단한다. 언행이 일치되는 생활을 솔선수범해 보여주면 아이들이 감화를 받게 되어 있다. 간혹 훌륭한 생각을 말할 때가 있지 않던가? 우리 아이 참으로 똑똑하다고 좋아한 적이 있을 것이다.

그렇다. 자식이라고 함부로 막 대해서는 안 된다. 아이들도 희로애락의 감정을 통해 주변 사정을 간파하고 상황을 판단하는 힘이 있다. 자식을 속이려 들지 말고, 부모가 잘못했으면 "얘야, 엄마가 성급하게 생각했구나. 미안하다."고 말할 수 있어야 한다. 그러면 '우리 엄마는 솔직한 사람'이라고 좋아하며 아이가 다가올 것이다.

속담에 '낮말은 새가 듣고 밤 말은 쥐가 듣는다.' 고 했다. 정작 쥐와 새는 말을 알아듣지 못한다. 그럼 새와 쥐는 누구인가? 바로 자식들이다. 자녀를 낮추어 평가하는 말을 입에 담지 말자. 어느 순간에 엿들을지 알 수 없지 않은가? 항상 긍정적으로 높이 평가해서 말하는 것이 중요하다. 예

기치 않은 상황에서 엿듣게 되더라도 부모의 말 한마디는 자식들을 신나게 해 줄 수 있어야 한다.

자녀의 장점을 칭찬하고 격려하다 보면 단점은 저절로 작아진다. 사랑으로 바라보면 장점이 눈에 띄고 욕심을 앞세우면 단점이 먼저 보인다. 대개의 경우 아이들은 자신의 단점을 짚어내어 이미 고민하고 있다. 고쳐지지 않아서 속상해 한다. 거기다 대놓고 부모가 훈계하고 혼내주면 오히려 반항심이 생겨 심리적 공황 상태에 빠져들고 급기야 못된 기질이 형성될 수 있다. 속는 셈치고 눈감아 주면 일정 시간이 지난 뒤 호전될 것이다. 바로 부모 자식 간의 신뢰감 문제이다.

우리는 반가운 사람을 만나면 말보다 먼저 눈웃음을 짓고 입가에도 웃음을 날린다. 숨길 수 없고 막을 수도 없다. 그런 연후에 정다운 말을 건넨다. 가족끼리도 마찬가지다. 집을 나서거나 들어오는 아이를 쳐다보며 흐뭇한 웃음을 선사하자. 아무 말이 없어도 아이는 부모 심정을 온몸으로 느낀다. 무한한 신뢰를 확인하고 용기를 품을 것이다. 침묵 속에서 웃음만으로도 사랑이 전해지고 감동을 전달할 수 있다.

요즈음 자식 키우는 문제가 누구에게나 녹록지 않을 것이다. 어려울수록 방법을 찾아야 한다. 손 한 번 더 잡아주고, 좋아하는 반찬을 정성껏 차리는 일일 수도 있다. 마음을 풀면서 살아야 한다. 아침에 서운했던 것을 잠자리에 들기 전에 어루만져 주어야 한다. 아이들도 힘들기는 매양 한가지다. 부모가 자녀 앞길을 미리 걱정하면 아이도 안절부절못한다. 우려를 씻어내고 희망만을 이야기하자. 실패를 겁내지 않고 도전하는 힘과 지혜를 축적하도록 도와주고 결정은 자녀에게 맡기는 게 좋다. 우리 아이 좋은 품성 기르기의 절반은 아버지의 몫이요, 나머지 절반은 어머니의 역할이라 생각된다.

함박웃음과 눈물방울

　'굽바자'라는 우리말이 있다. 작은 나뭇가지로 엮어 만든 낮은 울타리를 뜻한다. 굽바자를 연상하면 싸리나무 가지를 엮어 나지막하게 담장을 두른 어린 시절의 고향 마을이 떠오르고 순박하기만 했던 동네 사람들의 얼굴이 정겹게 다가온다. 삶의 희로애락을 함께 나누며 이웃끼리 오순도순 모여 살던 집집들이 바로 굽바자라는 생각이 든다.

　요즈음 워낙 변화가 심하여 옛것에 대한 그리움이 크다. 핵가족 제도가 버젓이 자리를 잡은지라 가족의식이 옅어질까 봐 적잖이 걱정된다. 혼인 형태도 다양해졌다. 복잡한 사회의 변동에 따라 법적으로 허용된 가족 유형이 여럿 공존한다. 아무리 가족 형태가 다양해졌다고 해도 효경사상과 가족에 대한 애틋한 정은 후대에 반드시 전승해야 할 우리의 유산이다.

　나라의 백년대계를 위한다면 가정을 바로 세우는 일이 급선무이다. 가정이 건강하고 가족이 안정되어야 사회도 건전해지고 나라의 기강도 굳건해 질 것이라 믿는다. 가족은 서로를 감싸주며 겸허하게 섬기는 사랑공동체를 이루어야 할 것이다. 너나없이 행복한 가정을 소망한다. 문제는 가족

의식을 공유하고 행복해지려는 노력을 실천할 때 꿈이 현실로 바뀐다는 점이다. 행복은 누가 안겨다 주는 것이 아니라 식구들끼리 배려하는 마음과 더불어 사는 지혜를 모아 만들어 가는 것이다.

예나 이제나 집안의 구심점은 부모님이다. 두 분을 정점으로 할 때 형제자매 간에 결속력이 갖추어진다. 혼기에 닿은 청춘 남녀는 그 부모를 떠나 독립하여 개체 가정을 이루어도 명절이면 흩어져 살던 자녀들이 귀성하는 풍속은 고래(古來)의 혼정신성에서 연유한 것이다.

흔히 부모와 자식의 관계를 지칭하여 '살붙이', '피붙이'라고 한다. 부정모혈로 자식이 태어나므로 부모님은 생명을 주신 은인이다. 따라서 부모를 공경하는 것은 모든 사회 질서의 근간이라 믿는다. 나는 극심한 가난 속에서도 공부를 할 수 있도록 길을 열어주신 부모님의 은공을 가슴 깊이 간직하고 있다. 당시에는 초등학교 졸업장으로 만족하고 자식을 대도시의 공장으로 내모는 경우가 허다했다. 제1차 경제개발 5개년 계획으로 '한강의 기적' 시동을 걸었던 그 시절에 아버지는 마을 이장 일을 맡아보았는데, 그때는 동네 '구장'이라고 불렀다. 서류 만지는 일을 좋아하시고 농사일의 전문가는 아니셨다. 조석으로 동네 분들이 찾아와서 서류를 부탁했고 아버지는 면사무소 출입이 잦았다. 당신이 농사일에 전념하기 어려운 처지였기에 장남인 나를 오로지 공부하는 길로 밀어주고자 작정하신 듯하다. 지금 되돌아보면 선견지명이 있으셨던 것으로 생각된다. 그저 고마울 따름이다.

효행이라고 하면 뭐 대단한 것이라 여기고 몹시 어렵게만 생각하는 이들도 있다. 부모님을 곁에서 모신 경험이 많을수록 효행은 참으로 단순한 것임을 깨닫게 된다.

나는 함박웃음을 선물해 드리려고 턱없는 유머로써 부모님을 웃으시도록 해 드리는 일에 비중을 둔다. 직장의 일을 비롯해 좋은 소식을 바로바로 전하여 기쁨을 드린다. 반면에 부모님께서 불초(不肖)한 자식에게 쏟는 극진한 정성과 희생을 생각하면 금세 투명한 눈물방울이 맺힌다. 부모님을 향한 초심을 잃지 않고 뜨거운 감동을 늘 간직하고 살아갈 수 있는 힘은 눈물방울에서 나온다.

며칠 전이다. 승용차를 몰고 출근하는 길에 신호대기에 걸렸다. 그 짧은 분초 동안의 상념 속에서 어머니의 모습이 떠오르고 이미 두 볼에는 눈물방울이 맺히고 이내 주르르 흘러내렸다. 지난번에 고향의 부모님을 뵈었을 때 아버지께 들은 말씀이 무심결에 생각났기 때문이다. 여느 때처럼 방청소를 하다가 가전도구며 사진 액자의 먼지까지 털어내고 있는데 아버지께서 하시는 말씀이, "네 엄마는 네 사진을 이틀이 멀다 하고 닦는다."라고 하셨다.

무슨 사진인가 하면 장남인 내가 환갑을 지낸 나이에 취득한 박사 학위 복장의 액자이다. 늦은 나이에 박사 학위 받은 것을 얼마나 대견스럽게 여기며 기뻐하시던지! 전화로 문안 인사를 드릴 때면 어머니는 영락없이 '김 박사'라고 불러준다.

"아, 김 박사라. 거기에도 비가 많이 왔지?"

이런 식으로 전화를 받으신다. 어머니와 통화할 적마다 학위 소지자로서 책무를 느끼고 더욱 분발하여 사회에 유익을 끼치는 연구 활동에 매진할 것을 스스로 다짐하게 된다.

잠깐 사이 푸른 신호등으로 바뀌고 눈물 자국을 제대로 닦지도 못한 채 가속페달을 밟았다. 눈길 가는 곳마다 어머니 얼굴이 온 산천에 가득하였다.

나는 우리 젊은이들이 부모님을 똑바로 쳐다보면서 자신의 일상사를 소상하게 아뢰기를 권한다. 부모님을 뵐 때마다 재미있는 이야깃거리를 준비해서 함박웃음을 웃게 해 드리자. 그리고 때로는 공부하다가 책상에 엎드린 채로 또는 이불 속에서 잠을 청하다가 부모님 생각에 젖어 투명한 눈물 몇 방울을 흘릴 수 있는 정감(情感) 넘치는 사람이 되기를 바란다. 효도의 시작점은 웃는 얼굴, 건강한 모습을 보여드리는 것이요, 효도의 마지막은 자식의 성공 프로젝트를 훌륭하게 완성한 뒤 장한 모습을 보여 드리는 일이다.

누구에게나 세상살이는 녹록지 않을 것이다. 만사가 여의치 않을 때는 자식 잘 되기만을 비는 부모님의 모습을 떠올려 보자. 자기관리를 정말 잘 할 수 있을 것이다. 자기를 존중하는 마음을 잃지 말고 오늘 집중하는 일에 열정을 바치자. 사회적인 네트워크가 구축된 시대를 살면서 인간관계에 신뢰를 쌓고 자기통제에 성실하면 이미 성공의 길로 접어든 셈이다. 힘든 고비를 만나든지, 무한정 좋은 순간이든지 부모님을 떠올려 보자. 우리에게 생명을 주시고, 열심히 살아갈 이유를 안겨 주신 부모님은 에너지의 원천이 아니던가?

현대사회에서 인류가 그토록 염원하는 복지사회도 가족 사랑과 어버이 섬기는 마음으로 돌아가면 그 해답을 찾으리라 여겨진다. 깨어 있는 일류 기업들은 벌써 가정친화적인 기업문화 창출에 돌입했다. 전망 있는 직장은 가족친화적인 분위기 속에서 업무의 능률을 솔솔 피워 올리고 있다. 가정 복지가 인류의 희망이요, 효경사상 제고와 가정 부흥이 세상을 바꿀 가치 있는 트렌드(Trend)이다.

이유 있는 판정패

여름휴가를 틈타서 서울에 사는 딸애와 사위가 내려왔다. 칠곡 석적읍에 있는 송정자연휴양림의 '느티나무방'을 한 달 전에 예약해 놓았다가 입소했다. 어린이집에 다니는 외손자 '승민(承旻)'이가 제법 의젓한 자태로 변해 있었다.

승민이는 거실에 들자마자 뛰다가 빙빙 돌면서 "어~, 좋은데…."를 연발한다. 말하는 품이 제 아버지 흉내를 낸다. 아내와 나는 그 모습에 반해서 마냥 웃는다. 잠시 뒤에 딸과 사위가 관리소에서 수속 절차를 마치고 왔다. 시설과 자연 환경에 대만족이다.

이곳은 칠곡군에서 운영하는 휴양림인데 예약은 일체 인터넷상으로 한다. 성수기에는 경쟁이 치열하다. 내 근무지가 마침 석적읍에 있고 학교 사택에 주민등록을 일시 옮겨두고 있기에 내가 예약을 하면 30% 비용을 감해 준다. 원하는 날짜에 예약하는 것은 행운이 따라야 한다. 아침 9시에 해당 홈페이지의 예약창구를 오픈하면 단 일 분 이내에 끝장난다. 12개 펜션을 전국에서 접속하니 치열하다. 내가 연이틀 실패하자 서울에서 딸이 나섰다. 시도한 당일에 바로 당첨되었다. 운도 운이거니와 인터넷 실력이 탁월한 신세대 덕을 본 셈이다. 아쉽게도 비용 혜택은 볼 수 없었다.

제일 인기 있는 프로그램은 역시 물놀이다. 천연 지하수를 끌어올려서 인공으로 조성한 물놀이장이다. 어른 허리춤에 닿는 깊이에 깨끗한 물이 넘실거린다. 어른, 아이 할 것 없이 신이 났다. 튜브에 바람을 잔뜩 넣어서 손자도 물놀이에 흠뻑 빠졌다. 아내는 풀장에 계단이 있는 줄도 모르고 한 걸음에 내려가다가 넘어져서 물속에 빠지는 바람에 혼겁을 집어먹고 급기야 사위가 부축해 줘서 한바탕 웃음이 터졌다.

저녁 요리는 사위가 준비한 쇠고기 샤브샤브다. 맛있는 특별 소스를 장만해 두고도 냉장고에서 꺼내오지 않는 실수를 하는 바람에 안타까웠지만 즉석에서 간장으로 대신하였는데 그런대로 괜찮았다. 전남 해남에서 생산된 해초국수는 그 맛이 특별하였다.

휴가철에 가족이 모여서 하룻밤을 보내는 의미는 기대 이상이다. 가족사를 엮어가는 기회이고 자라는 어린 세대에게는 가족의식을 몸에 배이게 하는 소중한 체험이라고 생각된다.

나는 외손자 승민이의 친구가 되어 주었다. 승민이가 하자는 대로 모든 것을 수용하고 때로는 창의적으로 내가 제안을 하여 놀아주었다. 숨바꼭질이 재미있고 '무궁화꽃이 피었습니다' 놀이도 온 식구가 참여하니 게임이 즐거웠다.

'가위바위보' 내기를 하는데 승민이는 늘 "할아버지, 뭐 낼 건데?" 하고 묻는다. 나는 "가위"라고 말한다. 가위바위보 하면서 내가 가위를 내면 승민이는 머릿속 셈을 한 뒤에 잽싸게 주먹을 내민다. 승민이는 늘 승자요, 나는 항상 패자다. 져 주고 기분 좋은 경기를 안 할 이유가 없지 않은가? 열 판을 하면 열 번 진다. 얼마나 애교 있는 경기인가. 때로는 내가 먼저 제안한다. "할아버지는 주먹 낼 거야." 미리 선전포고를 하고 가위바위보 하면 승민이는 눈을 반짝이면서 보자기를 낸다. 백전백승한다.

참으로 신기하다. 외손자는 승부 근성을 타고났다. 한번은 길을 안내한 다고 내 승용차가 사위 승용차 앞서서 운행을 했다. 목적지에 도착하자마 자 승민이가 말한다. "할아버지 차 미워. 아빠 차보다 먼저 갔잖아!" 하며 언짢은 인상을 지어 보이는 것이다. 그리고 그 일을 한 해가 지난 지금도 기억하고 있다.

두어 시간 놀아주었으니 이제는 승민이가 내 편이 되어 줄 시간대가 되 었다고 판단되었다. 고도의 작전으로 수작을 걸어본다.

"승민아. 구미 할아버지 좋아?"

"좋아."

"나도 승민이가 많이 좋아."

이 정도 되면 오늘은 판정승할 수 있지 싶어서 내친김에 도전한다.

"승민아, 김천 할아버지가 더 좋아, 구미 할아버지가 더 좋아?"

김천 할아버지는 사돈을 지칭한 것이다. 사실은 썩 질 좋은 질문은 아니 다. 비교 대상을 넣어서 단도직입으로 묻는 것은 어린애를 곤혹스럽게 만 드는 나쁜 질문일 수도 있다. 현장에서 신나게 놀아주는 상대가 외할아버 지이니까 분위기에 넘어가는지 어디 두고 볼이다.

"김천 할아버지."

승민이의 답변은 명료했다. 아뿔싸, 오늘도 판정패다. 도대체 김천 할아 버지는 무슨 전략으로 손자의 마음을 요지부동으로 만들 수 있었을까? 대 충 짐작되는 것은 경운기에 태워서 과수원 길을 달리는 옵션이 생각난다. 나도 경운기에 승민이를 태워서 낙동강 둑을 한 바퀴 돌아주면 그 마음을 내게로 돌릴 수 있을까? 경운기도 몰아본 적이 없는 내가 그냥 용을 써 본 다. 이제 더 이상 어린 것을 괴롭히는 질문을 그치리라. 다른 어떤 수작을 부려도 승산 없음을 어렴풋이 예견하지 않았던가.

　사돈은 중학교 동창인데 나보다 한 살 아래다. 쉽지 않은 인연이다. 손(孫)이 귀한 집안이라 딸 가진 부모로서 여간 마음이 쓰이지 않았다. 후대를 이어주는 책무를 다해야 하는데 그 일이 늘 걱정되었다. 다행하게도 어른들이 그리 많이 기다리지 않은 적절한 무렵 태기가 있었다. 한시름 놓게 되었다.
　그런데 사람의 마음은 참으로 간사하기가 이를 데 없나 보다. 이왕이면 아들이었으면 좋겠다는 바람이 간절하였다. 흔히 이르는 대로 두꺼비 같은 아들을 얻으면 얼마나 보람이 있으랴!
　서울 중심부에 위치한 그 병원은 유명세를 타는 병원이었다. 산모에게 절대로 태아의 성별을 알려주지 않는다고 한다. 열 달 동안 답답한 마음을 달랠 수밖에 없었다. 속으로는 아들이기를 빌고 또 빌었다. 그래야만 딸의 시집살이가 한결 편안하고 어른들로부터 무한 사랑을 받을 것 같아서였다. 딸 가진 부모의 인지상정이리라.
　사돈네는 대농(大農)이시다. 과수 농원이 자리한 곳은 백두대간 소백산맥의 끝자락이요, 지리산 줄기로 이어주는 시발점이라 할 수 있는 산간지역이다. 주종은 사과와 포도 농사이다. 혼사를 치른 그 해에 유래 없는 풍작이었다. 틈을 내어 아내와 나는 사돈댁 농원을 찾아서 주말에 과수 농사 체험을 하기도 했다. 사과와 포도를 비롯한 과일에 햇볕이 얼마나 필수 요소인지 알게 되었다. 시인 괴테가 남국의 햇볕을 갈구하면서 과일이 풍요롭게 익어가길 노래한 연유도 현장에 가면 절실하게 깨달아진다.
　한 해 매출 일억 원을 넘나들었다니 농촌에서는 상당한 실적이라 할 만하다. 하늘에서 비와 볕을 고루고루 적당한 때에 내려준 은택이요, 사돈네가 적당한 거름과 과수 가지치기 등 기술력을 발휘한 덕분이겠지만 나의 평가는 너무나 엉뚱하였다. '며느리 잘 본 덕에 농사도 잘 된 거지.' 아전인수도 유분수지 스스로 생각해도 낯 뜨거울 정도였다.
 내가 이렇게 평가를 내리는 나름대로의 명분 있는 까닭이 있다. 혼사가 있던 당해에 만약 시절이 좋지 않아서 평년작이 못 되면 그 핑계를 집안에 새사람을 잘못 들인 탓이라고 시시비비가 일지 않았겠느냐 이 말씀이다. 예로부터 남의 집에 새사람이 들면 주변에서 지켜보는 눈이 여럿이고, 있는 말 없는 말 지어내어서 동네방네 퍼뜨리는 나쁜 풍습이 내려오기 때문이다.
 하여간 천만다행한 일이다. 구설수를 면하게 된 것이 얼마나 축복인가? 풍작의 조짐은 또 태중의 아기가 아들일 가능성을 풍부하게 해 주는 길조일지 누가 알랴? 기분이 하늘을 날 것 같았다.
 딸애가 결혼 2주년을 지낸 여름 하지(夏至) 즈음에 득남을 했다. 풍작을 안겨다준 햇볕이 이글이글 타오르는 좋은 철에 하늘의 선물을 받았다. 하늘의 권세와 복을 이어가라는 의미를 담아서 이을 승(承), 하늘 민(旻) '승민'이라고 외할아버지인 내가 작명을 했다. 사돈은 손자의 이름을 부르기 좋고 뜻도 좋다며 받아주셨다.
 낙동강 칠곡보 주변 숲에서 소리치면 소백산 자락에 있는 사돈 귀에 내 말이 들릴까? 혹시 과수원에서 일하실 때 산울림이 되어 사돈 귓가에 메아리칠 수도 있겠지.
 "사돈, 나는 사돈의 속 깊은 손자 사랑을 따라잡을 수가 없구려. 내가 판정패했습니다~!"
 다음 여름 휴가철에는 사돈 내외분도 모시고 이곳 휴양림에서 오붓한 시간을 보내고 싶다.

유학산 등정기

　근무지를 옮기는 바람에 사택으로 이사를 한 지 두 달이 지났다. 아파트 단지 내 세대 수는 무려 이천팔백이나 된다. 바로 길 건너편에는 공단 사원 기숙사도 있어 그야말로 거리는 낮밤 없이 인파로 북적인다.
　바야흐로 만추지절이다. 베란다에서 바라보면 상가 밀집 구역을 넘어 손에 잡힐 듯한 산은 나날이 채색이 짙어간다. 일상에 깊숙이 빠져 있는 동안 가을이 공단 외곽지 도심을 점령하듯이 둘러싼 형국이다.
　주말 아침을 서둘러 산행 준비를 했다. 인근 유학산(遊鶴山) 등정을 작심하고 아내와 함께 일상으로부터 탈출을 감행한다. 아들딸 삼남매를 모두 짝지어 분가하고 나니 신혼시절을 다시 만난 것 같이 단출하다. 그러고 보니 아내와 함께한 세월이 어느덧 36년째이다. 고지식한 남편을 만나서 아내는 늘 답답하다는 말을 달고 살았다. 재미없다는 소리를 참 많이 들었다. 변하는 시대에 맞추어 나도 달라질 때가 되었다고 스스로 변화의 물살을 타려고 노력도 했지만 생각만큼 쉽지 않았다. 어쩌면 오늘 산행도 그런 맥락에 닿아 있다.

듬티재 정상에 오르니 대형 간판이 장승처럼 맞는다. '정상에서 만나요!' 라고 적혀 있다. 잠시 머물다 가기를 은근히 바라는 호의가 배어 있다. 다름 아니라 휴게소 겸 주차장이다. 주차를 한 뒤 본격적인 산행에 돌입한다. 현 위치에서 유학산 정상까지는 2.5km이다. 오르막길이 가파르게 깔려 있다. 게다가 도봉사 사찰 입구까지 포장길이다. 잠시 걸었을 뿐인데 벌써 무릎 관절에 신경이 쓰인다. 자연 그대로 흙길이었으면 얼마나 좋았으랴. 부질없는 생각이다. 신도들의 차량 통행을 고려한 일종의 보시(布施)려니 여겨진다.

산국(山菊)이 무리지어 반갑게 웃는다. 들국화 여러 송이가 연보랏빛 인사를 건넨다. 한 모롱이를 돌아서니 할미투구꽃이 보라색 꿈을 펼쳐 들고 자태를 뽐내고 있다. 우리는 호랑버들 아래서 자리를 펴고 쉬어 가기로 했다. 간식을 먹고 있는데 시선이 한 곳에 멈춘다. 호랑버들 가지 중턱에 염주가 걸려 있는 것이 아닌가.

길가에 떨어져 있는 염주를 주워서 주인이 나타나면 찾아가라고 일부러 걸어둔 것인가? 아니면 속세의 연을 버리지 못해 번민하던 수도승이 득도를 이루지 못한 채 산사를 떠나면서 염주를 걸어둔 것인지 꼬리를 물고 잡다한 상념(想念)이 구름처럼 피어오른다.

도봉사(道峰寺) 입구에 천진 동자상이 나타난다. 도봉사는 동화사 말사다. 금방이라도 무너져 내릴 듯한 바위 절벽 아래 법당이 앉아 있다. 부처님의 법력으로 바위가 무사한가? 보기만 해도 아찔하다. 산행에 무게를 두었기에 사찰 경내로 들어가지는 않고 지나쳐 오르기로 했다. 여기서부터는 흙길이다. 자연 그대로 보존되어 있기에 고맙고 반갑다. 산악인을 위해 통나무 토막으로 계단을 가지런히 설치한 곳도 있다. 높이 오를수록 청정한 공기와 따사로운 가을볕 기운이 온몸에 활력소가 된다.

숲 체험 길이 나타난다. 피톤치드는 신비한 치유의 물질이다. 산행을 즐기는 이들 가운데는 건강 유지와 자가 치유를 목적으로 삼는 경우가 많다는 이야기를 들었다.

아내도 요즘 안질을 염려하고 있다. 눈에 물방울이 왔다 갔다 하는 증세가 있어 전문의와 전화 상담을 했다. 검진할 때 안약을 투여하면 눈의 초점이 맞지 않아 운전이 위험하므로 차량을 아예 가져오지 못하게 권했다. 예약한 날에 진료하러 갔더니 전문의는 "그대로 사세요."라고 명쾌한 처분을 내렸단다.

어쩜 정직하고 신뢰할 만한 의료행위로 믿어야 할는지? 한편 성의 없는 처분 같기도 하여 뒷맛이 씁쓸하다. 이후 인터넷 검색을 해 보니 눈에 물방울 현상으로 고생하는 사람이 부지기수였다. 나는 전문의보다 한 수 차원 높은 처분을 내려 주었다.

"여보, 무단히 오는 몸의 이상(異狀)은 집착할수록 깊어지고 잊어버리면 모르는 새에 낫는 법이야."

맑은 공기와 따사로운 볕살이 아내의 눈에서 물방울 현상을 거두어 가기 바란다.

세상 물감으로는 빚어낼 수 없을 만큼 곱고 신비한 단풍이 즐비하다. 단풍 사이로 멀리 내다보이는 강물이며 도회지의 풍경을 사진으로 남기려고 연신 셔터를 누른다. 떡갈나무 낙엽이 시나브로 떨어져 날리는 쉼터, 벤치에 앉아서 조망한다. 헬기장 주위에는 군락을 이룬 억새꽃들이 세월의 무게를 견디지 못해 어지럽게 나부낀다.

정상에는 유학정이라고 이름표를 단 정자가 지키고 있다. 팔각정이다. 팔방으로 펼쳐진 산하를 조망한다. 호연지기의 기상이 꿈틀거린다. 표지판에 새겨진 '839 고지 전투' 기록이 역사의 현장임을 웅변으로 알린다. 순간 숙연해지는 기운은 온몸을 훑어 내린다. 대자연도 인간의 욕망과 갈등, 싸움으로 인해 아픔을 함께 하고 있었다. 839고지 탈환전이 비화로 전해 온다. 1950년 8월 1일부터 9월 24일까지 55일 동안 전투가 지속되었단다. 주야간 아홉 차례나 주인이 뒤바뀌는 치열한 전투로 아군 600여 명이 손실을 입고, 낙동강 방어전투로 아군 1만여 명이 희생되었으며, 적군 1만 7천5백여 명과 유엔군 3천여 명이 희생된 격전지이다. 정상에서 내려다보니 천애의 절벽이 유구한 역사 속에 기념비처럼 건재해 있었다.

 잠시 아내가 안 보기에 두루 찾았더니 금세 도토리 흔적을 보고 정찰을 떠난 것이다. 다람쥐 양식을 왜 탐을 내느냐고 성화를 부렸다. 인간이 산짐승의 식량을 탈취하는 것은 녹색의식에 반하는 것이 아닐까? 국립공원에서 채취한 도토리를 단속반원들이 검문해서 모조리 거두어 다시 산에 뿌리는 뉴스를 보았다. 사람도 결국 자연의 일부이거늘 산짐승과 먹이 다툼을 벌이는 일은 삼가야 할 것이다.
 하산하는 길에 만나는 이들과 일일이 인사를 나누고 덕담을 건넸다. 내려가는 길이 더 위험하다고 안전을 당부해 주는 산사람들이 고맙다. 산행을 주말마다 해야 한다고 당위론을 제기하는 아내의 주장에 맞장구를 쳐주며 긍정의 화답을 보낸다. 산행 내내 아내의 기뻐하는 모습을 보며 산과 교감한 흐뭇한 하루였다.

들국화 사랑

  시간의 손길은 우리들의 삶을 일정 기간 발효시킨 뒤에 세상에 꺼내 놓게 하나 보다. 48년이나 해묵은 이야기를 펼쳐 본다. 고등학교 2학년 때 한글날 기념 백일장에 참가할 기회를 얻었다. 경상북도 북부 지역 예선대회인 것으로 기억된다. 상주, 문경 지역의 중등학교에서 선발된 문학도들이 ○○여자고등학교에 모여 대회를 치르도록 예정돼 있었다. 문예반 선생님의 인솔로 점촌역에서 경북선 열차를 이용하여 일행은 행사장에 도착했다.

  시(詩)부에 참가했는데 시제는 '선(線)'이었다. 나는 남녀 간 사랑의 치열함을 모티브로 삼았다. 연애 경험도 없던 내가 애정시를 읽은 데서 감을 잡았으니 추상적으로 적을 수밖에 없었다. 학생 신분으로서 풀어 헤치기 어려운 소재를 정한 것이 못내 찜찜했다. 수상의 기대는 일찌감치 접어야만 했다.

  그로부터 한 달쯤 지난 뒤 수업 시간에 영어선생님께서 들어오자마자 편지 한 통을 건네주었다. 봉투에는 '○○여자고등학교 2학년 K양'이라고 적혀 있었다. 공부가 제대로 되지를 않았다. 이성한테 처음으로 편지를 받았기에 설레는 마음을 형언할 수 없었다.

마침종이 울리자 부리나케 도서실로 향했다. 당시 난 도서실 당번을 맡고 있었다. 도서실은 우리 집 안방과 진배없었다. 안으로 문을 걸어 잠그고 편지를 읽어 내려갔다. 문장이 매끄럽고 거침이 없었다. 글씨 또한 달필이었다.

중학교 때부터 나를 알았으며 이루어지지 못할 사랑이라 아예 시작을 하지 않으려 애썼다고 적혀 있었다. 그런데 한글날 백일장에서 나를 보고선 편지를 썼고 부칠까 말까 재다가 뒤늦게 우체통에 넣었다고 술회하였다.

며칠 동안 공부를 비롯해 모든 일이 손에 잡히지 않았다. 딴 세상에서 사는 듯 묘한 느낌을 비밀스럽게 품고 지냈다. 나는 이 여학생을 반드시 만나 봐야 한다고 생각했다. 초등학교 동창생 중 ○○여고에 다니는 친구를 만나서 편지의 주인공을 찾아달라고 떼를 썼다. 영어 이니셜 'K'만으로 찾을 길이 없다는 전갈이 왔다. 어찌 해 볼 방도가 없었다. 나는 한동안 맥을 놓았고 공부에 몰입되지 않았다.

무작정 ○○여고 교무실로 찾아가서 사연을 이야기하고 그 여학생을 수소문해 보면 어떨까? '지성을 다하면 길이 열리지 않을는지?' 별의별 생각이 꼬리를 물었으나 어느 한 가지도 실행에 옮길 수 없는 것들이었다. 시간이 흐를수록 아쉬움은 젊은 날의 아픔으로 똬리를 틀었다.

특히 편지의 마지막 글귀가 마음에서 지워지지 않아 늘 짠했다.

'희야! 저 들판에 노랗게 핀 들국화가 숨 가쁘게 져 가는 날, 나는 또 너를 위해 한 장의 노트를 장식하마.'

흔히 여성은 동갑내기라도 남자보다는 정신 연령이 서너 살 위라고 한다. 글 내용으로 보면 누나 같은 성숙함이 배어 있었다. 당시 나는 가난의 멍에를 지고 숙명의 굴레를 벗어나기 위해 안간힘을 쏟던 때였다. 입주 과외를 하면서 초등학생 남매를 가르치며 주말에는 주인 댁 백화점의 잡화를 판매하는 일까지 거들었다. 하루 세끼 밥을 먹어야 하고 잠잘 집이 필요했을 뿐 이성교제는 관심 밖이었다.

그러나 그 여학생에 대한 궁금증은 나날이 증폭되었다. '이루어질 수 없는 사랑'이라고 단정 짓는 까닭이 무엇일까? 부잣집 딸이어서 가난뱅이하고는 사귈 처지가 못 되어 신분의 장벽을 측은히 여긴 것은 아닐는지?

내가 알고 있는 것은 나와 동갑이고, 성씨는 기역자로 시작된다는 것이 전부이다. 시간이 쌓여 세월의 강으로 흘러 내려도 그분은 내게 잊을 수 없는 한 여인이 되고 말았다.

그분은 얼굴을 대한 적이 없는 나의 천사이다. 공직생활을 하므로 사회의 공인으로서 내 삶은 백일하에 드러나 있다. 언제나 마음만 먹으면 나를 지켜볼 것이라 여겨져서 더욱 성실하게 살아왔다. 수호천사 같은 그분을 실망시키는 것은 틀림없는 죄악이라고 생각되었기 때문이다.

다른 한편으로 그분은 내게 에너지를 공급해 준 은인이다. 누군가의 사랑을 받았으므로 몸을 잘 간수하고 흠결 없이 살아야 한다는 자존감을 지탱하도록 내 마음을 붙잡아 주었다.

수필가 피천득 님은 「인연」에서 '아사코'를 세 번째는 아니 만났으면 더 좋았을 것이라고 회환을 남겼는데, 내 경우는 얼굴조차 모르고 평생을 그리움으로 점철하니 참으로 고귀한 인연이라 할 만하지 아니한가?

그분도 행복한 가정을 꾸리고 사회의 유능한 인재로 살아가고 있으리라 믿고 싶다. 늦은 가을철, 들국화의 계절이 찾아오면 어김없이 생각나는 'K양'. 나의 수호천사가 더없이 행복한 삶을 살아가기를 높푸른 가을 하늘을 향해 빈다.

별명 소고(小考)

별명은 우연한 기회에 얻게 된다. 흔히 외모나 성격의 특징을 바탕으로 하여 누군가가 지어 퍼뜨린다. 영문도 궁금하고 진원지도 모른 채 별명은 연기처럼 삽시간에 온 동네를 덮는다.

학창시절에 별명은 친구들과 어울릴 수 있는 촉매 역할을 한다. 화를 벌떡벌떡 잘 낸다고 '벌떡이', 늘 코를 흘린다고 '찔찔이' 등 습성이 빌미가 되기도 하고, 동료들이 인성을 정확하게 짚어내어 '공자', '깍쟁이' 등 닉네임을 붙여준다. 당사자는 마음에 들지 않는 별명이 불릴 때마다 얼마나 불쾌할까? 스스로 조심성 있게 처신하는 계기로 삼으면 이득이 되지만 어릴 때는 견뎌내기 쉽지 않을 듯하다.

골프 선수 김미현은 단신이기 때문에 그녀의 이름 앞에 '땅콩'이란 수식어가 붙는다. 신체적인 조건을 꼬집어 불쾌할 수도 있지만 김미현 선수는 의외로 그 별명을 좋아한다고 밝혔다. 이 별명은 고등학생 때 한국골프장경영협회 우기정 회장이 지어주었다고 전한다. '껍질은 부서지기 쉽지만 속은 야무지면서도 달콤한 땅콩 같은 아이'란 의미대로 김 선수는 지독한 승부 근성으로 많은 이의 사랑을 받았다.

친구들끼리 부르던 별명은 친밀하다는 증거이기도 하지만, 때로 경멸이나 조롱의 뜻이 담긴 별명은 싸움으로 번지는 수도 있다. 기왕에 사랑과 관심을 표현하기 위해 붙이는 별명이라면 가능한 한 능력과 자질을 인정하고 듣기 좋은 별명을 지어서 부르는 것이 어떨까.

사범대학을 졸업하고 여자 중·상업고등학교 교사로 첫 발령을 받았다. 풋풋한 여학생들의 호기심과 장난기는 대단했다. 총각 선생님이라고 여간 놀려대지 않았다. 수업 시간에 공부에 몰두해야 할 텐데 선생님이 사투리를 몇 번 쓰는지 그것만 세고 있다가 수업을 마치자마자 시비를 걸며 곤혹스럽게 만들었다.

1970년대 초반, 김세환 가수가 부른 〈사랑해 당신을〉이란 노래가 히트 했다. 그 후렴에 '예이, 예이, 예예예예……'라는 리듬이 반복해 나온다. 얼른 듣기에 내 이름자와 흡사하기 때문에 그 후렴구를 연창(連唱)하며 나를 골렸다. 출근할 때 교문에 들어서면 교실 이층에서 창문 너머로 학생들이 고개를 내밀고 일제히 노래를 불러댔다. 그 노랫가락이 울려 퍼지는 가운데 나는 발걸음을 어떻게 떼야 할지 주눅이 들어 혼이 났다. 운동장을 가로질러 교무실까지의 거리가 아득한 벌판처럼 멀게만 느껴졌다.

어느 날 점심시간인데 한 학생이 다가오더니 운동장 옆 측백나무 울타리 근처에서 언니(고등학생)들이 선생님을 모시고 오란다며 귀띔해 준다. 그곳엔 상급생 칠팔 명이 둘러서 있었고, 내가 나타나자 뜬금없이 제안할 사항이 있으니 들어 달라고 보챈다.

"지금 저희가 선생님 별명을 지으려 하는데 요구를 들어주면 예쁜 것으로 하고, 그렇지 않으면 '말대가리' 등등 아주 험악한 것으로 정하겠다."

고 으름장을 놓는다.

요구 사항은 다름 아니라 아이스께끼를 사 달라는 것이었다. 측백나무 뒤편에 얼음과자를 파는 아이를 이미 숨겨 놓고 있었다. 귀엽기도 하거니와 고단수에 넘어가지 않을 재간이 없었다.

시원한 얼음과자를 사 주고 그때 받은 별명이 바로 '애동호박'(표준어는 애호박)이다. 아마도 스물 넷 젊은 나이 덕에 무난한 별명을 얻은 것이리라. 나는 가만히 있지 못하고 한 수 더 떠서,

"그래, 너희들이 나를 무척 사랑하고 있나 보다. 사랑할 '애(愛)', 그리워할 '동(憧)' 자를 넣어 '애동호박'이라 불러주니 고맙다."고 대꾸하여 모인 학생들을 한바탕 웃겼다.

유아기에 나는 호박 반찬을 워낙 좋아해서 끼니마다 빠질 날이 없었다고 한다. 어떤 날은 호박 찬이 떨어져 생떼를 쓰며 우는 바람에 담벼락에 얹힌 생호박을 따서 밥술에 얹어 먹인 적이 있다고 한다. 막상 '애동호박'이란 별명을 얻고 보니 태생적인 인연이 닿은 듯 신기하였다.

그 뒤로 군대 생활과 제대복직, 결혼 및 보금자리 마련 등 치열한 세월 이십여 년 흘렀다. K시에 있는 여자고등학교에 근무할 시절이다. 3학년 담임을 맡는데 학반이 열이라, 담임 열 사람이 모두 별명을 얻었다. 인상착의에서 누구는 '고등어', 어떤 이는 '오이', 쌀쌀맞게 엄한 여선생님은 '백설공주' 등을 애칭으로 얻었다.

나는 아무 연고도 모른 채 '감자'란 별명이 붙었다.

수업이 한창인데 학교 뒷담 골목길로 채소 장수가 트럭에 갖가지 채소를 잔뜩 싣고 지나가며 확성기로 외쳐댄다.

"감자 한 소쿠리에 오백 원, 굵고 맛깔스런 감자, 감자가 왔습니다."

그쯤 되면 학생들은 난리다. 수업을 진행하기가 어렵다.

"참으로 용하네. 감자 선생님의 수업시간을 어찌 알고 지금 왔을까?"

"아이고, 값이 지난주보다 떨어졌네, 이 일을 어쩌지."
반응이 가지각색이다. 나도 잠시 쉬어갈 도리밖에 없었다. 함께 별명을 즐기었다.

근무 기한이 차서 인접한 도시의 남자 고등학교로 전보되었다. 생활 근거지라서 여러 모로 편리했다. 남학생들은 괜찮겠지 기대했는데, 여기서도 별명을 선사 받았다. 두어 달 지난 시점에서 '양파'란 별명이 따라 붙었다. 연유를 자세하게 말해 주는 학생은 없지만 짐작하건대 머리모습(헤어스타일)에서 비롯되었으리라 짚히는 데가 있다.
그때는 가세가 넉넉지 못해 긴축해야만 했던 고비였다. 아내는 맏딸과 아들 둘의 머리를 집에서 직접 손질했다. 심지어 내 머리마저도 아내가 책임 관리했다. 이발소에 갖다 줄 비용마저 절약하고자 함이었다. 단발머리처럼 가위질한 머리 스타일을 학생들의 눈길은 놓치지 않았다.
한동안 '양파'라고 불리다가 어느 날 '다마네기'로 회자되더니 후자가 세력을 얻었다. 얼마 후에는 당시에 출시된 '다마스(DAMAS)'란 차종의 이름이 내 별명으로 둔갑되었다. 일종의 언어유희라고 생각된다. 출근길에 내가 나타나면 아침 인사가 '다마스'이다. 여기저기에서 '다마스!'라고 외쳐댄다. 학생들과 어울릴 수 있는 그 별명이 싫지 않았다. 나도 '다마스!'라고 큰 소리로 인사를 받으면 학생들의 기세는 하늘을 찌를 것 같았다. 학생들과 교감(交感)이 더 잘 이뤄지고 수업의 집중력도 높아졌다. 학생들은 내가 수용해 주니까 너무 즐거운 모양이다

전문직으로 전직한 이후로 연구 업무와 행정에 몰입하며 외로운 길을 걸었다. 별명도 아쉽게 막을 내렸다. 순차적으로 승진하여 교감, 교장 직위에 이르도 교사 시절처럼 학생들과 친숙해질 기회는 갈수록 줄었다.

인생의 황금기인 20대 초반부터 40대 초반까지 이십여 년 간을 별명으로 인해 덩달아 행복하게 지냈다. 특히 별명 시리즈에 얽힌, 신묘(神妙)한 점이 한두 가지가 아니다. 애호박, 감자, 양파 등 어쩌면 식물성 일색일까? 내 성품의 원형질은 천부적으로 식물성인가? 남에게 모진 소리 못하고 속상한 일이 있어도 스스로 마음을 다스리며 유순하게 대처해 왔다. 이웃과 원한을 맺는 일을 절대로 할 수 없고 언제나 블루오션(Blue Ocean)을 택하는 천성과 무관치 않으리라.
　그리고 애호박, 감자, 양파 등은 어찌하여 하나같이 둥글고 아담한 크기인가? 청장년 시절, 험한 세월의 물살을 건너면서 도전과 성취에 목말라 했었다. 신분의 상승을 이루어 부모님을 기쁘게 해 드리고, 가난의 대물림을 종식시키기 위해 분주한 삶을 살았다. 결코 다혈질적으로 누구와 부닥치지는 않았다. 언제나 분수를 지킬 수 있었고, 직장 동료를 위시해 선후배 여러분과 친분을 쌓으며 사회적 자산이라고 할 수 있는 인맥을 이루어 왔으니 그저 감사할 따름이다.
　요즈음도 우리 집 식탁에는 애호박과 감자, 양파로 만든 요리가 단골 메뉴이다. 성인병 예방에 특효가 있어 기특한 식품이라 할 만하다. 음식상을 대할 때마다 젊은 날을 풍성하게 채워주었던 제자들이 마냥 그립다.

봉두암산 비록(秘錄)

　마른 개울을 건너 숲으로 난 작은 길을 택했다. 몇 걸음 들어서자마자 웬 개들이 마구 짖었다. 초행인지라 길을 잘못 들었다. 인가로부터 떨어진 곳이라고 누가 견공을 마음 놓고 사육하나 보다. 개집도 보이고 얼핏 보니 줄에 묶여 있기는 한데 행동반경이 통행로에 너무 근접하여 지나갈 수가 없었다. 아내가 몹시 무서워했다. 내친김에 그냥 솔숲으로 걸음을 떼며 작은 등성이를 넘어가면 등산로를 찾을 수 있으리라 믿었다.
　사람들이 다닌 흔적인 듯 또는 바람이 쓸고 간 자국인 듯 아리송한 자취를 밟으며 내가 앞장을 섰다. 낙엽 밟는 느낌이 참 포근하다. 연신 아내를 뒤돌아본다. 산행은 나보다 한 수 위여서 잘 따른다. 실은 길 없는 곳에 길을 내며 산을 오르고 있다. 산꿩이 놀라서 푸드덕 날아오른다. 아내는 멧돼지가 나타면 어찌 해야 하느냐고 괜한 말을 꺼낸다. 나는 지레 안심시키려고 기침을 크게 내뱉으며 대담하게 행동한다.
　"여보, 인터넷 검색해서 산행 길 좀 잘 익혀 놓아요."
　설렘이 묻어나는 아내 목소리를 듣고서야 검색을 했었지만 세세한 정보를 얻을 수는 없었다. 누구든 만나야만 정확한 길을 물어보련만 뜻밖에 개떼를 만나는 바람에 여기에 이르렀다.

사람들이 다닌 길이 분명했다. 길을 찾았다고 환호하며 올라가 보니 누가 묏자리를 잡아 놓았다. 주변엔 온통 낙엽으로 뒤덮여 있다. 잎사귀가 떨어져 다시 뿌리를 덮어 주고 썩어서 근본으로 돌아가는 자연의 이치를 묵상하며 낙엽을 밟는다.

30여 분만에 첫 등성이에 오르니 등산로와 이어진다. 돌산이고 낭떠러지도 있으니 추락과 미끄러짐, 낙석 등 안전에 유념하라는 경고판도 세워져 있다. 숲 속 체육공원에서 운동기구를 다루던 젊은 남성이 보이기에 반가운 마음에 인사를 건네려 했는데, 휑하니 서둘러 자리를 떴다. 약간 섭섭하다가도 우리 부부에게 자리를 비켜 준 것으로 여겨져서 씩 웃으며 청잣빛 하늘을 우러러보았다.

차가운 바람이 머릿속을 관통하며 능선을 따라 춤추고 다닌다. 상큼한 이 기분을 어디에다 비길 것인가? 오욕과 번뇌를 한 순간에 날려 보내고 제대로 철이 든 성숙함을 느낀다. 겨울 산행에서 체득할 수 있는 이점(利點)이리라.

아내가 준비한 음식으로 요기를 하고 나니 걸음 떼기가 한결 수월하다. 길바닥엔 온통 돌이다. 돌산인가 보다. '여자바위'란 이정표가 나타난다. 이름 한번 요상하다. 표지판에 적힌 기록은 다음과 같다.

'여자의 앉은 모양과 비슷하다 하여 여자바위라 이름 지었으며 사계절 여성의 순수함과 곧은 절개를 물씬 풍기게 하는 아름다운 바위이다.'

발밑으로 내려다보니 골이 패어 펼쳐진 거대한 바위 전체가 여근(女根)과 흡사한 이미지를 숨겨 놓았는지 의아스럽다. 대자연은 그 자체가 신비스러운 교과서라 할 만 하거늘 여기서 거룩한 모성의 본령을 되돌아보게 한다.

천지를 창조한 이후에 하느님은 인간을 지으시고 '생육하고 번성하여 땅에 충만해라.'고 축복했으며, 자고로 어른들은 항시 손(孫) 보기를 고대하고 후손 잘되기만을 빌고 빌었던 사실을 여러 문헌에서 찾아볼 수 있다.
나의 신혼시절이 문득 떠오른다. 한창 좋을 때 아내가 느닷없이 물었다.
"왜 나하고 결혼했는데?"
뜬금없는 물음에 조금도 주저함 없이 즉답을 했다.
"그야 뭐, 자손 보려고 한 것이지."
상상 밖의 답을 들은 아내는 분위기를 모르는 남자라고 힐난했다. 환갑을 지난 요즈음에도 그때 낙인 효과의 잔상이 남아 자상한 남편이라는 소리를 듣지 못한다.

가파른 길엔 나무와 나무를 연결하여 밧줄을 매어 놓았다. 튼실한 줄을 잡아당기며 한 발자국씩 오른다. 다람쥐들은 어디로 숨었는지 한 마리도 얼씬하지 않는다. 어쩌다 솔개가 높이 떠서 빙빙 도는 모습이 이방인을 정찰하는 듯하다. 폭이 겨우 30㎝ 남짓한 위태로운 길이 한참 이어진다.
한 모롱이를 돌아드니 저만치 봉두암의 모습이 드러난다. 길은 더욱 가파르다. 팍팍한 다리를 두드리며 잠시 배낭을 벗고 쉰다. 사방을 조망하니 낙동강 굽이가 파란 실타래를 풀어놓은 듯하고 정면에 금오산, 서북향으로 천생산, 동북향엔 유학산 자락이 분명하다. 산과 강으로 구획을 지어 촌락과 도시가 번창하고 있는 양이 한없이 정겹다.
드디어 봉두암을 만났다. 봉황새 머리 모양이란다. 451m 능선에 이렇게 거대한 바위를 누가 올려놓았을까? 아무리 궁리해도 답이 나오지 않으니 신령한 새로 알려진 봉황까지 끌어와서 이름을 지은 게 아닐는지? 5m 남짓한 바위 꼭대기까지 쇠사다리를 타고 올랐다. 찬바람이 밀려온다. 남향 진 아늑한 곳에 자리를 폈다.

점심시간이다. 보온밥통에서 뜨거운 김이 피어오른다. 군고구마를 먹다가 문득 생각이 나서 산짐승과 나눠 먹고 싶어 한 도막을 던져본다. 난데없이 새 두 마리가 날아든다. 곤줄박이가 아니면 노랑턱멧새인 듯하다. 호기심에 찬 동작으로 잽싸게 쪼아서 한 입 물고서 나뭇가지 새로 숨는다. 산새의 영롱한 깃털 색상이 눈에 삼삼하다.

봉두암을 일명 '벼슬바위'라고 부른다. 봉두암산 자락 고을에서 벼슬이 많이 나기를 염원하였나 보다. 봉두암산을 축으로 인동(仁洞) 고을엔 동락서원이 있고, 석적(石積) 고을엔 화산서원이 있다.

동락서원은 조선후기 주자학자인 여헌 장현광(張顯光) 선생의 학문과 덕행을 기리기 위해 제자들이 건립하여 스승의 영정을 모셔 놓은 곳이다. 선생은 병자호란이 일어나자 각 주 및 군에 격문을 보내 근왕(勤王)의 군사를 일으켰으며 이조참판, 대사헌 등 요직에 제수되었으나 모두 사퇴하고 학문에 전념한 인물이다.

화산서원은 만회당 장경우(張慶遇) 선생이 후진 교육에 전념하고자 건립한 서원이다. 선생은 정묘호란 때 인동 의병장으로 활약하였고 강화조약이 체결된 이후에 후진 양성에 심혈을 바친 것으로 전해온다.

지금 일반계 고등학교인 인동고등학교는 십여 년의 전통에 명문교로 부상했으며, 지역민의 열망으로 석적고등학교 개교도 임박했다. 특히 석적고등학교가 자리 잡은 터는 마치 어머니의 자궁에 태아를 품고 있는 형국(形局)이라고 알려져 있다. 이를 근거로 지역민들 사이에서는 인재 배출에 대한 기대와 열의가 대단하다. 고등학교 개교를 위해 교육발전협의회를 결성하여 똘똘 뭉쳤다. 장학금 모금 행사를 열고 기금을 조성하려 지역민들이 전력투구하는 모습이 인상적이다. 예로부터 명문가에서는 후대의 번성을 위해 공을 들였고 고을마다 인재 양성을 위해 정성을 다했기에 현재 우리나라가 선진국 반열에 세워진 것이리라.

하산하는 길에 쉼터 의자에 앉으니 교육계에 투신하여 40여 년을 보낸 세월이 필름처럼 돌아가고 이제 완공 단계에 있는 석적고등학교 건물이 저만치 보인다. 마침 소나무 숲이 그윽하게 펼쳐진 풍경이 눈에 잡히고 유독 솔방울이 올망졸망 매달려 있는 한 그루에 시선이 머문다. 한 분 어머니 슬하에서 영특한 자식들이 대를 이루어 번성하듯 석적 고을에 봉두암산의 정기를 받은 인재들이 세세연년 번창함을 미리 보는 듯하다.

제 04부

배려와 용서에 대하여

가정으로 돌아가는 자유인

    김대현 교장선생님이 41년 6개월 동안의 교단생활을 마치고 자유인으로서 새로운 삶을 시작하는 것을 축하하기 위해 모인 자리입니다.
    바쁘신 일정을 뒤로 물리고 역사적인 자리에 참석하신 내외 귀빈 모두에게 감사의 인사를 올립니다. 공직자로서 보람은 늘 무거운 책무를 완수하고 난 뒤에 따라오는 엷은 그림자 같은 것입니다. 이 순간 김 교장의 심정을 알 길이 없습니다. 물어보지 않는 것이 도리인 듯합니다.
    김 교장은 하고 싶었던 일을 다 마치고 퇴임하는 아주 드문 경우라고 생각합니다. 때때로 주어진 일에 충실하기 위해 개인과 가정을 돌볼 겨를 없이 지낸 세월도 많았을 것입니다. 저는 김 교장이 사랑했던 네 가지를 알고 있습니다. 첫째, 한국보이스카우트, 둘째, 예천 양궁, 셋째, 사모님과 자녀들, 넷째, 색소폰입니다. 사모님이 남편 뒷바라지하면서 함께 고생했습니다. 남매를 키우면서 공직에 정신 빼앗긴 남편 몫까지 감당하며 내조의 공을 들인 줄 압니다.
    오늘 모처럼 두 분이 함께 자리하신 모습이 얼마나 정겹고 흐뭇해 보이십니까? 두 분께 축하와 위로의 박수를 보내드립니다.

   김대현 교장이 공직생활을 성공적으로 마무리하신 것을 축하하며 이제 그 발자취를 일부라도 짚어보면서 섭섭한 마음을 달래고자 합니다.

다채로운 경력

   김 교장은 초등학교 교사로 출발한 다음 목표를 새롭게 정하여 중등교사로 점프하였고, 교육행정학 석사를 취득한 이후에 교감, 교장으로 승진하여 관리자의 길을 걸었습니다.

   교직생활의 절반을 예천에서 근무했고, 울릉도 해외 근무를 교사 시절에 한 번, 교장 시절에 한 번 경험하면서 동해 바닷바람을 쐬고 거센 파도를 벗 삼아 살아오셨기에 아주 야무진 체력과 집념어린 근성을 배양한 것으로 짐작이 됩니다. 김 교장은 근면 성실한 자세로 자신의 인생역정을 명품 브랜드로 가꾸어 오셨기에 교육계에 영원한 귀감으로 남을 것입니다.

대의명분을 소중히 여기고 헌신 봉사하심

   김 교장은 참 경우 바른 분입니다. 합리적인 판단과 따뜻한 인간미가 조화된 그런 삶을 실천하셨습니다. 하룻밤을 같이 지내면서 인생을 논하고 싶었는데 아직 뜻을 이루지 못했습니다. 친구요 동기이지만 경륜으로 치면 저보다 한참 어른이라고 생각합니다.

   그냥 지나치면 아무도 모르고 자기도 편할 것을 굳이 그리하지 못하고 알뜰살뜰 업무를 챙기고 처음부터 꼼꼼하게, 중간과정도 신중하게, 마무리까지 철저하게 짚어가며 일하는 김 교장의 스타일을 진심으로 존경합니다. '과연 공직자는 어떻게 처신해야 할지?' 그 정답을 현장에서 몸으로 가르쳐 주셨습니다. 후배들이 두고두고 이야기하며 본을 삼을 것입니다.

친애하는 여러분! 오늘이 어떤 날입니까? 사모님 처지에서 보면 공직에 빼앗겼던 남편을 되찾는 날입니다. 자녀들에게는 학교 사랑, 학생 사랑에 푹 빠졌던 우리 아버지를 집으로 모셔 가는 날입니다. 사모님과 자녀들에게 위로와 축하의 박수를 보냅니다.

양궁을 사랑하며 한국보이스카우트 활동에 지핀 혼불

보이스카우트와 인연을 맺은 것이 1979년, 그 후 32년 세월을 보이스카우트에 봉사·헌신해 왔습니다. 이 분야의 권위자이십니다. 청소년 교육과 우리나라 미래를 이끌어 갈 지도자 양성에 남다른 애정을 바쳤습니다. 활동도 많이 했고 국무총리표창, 교과부와 문화체육부 장관상, 국가청소년위원장 표창 등 수상 경력도 화려합니다.

1998년 예천중학교 교사로 근무할 때 양궁과 인연을 맺어 13년 동안 선수 양성을 위한 경비 충당과 장기적인 발전의 초석을 놓기 위해 전국을 누비며 유력한 인사를 만나고 협조를 구했습니다. 지난해에는 예천중학교 양궁 선수 숙소를 현대화하고 연습장을 확충했습니다. 최선을 다했기에 후회도 없이 후련하실 것입니다. 늘 감사하고 고맙게 생각되는 분이 이제 교단을 떠난다고 하니 매우 섭섭한 마음을 지울 길이 없습니다.

근무지에서 밝힌 열정의 불꽃

김 교장은 교과교실제 연구학교를 운영하고 국·영·수 과목 수준별 이동수업을 효율적으로 관리했습니다. 쉬운 일이 아닙니다. 교직원들과 한마음 한뜻을 일궈내고 시스템을 제대로 정착시킨 사례는 학생과 학부모에게 큰 만족을 드렸습니다. 이것이야말로 관리자로서 교육가족 모두가 행복할 수 있는 학교경영의 모델로서 칭찬을 받아야 할 것입니다.

이제 공직의 무거운 짐을 내려놓으시고 사모님과 행복한 시간을 많이 만드는 데에 치중하시고, 남는 시간에 전공 분야의 노하우를 살려 기회가 닿는 대로 출강도 나가시고 보이스카우트 발전을 위해 다른 역할도 맡아서 행복과 보람을 이루시길 바랍니다. 그리고 함께 하신 모든 분들께서도 더욱 건승하시고 가정과 직장생활 속에서 늘 행복하시기를 기원합니다.

* 정년퇴임식 축사. 2011. 8. 29.

역전승(逆轉勝)

 운동경기의 묘미(妙味)는 역전승에 있다. 관중들은 환호하고 선수들의 사기는 한껏 치솟는다. 한평생 살아가는 인생의 길목에서 우리가 희망의 끈을 놓지 않는 것도 바로 역전승을 꿈꾸기 때문이 아닐지? 그럴 경우도 있을 법하다. 기회가 어느 때쯤 어떤 모습으로 순식간에 닿을지 모르기에 날마다 정진하고 몰입하는 것이리라. 혹자는 운칠기삼(運七技三)을 거론하고 다른 이는 행운과 기량이 반반이라고 일축한다.

 경북 예천교육장으로 재임하던 시절이다. 공부 못지않게 운동선수 육성에도 심혈을 기울였다. 따지고 보면 선수들에겐 특기 종목이 바로 전공 공부인 셈이다. 엘리트 체육이 시들해지고 생활체육을 중시하는 쪽으로 가닥이 잡혔다. 선수들은 교과 공부를 마치고 나서야 훈련을 받는다. 그럼에도 불구하고 학부모들은 자녀들을 선수로 내몰지 않으려 완강하게 버틴다. 될 성부른 나무는 떡잎부터 알아보는 법, 자질 있는 선수를 발굴해서 키워 보려고 하면 번번이 무산되기 일쑤이다.

 예천(醴泉)은 양궁의 메카이다. 1979년 베를린 세계선수권대회 5관왕에 이어 1983년 로스앤젤레스 세계선수권대회 5관왕에 오르며 일약 양궁 월드스타로 떠오른 김진호 선수를 기리어 1996년에 건립한 예천진호국제양궁장이 위용을 자랑하고 있으며, 그 뒤를 이어 윤옥희 선수가 2008년 베이징 올림픽에서 양궁 금메달을 획득하여 명실상부한 양궁의 고장으로 자리매김한 곳이다. 그래서 다행히 양궁 선수만은 명맥을 이어가고 있다.

60년 만에 찾아온 흑룡의 해라고 언론사와 각종 매체들이 연일 장밋빛 전망을 쏟아내는 임진년(壬辰年) 새해, 시무식을 마치고 내가 제일 먼저 챙긴 업무가 바로 양궁연습장을 방문하고 선수를 격려하는 행사였다. 다섯 달 앞에 예정되어 있는 제41회 전국소년체육대회에서 금메달의 꿈을 이루기 위한 야무진 포석(布石)이었다.

주간 훈련은 물론이거니와 야간 훈련도 점검하고 선수를 격려하며 마음을 쏟았다. 상급기관에서 훈련비를 지원받고, 지역사회 유관기관에서도 뜻있는 분들의 후원 물품이 답지하며, 동창회 조직을 통한 임원들께서도 성원이 잇달았다. 이처럼 넘치는 정성으로 인해 나의 책무감이 때로는 양 어깨를 짓눌렀다.

전국 단위 경기로서 첫 번째 테이프를 끊은 제25회 전국실내양궁대회가 충북 괴산에서 2월 하순에 개최되었다. 예천중 송○협(3년) 군이 금메달을 획득하여 전망을 밝게 했으며, 예천초등학교는 단체전에서 금메달을 명중시켜 사기가 올랐다. 그러나 전국의 또래들 중에서 기량을 평가해 보고 동계훈련의 결과를 점검해 보는 것으로 만족해야 했다.

본 대회를 한 달여 남겨둔 시점에서 예천진호국제양궁장에서 개최된 제23회 전국남여초등양궁대회에서 예천초 조○욱(6년) 군이 30m 거리 종목에서 금메달을 따냈다. 선수들의 기량이 향상되고 있음을 고맙게 여기며 마무리 훈련과 지도에 박차를 가했다.

드디어 전국소년체육대회의 일정표가 나왔다. 경기도 고양시 일원에서 5월 26일부터 29일까지 나흘간 개최된다. 내심 금메달 3개 이상을 목표로 삼고 훈련장을 수시로 방문하고 선수를 격려하고 감독과 코치에게 맞춤식 전술전략을 당부했다.

양궁 경기는 안산 시낭운동장에서 개최되었다. 16개 시도에서 초등학생부, 중학생부 전체 256명의 선수단이 참가했다. 대회 첫날. 날씨는 쾌청하고 약간의 바람이 있어 표적지 상단의 깃발이 펄럭였다. 우리 선수단을 방문하고 선전을 기원하며 악수를 건넸다. 모두들 담담해 보였다. 수많은 화살이 날아가 과녁에 꽂힐 때는 댓잎에 떨어지는 빗소리를 듣는 것 같다. 모두가 숨죽이고 한 편의 예술작품이 완성되길 빈다. 기대했던 조○욱 군과 송○협 군이 거리별 종목에서 부진했다. 평소 기량만큼 해 준다면 금메달을 기대할 수 있건만 제 실력을 발휘하지 못했다. 어린 선수들이기에 중압감을 이겨내지 못한 탓일까? 너무 안타까웠다.

이튿날 아침. 여전히 운동장은 잔잔하게 바람이 나부끼고 긴장감이 감돌았다. 어제의 부진을 만회하길 기원한다. 우리 선수들이 몸을 푸는 운동을 가볍게 하고 있다. 다가가서 인사를 나누고 경기에 집중해 줄 것을 당부했다. 그러나 한 번 흐트러진 정신력과 자세를 가다듬기가 쉽지 않았다. 노메달이다. 허탈감이 밀려왔다.

마침 오늘이 주일(週日)이어서 예배행사에 참석했다. 낯선 도시인지라 고향의 목사님께 추천 받은, 운동장 인근의 예배당을 찾아갔다. '새빛교회'의 예배 순서가 적힌 주보를 받아든 나는 놀라움을 금치 못했다. 설교 제목이 '역전승'이었기 때문이다. 목사님의 설교 요지는 내 마음에 그대로 화살처럼 꽂히었다.

'그래, 맞아. 역전승할 수도 있잖아. 힘을 내자. 힘을 내!'

예배를 마칠 때까지 연거푸 스스로에게 용기를 불어넣고 새빛을 되찾았다. 아직 중학생 단체전과 개인전이 남아 있었다.

셋째 날 오전 9시. 운동장 스탠드에 앉으니 왼쪽 눈에 통증을 느꼈다. 삼일 동안 운동장의 과녁을 뚫어지게 바라보며 햇볕 아지랑이 속에서 용을 쓴 탓일까? 멀리 둘러보니 병원이 시야에 들어왔다. 바로 찾아갔더니 아하, 오늘이 '부처님 오신 날' 이어서 휴진이란다. 마침 병원 앞 약국은 문을 열었다. 안약을 처방받아 투입하고 한나절 기다렸더니 씻은 듯 나았다.

우리 팀 초등학생들은 모든 경기를 마치고 노메달 처지로 짐을 꾸려 쓸쓸히 내려갔고 중학생부 단체전이 시작되었다. 거리 종목에서 부진했던 선수들이 경기 감각을 회복하기를 기원했지만, 끝내 만회하지 못하고 그대로 무너졌다. 실망감이 크다. 선수와 지도자들의 아쉬움은 더 클 것이다.

다섯 달 동안 오직 금메달을 바라보고 달려왔건만 대회 3일째 오전까지 금메달 없이 경기장을 지키고 있자니 별의별 생각이 다 떠올랐다. 좀 더 치밀하게 지도하지 못한 자책감이 소름 돋듯이 온몸을 훑고 지나갔다. 하지만 중학생 남녀 개인전에 희망을 걸고 역전승을 노리며 결코 포기할 수는 없었다. 불현듯 『노인과 바다』에 나오는 노인의 독백 한 구절, '희망을 끊어버리는 것은 틀림없는 죄악이다.'가 떠올랐다.

이제 남은 금메달은 단 2개다. 둘 다를 차지하든지 아니면 그중 한 개라도 우리 몫이 되어야 한다. 절박하다. 나는 총괄 책임자로서 몸가짐을 정결하게 하고 심지(心志)를 굳게 하였다. 실은 안산에서 근거리인 동인천에 고모댁이 있어서 틈을 내어 방문하고 싶었지만 그렇게 할 수 없었다. 한곳에 마음을 집중해서 정성을 모아야 한다고 생각되었다. 여관방에서 텔레비전을 켤 수도 없었다. 오직 금메달을 따야 한다는 일념으로 몸과 마음을 통일시켰다. 내가 할 수 있는 일이라곤 이것뿐이었다. 아니 혼신의 정성을 기울이는 것, 그것만이 내가 할 수 있는 일이고 반드시 해야 할 일이라고 여겼다.

드디어 대회 마지막 날이다. 박유경(예천여중 2년) 선수와 김○일(예천중 2년) 선수가 남여 16강전에 나란히 진출해 있어 기대감이 부풀었다. 경기가 시작되자 두 선수가 8강에 동반 진입하여 사기가 올랐다. 김○일 군은 아쉽게 8강에서 멈추고 박유경 선수가 무난하게 4강에 안착했다. 유일한 희망이었다. 박 선수는 준결승전에서 광주광역시 대표에게 4:0으로 몰린 경기를 4:4 동점을 만들고 5:5에서 화살 한 발로 운명을 결정짓는 슛오프까지 가는 접전 끝에 6:5로 승리하고 결승전에서 7:1로 인천광역시 대표를 가볍게 제압하여 금메달의 주인공이 되었다. 박 선수의 체력과 기량, 그리고 담력 등 삼박자가 어우러져서 대회 마지막 금메달을 획득했다. 이보다 더 극적일 수는 없다.

이번 금메달이 발하는 황금빛이 왜 특별한가? 김진호 선수와 윤옥희 선수를 배출한 예천 지역에서는 확실한 후계자를 갈망해 왔기 때문이다. 제34회 전국소년체육대회에서 30m 거리종목 금메달을 획득한 이다빈(당시 예천여중 3년) 선수 이후, 7년 동안의 담금질 끝에 예천 양궁 부활의 신호탄을 날렸으므로 더없이 영광스럽다.

박 선수는 지난 3월부터 전 양궁국가대표 김성남 코치의 맞춤형 지도를 받으면서 실력과 담력이 크게 향상되었다. 코치와 선수는 호흡이 맞아야 한다는 의미를 새삼 알 듯하다. 김 코치는 박 선수가 위기에 몰렸을 때도 미소를 잃지 않고 박 선수와 눈을 맞추며 전술을 지휘하고 어깨를 주물러주면서 안정을 시키는 등 온화하고 차분하게 지도하는 모습이었다. 그 모습이 선명한 필름으로 남는다. 금메달의 50%는 당일 현장에서 지도자가 선수와 상호작용을 하면서 실시간으로 세밀한 전술을 투입할 때 완성된다는 사실을 확인했다.

역전승은 기칠운삼(技七運三)으로 얻는 기적이라 할 만하다. 평상심을 잃지 않고 자기 페이스를 유지하며 느긋하게 경기에 임하는 선수의 모습이 정말 장하다. 우승이 확정되자 왈칵 눈물샘이 터질 것 같았지만 미소를 흘리는 담담한 박유경 선수 앞에서 나는 환희의 미소로 화답할 수밖에 없었다. 올림픽 금메달 유망주가 탄생하는 순간, 운동장엔 정오의 태양이 금가루를 쏟아붓고 있었다. 역전승의 맛과 향은 송이꿀처럼 감미롭고 난초꽃보다 향긋하였다.

쌀과 꽃

휴대전화 벨이 울린다. 울릉도 소재 중학교에 발령된 후배의 이름이 뜬다. '선배님, 보내주신 쌀 잘 받았습니다. 어머니 모습이 떠올라 눈물 납니다.'

내가 교원들의 정기인사에 즈음하여 축하의 마음을 담아 쌀을 보낸 것이 일곱 해째에 접어들었다. 물론 그 이전에는 꽃을 보냈다. 꽃이래야 난초 일색이다. 금전으로 환산하면 가격대는 동일하다. 선택의 문제일 뿐이다. 쌀 20kg 한 포대와 택배비를 합쳐서 5만 원 안팎이요, 난초도 그 가격대이면 족하다.

쌀을 받은 반응은 각가지다. 울릉도 후배처럼 외진 곳에서 손수 밥을 지어 먹는 경우는 더없이 반갑게 여긴다. 어찌 사정을 훤하게 짐작해서 꼭 필요한 물품을 보냈는지 신통하게 여긴다. 그리하면 보낸 이 역시 고맙고 흐뭇해진다.

때로는 그 쌀로 떡을 빚어서 온 직원들과 나눠 먹었다고 하고, 더러는 집안 환경이 딱한 학생을 도왔다고도 한다. 하여간 귀하게 사용되었다니 듣기에 좋지 않으랴. 나더러 탁월한 선택이라고 칭찬한 선생님의 말씀을 옮기면 쌀은 한 톨도 허비할 것이 없지만 꽃은 끝까지 잘 기르기가 쉽지 않고 몇 달 못 가서 실패하는 경우가 많다는 점을 지적하고 있었다.

처음 내가 쌀을 선택하게 된 것은 일간지 독자 기고란에 실린 어느 분의 글을 읽은 뒤였다. 그분은 축하의 용도로 꽃이 과하게 쓰인다는 점과 쌀 소비 촉진을 짚고 있었다. 좋은 생각이라 공감되어 나도 참여하고 싶었다. 축하의 자리에 쌀이 꽃을 대신할 수도 있다는 새로운 정보를 접하자 확산시킬 마음이 동했다.

사실 꽃을 아끼고 사랑하는 마음도 그 누구와 비겨 뒤지지 않는다고 생각한다. 중학교 이삼학년 때 온실 당번을 한 경험이 있다. 당시엔 근로 장학생으로서 공납금을 반액 감면받았다. 꽃과 꽃나무가 내게 효자 노릇을 한 셈이니 꽃의 고마움을 어찌 잊을 수 있단 말인가.

그런즉 꽃을 외면한 것이 아니라, 시대와 정세의 흐름에 맞추어 쌀을 선호하게 된 것이다. 요즈음에 규모가 큰 행사에는 쌀 화환까지 등장했으니 금상첨화라 하겠다. 쌀 포대를 가운데 두고 꽃을 둘러서 모양 좋게 만들어냈으니 아이디어가 빛난다.

쌀이 육신의 양식이라면, 꽃은 정신의 양식이라 할 만하다. 두 가지가 모두 충족되어야만 균형 잡힌 풍성한 삶이라 하겠다. 일차적으로 우리 주변에는 쌀 문제로 고민하는 이웃이 없으면 좋겠다. 모든 사람이 쌀의 고마움을 뼛속 깊이 간직했으면 더욱 좋겠다. 쌀을 푸대접하고 대용식을 선호하는 사람들이 늘고 있는 실정이다. 그전보다 쌀 소비량이 적은 것이 시대의 대세인 것을 감안하더라도 정부에서 정책적인 뒷받침이 필요한 시점이라 여겨진다.

일미칠근(一米七斤)이란 말이 있다. 쌀 한 톨에 농부의 땀이 얼마나 많이 배어들어 있는지를 일깨워 준다. 그 누가 뭐래도 쌀이 주식임을 부인할 수 있으랴. 밥 한 술 뜰 때마다 일백 가지 넘게 감사할 조건을 나열한 오세창 교수님(대구대학교 명예교수)을 정말 존경한다.

어릴 적에 나는 어머니로부터 밥상머리 교육을 제대로 받았다. 어머니는 첫술에 체한다고 경계하시면서 아무리 급해도 첫술은 오랫동안 씹으라고 일러주셨다. 어떤 때는 밥 한 술을 떠 넣고 서른 번씩 씹고, 때로는 쉰 번을 헤아리며 씹은 적이 있다. 오래 씹을수록 입안에 단맛이 감돌고 침이 많이 생겼다. 참 신기하다고 생각되었다. 배를 곯지 않고 끼니를 이어간다는 것이 그토록 감사하게 느껴졌다.

서울 서대문구 원천교회(담임목사 문강원)에서는 하느님의 사랑을 이웃에게 실천하기 위해 뜻있는 행사를 기획하여 세간의 이목을 끌고 있다. '사랑의 쌀독' 이야기다. 누구나 독에 쌀을 넣을 수 있고, 그 독에 든 쌀을 누구나 마음 놓고 퍼갈 수 있는 작은 기적이 전개되고 있다. 쌀독 옆엔 항상 사람이 드나들 수 있도록 쪽문을 개방해 놓았다. 쌀독이 놓인 구석진 곳엔 항상 불이 꺼져 있다. 꺼진 불은 남의 눈에 띄지 않게 편하게 쌀을 퍼갈 수 있도록 배려한 것이리라. 그 옆엔 쌀을 담을 수 있는 비닐봉지가 늘 비치돼 있다니 교회 측의 세심한 사랑이 느껴진다. 두 달 만에 쌀 1톤가량이 모아졌고 어려운 이웃들에게 1톤의 사랑이 전달되었다고 한다. 관 주도가 아니라 시민들의 자발적인 참여이기에 더욱 돋보인다. 미담을 접하는 것만으로도 새 힘이 전해오고 마음속 깊이 감동의 물결이 인다.

한편으로 생각해 보면 쌀이 부족한 이웃이 우리 사회에 아직도 이렇게 많은지 놀라운 일이 아닌가. 교회 관계자들이 목격한 쌀독 이용자는 60대 후반이 대다수이지만 이삼십 대도 적지 않다고 한다. 하루하루 줄어드는 쌀에 보람을 느끼면서도 충격을 받았다는 소감을 피력한다.

쌀 한 톨 속엔 농부의 땀이 배어 있고 쌀을 나누는 사람들의 사랑이 녹아 있다. 다시 쌀을 아끼고 쌀을 애용하며 쌀을 나누는, 소리 없는 울림이 퍼져나가길 기원한다. 경주 최(崔) 부잣집 가훈에 과객을 후하게 대접하라는 것과 주변 일백 리 안에 굶어죽는 사람이 없게 하라는 것은 시사(示唆)하는 점이 크다. 그 집 사랑채는 과객 일백 명이 동시에 묵을 정도였다. 한 해에 과객들의 식사 대접을 위해 쌀 일천 석을 사용하였다고 전해 온다.

사랑채에는 독특한 쌀뒤주가 있었다. 쌀뒤주의 입구는 양손이 겨우 들어갈 수 있도록 고안되었다. 필요한 사람이 쌀을 가져가되 다음 목적지까지 소요되는 여비만큼만 퍼가라는 암시였다. 그리하여 과객들 사이엔 '적선지가(積善之家)'라는 평판이 자자했다.

최 부잣집 창고의 쌀은 식솔들만의 것이 아니었다. 만석꾼으로서 사방 백 리 안에 굶어죽는 사람이 없도록 경주를 중심으로 포항, 울산, 영천 등지까지 아우르는 실로 광범위하게 자비를 베풀어 이웃 사랑을 실천한 것이다.

따져 들면 신라시대 최 부잣집 '노블레스 오블리주'의 정신이 과학전자 문명이 만발한 21세기 서울 원천교회에서 다시 불타오르는 것이다. 참으로 고맙고 감사한 일이 아닌가. 쌀에 담긴 생명이 사람을 살리는 생명 운동으로 퍼져 나간다. 감히 어느 누구가 이 시대를 희망 없는 세대라고 혹평할 수 있으랴.

이차선(二次線) 인생

나는 승용차 운전을 즐기는 편이다. 출퇴근을 비롯해 나들이할 일이 생기면 마음이 설렌다. 운전대를 잡으면서 늘 하는 다짐은 목적지에 닿을 때까지 즐겁고 유쾌한 드라이브이다. 성공 확률은 반타작을 간신히 면하는 정도다. 부화뇌동이란 성어가 있듯이 상대 차량을 잘못 만나면 초심이 흔들리고 기분마저 상하는 경우가 허다하다. 도대체 내가 이렇게 줏대가 약하다는 말인가? 수도 없이 뉘우치고 끝도 없이 반성했다. 방향지시등을 넣지 않고 급작스레 차량이 끼어들어 놀라게 하면 스스로의 다짐은 온데간데없이 평상심이 와르르 무너지고 만다.

'언제쯤 웃음으로 받아 넘길 수 있을 것인가?'

요원하지만 그렇다고 이대로 주저앉을 수는 없다. 상대 차량 운전자는 필시 사연이 있을 것이다. 처지를 바꾸어서 양해해 주면 될 일인데 익숙하지가 않다.

'뭐, 나는 항상 잘했나? 똑같이 응대해 주고 싶은 마음에 법규를 어긴 적이 있지 않은가?'

사실 경쟁하듯 덩달아 과속을 하기도 했고. 추월선을 내어주지 않고 모른 체하며 달린 때도 있다. 이로 인해 불편했던 운전자들을 무슨 수로 다 만나서 용서를 빌 것인가? 대책 없는 뉘우침이 무슨 소용이 있나? 이제부터라도 평상심을 되찾고 제자리로 돌아가야 한다.

혹자의 글에서 읽은 한 토막이 떠오른다. 인격을 가늠하는 잣대 중에는 세 가지가 있단다. 우선 날씨를 두고 원망하는가? 둘째, 운전 중에 상대 차량을 향해 욕설을 하는가? 끝으로 가족 중에 누구를 미워하는가? 이 가운데서 한 항목도 걸리지 않는다면 진정한 인격자로 손색이 없다고 할 만하다. 공자님은 환갑 나이에 이순(耳順) 경지에 이르렀거늘 참으로 존경스럽기만 하다. 공자님을 롤 모델로 삼아서 남에게 폐를 끼치지 않는 사람이 되기로 마음먹는다.

그리하여 이차선을 고수하는 것이 상책이라고 목표를 세웠다. 그리고 실천하고 있다. 부득이한 상황—서행하는 화물차를 만날 때—에는 어찌할 도리가 없이 추월선 신세를 잠시 질 수밖에 없으나 이차선 주행을 철칙으로 지키고 있다. 스스로 이름하여 '이차선 인생'이다.

일반적으로 도로마다 제한 속도를 법규로 강제하는 것은 운전자의 안전을 위한 조치일 것이다. 원활한 교통 흐름을 담보하고 사고를 예방하려고 친환경 녹색의식을 권고한 것이리라. 국토해양부 뉴스자료에 의하면 2011년 11월 기준으로 우리나라 자동차 등록 대수는 1,843만 대에 이르렀다. 국민 2.76명당 1대의 자동차를 소유한 것으로 나타났다. 차종별로는 승용차 1,413만 대(76.7%), 화물차 322만 8천 대(17.5%), 승합차 102만 대(5.5%), 특수차 5만 8천 대(0.3%) 순이다. 차량 용도별로는 단연 자가용이 1,735만 대(94.1%)로 압도적이다. 세계 경제대국 10위권의 위상을 잘 대변해 주는 또 다른 지표라고 여겨진다. 내가 이 통계치 속에 포함돼 있다는 사실이 신기하고 자랑스럽다.

  내가 운전면허 교습을 결행하게 된 것은 삼남매를 둔 가장으로서 필연적인 선택이었다. 그러니까 25년 전의 일이다. 막내가 어릴 적엔 택시를 타는 데 별무리가 없었으나, 유치원 취학부터는 다섯 식구가 택시를 이용하려고 하면 승차 거부를 당하기 일쑤였다.

  1980년대 중반 무렵만 하더라도 아이들 셋을 데리고 외출하면 남의 시선이 온몸에 화살처럼 박히는 느낌이었다. 그 당시 유행하던 은어(隱語)로 말하면 미개인 대우(?)를 받은 것이다. 도로변에서 기약 없이 버스를 기다리며 겪는 고생스러움을 면할 방도는 오로지 하나밖에 없었다. 그래서 가족과 상의도 없이 무턱대고 운전학원에 등록부터 하였다.

  주로 퇴근하면서 야간에 배우고 때로는 주말을 이용했다. 달포 지난 뒤 가족에게 알렸더니 환호성이 터져 나왔다. 워낙 기능 방면에 둔재인지라 남들보다 교습 기간이 엄청 길었다. 게다가 면허시험마저 고배를 거듭하다가 삼락사승(三落四乘)으로 합격했다. 반년 만에 운전면허증을 받아든 기분은 여름 타작마당에서 들이켜는 얼음물처럼 상쾌하였다. 말하자면 운전면허증은 아내와 아들딸에겐 진정한 가장(家長) 자격증이나 다름없는 특종 선물이었던 것이다.

  내가 승용차를 구입한 것은 1992년 가을, 면허 취득 이후 삼 년만이다. 삶의 스타일이 한순간에 달라지고 중산층으로 확실하게 진입한 듯한 우쭐함을 맛보기도 했다. 우리는 지금 자동차를 소유한 행운(?)을 얼마나 실감하고 있는지? 이 행복을 평생토록 누리려면 사고를 줄이려는 노력과 운전자의 녹색의식 실천이 급선무이다. 도로상에서 한두 번의 과실은 누구든지 있을 수 있다고 본다. 반복된 위반으로 타인을 위협하는 운전습관은 자신에게도 위험천만한 일이다. 너도나도 '이차선 인생' 대열에 합류해야 할 것이다. 이차선은 블루오션(Blue Ocean)이다. 앞차와의 안전거리를 확보하고 따라가면 된다. 신경 쓸 일이 별무하다. 국도를 달릴 때는 주변 경치를 훔쳐볼 여유까지 생긴다. 갓길의 화초도 감상하고 시야를 넓혀서 가을걷이한 논길에 하얗게 내린 된서리를 즐길 수도 있다. 오장육부가 제자리에서 평안하게 활동하며 건강을 받쳐준다. 폐 끼칠 일도 없고 사과할 일도 안 생긴다. 괜스레 남과 경쟁할 일이 전혀 없다. 이차선은 행복길이요 평화의 길이다.

추월선에 오래 주행하다 보면 뒷골이 당긴다. 순식간에 나타난 차량이 덮치려 한다. '쏜살같다'는 말 그대로 누가 쏜 화살이 순식간에 내 목덜미에 당도하는 격이다. 일차선은 경쟁하는 길이다. 바쁜 이들이 일 초라도 더 빨리 달리려고 솜씨를 뽐내는 전쟁터, 즉 레드오션(Red Ocean)이다. 로드 킬을 당하는 동물도 영락없이 일차선에서 자주 발견된다. 중앙선에 부닥쳐 넘지 못하고 허둥거리다가 최후를 맞이하는 곳이 바로 그곳이다. 유도울타리 및 생태통로 설치 사업이 거북이걸음이어서 애꿎은 동물이 희생당하고 있음이 안타깝다. 이차선에서는 동물을 만나면 서행하거나 비켜갈 여유가 있다. 이래저래 이차선은 복 받을 길이요, 행복지수를 높이는 길이다.

세상살이도 마찬가지가 아닐까? 법규를 지키면서 기본에 충실하면 평화를 누릴 수 있다. 요즈음 화두인 경쟁력도 법규 내에서 경쟁이어야 할 것이다. 어느 영역이든지 인류공영에 이바지할 목적으로 최선을 다한다는 신념 아래 선의의 경쟁이 이루어져야 한다. 자칫 다른 사람은 안중에도 없이 과당 경쟁으로 치닫는 일을 경계해야 할 것이다. 이차선을 달리면서 승용차 안에서 익히는 인생 수업이 머리에 쏙쏙 들어온다.

배려

 배려에 대한 사전적인 개념은 '도와주거나 보살펴 주려고 마음을 씀'으로 정의되어 있다. 흔히 특별한 배려, 세심한 배려, 지나친 배려 등으로 일상생활 속에서 활용된다. 실제 생활에서 체득하는 배려는 때로는 사전적인 개념보다 훨씬 깊은 의미가 담겨 있고 분에 넘치는 축복이 되어 되돌아오기도 한다.
 중학교 교장으로 재직하던 시절의 일화이다. 초겨울로 접어드는 십일월 하순경이었다. 업무 협의차 관내에 있는 유관기관을 방문했다. 용무를 마치고 헤어지는데 그분께서 긴급한 일이 있었던지 집무실 문 앞에서 작별을 하였다. 나 홀로 현관을 거쳐 주차장까지 걸어가는데 등 뒤가 한없이 썰렁하게 느껴졌다. 이삼십 미터 거리에 불과한데도 멀게만 생각되었다. 허전함을 지울 수 없었다.
 '이건 아니다. 손님에 대한 예의가 아니다. 나는 이렇게 하지 않겠다.'
 돌아오는 차 안에서 스스로에게 다짐하였다. 역지사지(易地思之)란 말이 있듯이 겪어보니 깨달아진 것이다.
 직원 협의회 때 며칠 전의 경험담을 꺼냈다. 우리 학교를 방문하는 고객을 맞이하고 배웅하는 예절에 대해 의견을 주고받았다.

"우리 학교를 찾아오신 분은 학부모, 외부 손님을 포함하여 누구든지 친절하게 맞이하고 가실 때에는 주차장까지 배웅해 드리고 고객의 차량이 시야에서 보이지 않을 때까지 손을 흔들어 드리자."고 제안했다. 그리고 모두 실천하기로 약속했다.

고객의 차량이 보이지 않을 때까지 손을 흔들어 드리도록 제의한 것을 지나친 배려라고 할지 모르나, 주차장이 교사(校舍) 뒤편에 있어서 운동장 쪽으로 내려가자면 모퉁이를 돌아서 나가는 구조였다. 이삼 분 정도면 충분했다. 운전석에 앉은 고객이 조수석 백미러를 본다면 혹시 배웅하는 사람이 손을 흔들고 있는 모습을 볼 수 있기 때문에 돌아가시면서도 우리 학교에 대한 좋은 이미지를 품고 갈 것이라고 믿었기 때문이다.

학교장인 나부터 실천했다. 모든 직원들이 동참했다. 이와 같은 극진한 배려의 실천은 주효했다. 여섯 달이 못 되어 우리 학교에 대한 이미지가 달라졌다. 좋은 소문이 꼬리를 물고 이어졌다. 역지사지의 교훈을 실천한 덕으로 학교 분위기가 활짝 살아났다. 학교운영위원들을 비롯한 학부모님들의 성원이 더욱 뜨거워졌다. 교직원 상호 간에도 우애하고 존중하는 가족의식이 팽배해지고 업무 성과도 올랐다.

남과 이웃을 배려한다는 것은 무엇인가? 이번 경험을 통해서 '배려는 역지사지의 마음에서 만들어지는 묘약' 이라고 생각하게 되었다. 그 약효(藥效)는 실로 대단한 것이다. 무너진 인간관계를 회생시킨다. 당시 내가 재직하던 학교는 면 단위 소규모 학교로서 전교생이 고작 32명이었고 폐교 대상으로 거론되던 시점이었다. 심성이 착한 시골 학생들인지라 생활지도에는 전혀 문제가 없었고 오직 열심히 공부시켜 학력을 올리는 일에 주력하면 굳이 주민들이 학교를 기피할 이유가 없었다.

고객을 향한 배려 운동의 실천을 통해 교직원들이 단합하고 학부모들이 감동되어 성원해 주니 서서히 학교교육이 되살아났다. 이듬해 전교생이 46명으로 불어났고 다시 한 해 뒤에는 52명으로 늘어났다. 배려는 무너진 신뢰를 회복시켜 주고 인간관계를 개선하는 묘약임을 실감했다.

앞의 일화와 거의 같은 시기의 일이다. 한번은 집무실 옆방인 행정실에서 시끄러운 소리가 들렸다. 점점 고성이 오가고 우리 실장의 애절한 목소리가 이어지기에 내가 나섰다. 행정실 문을 열어보니 웬 낯선 건장한 남성이 화난 얼굴을 하고 서 있었다.
"실장님, 무슨 일입니까?"
그 당시에 행정실장은 경력 3년째 접어든 아가씨였다.
"장애인 협회에서 오신 분이 화장지를 사라고 합니다. 지난달에 구매했기 때문에 사지 않아도 됩니다."
본인도 장애를 지녀 거동이 불편한 아저씨였다. 일단 아저씨를 교장실로 안내하고 마실 차를 들이게 하였다. 아저씨가 순순히 응하였다. 명함을 받아보니 업체의 대표로 적혀 있었다.
"사장님, 보시다시피 우리 학교는 규모가 작습니다. 따라서 예산도 적습니다. 지난달에 장애인 업체에서 화장지를 구매한 것도 사실입니다."
차근차근하게 말을 건넸다.
"먼 길을 달려 이곳까지 찾아왔는데 그냥 갈 수 있습니까? 화장지는 썩을 염려도 없습니다. 이 학교는 처음 방문했습니다."
장애인 업체가 한두 곳이 아니다. 그리고 장애인 업체의 용품을 적극적으로 구매하라는 상급기관의 공문도 접수되어 있었다.
행정실장이 차를 내어왔다. 차를 마시며 이야기는 계속되었다.
"예, 알겠습니다. 이곳까지 오신 다리품도 생각해야 되니 우리 형편상 최소 구매 단위로 구입하겠습니다. 얼마입니까?" 하고 구매 제의를 했다.

"4만 5천 원입니다."

행정실장에게 서류를 꾸미도록 하고 다시 이야기를 나눴다. 아저씨 얼굴에서 불편한 기색이 가시고 한결 분위기가 좋아졌다.

"내가 학교를 수없이 방문했지만 교장실에 들어와서 차를 마신 것은 처음입니다."

"우리 학교를 찾으신 분은 누구나 고객이 아니십니까? 그리 생각해 주시니 고맙습니다."

이어서 하신 아저씨의 말씀에 너무 놀랐다.

"내가 보기에 교장선생님은 작은 학교에 근무하실 분이 아닙니다. 도교육청에 가서 근무하실 분인 듯합니다."

나는 미소를 머금은 채로

"저는 부족한 사람입니다. 어찌 그리 엄청난 말씀을 하십니까? 고맙습니다."

"그렇지 않습니다. 제가 오히려 고맙습니다."

그리곤 행정실로 가서 구매 문서를 꾸미고 돌아갔다.

우리가 살아가면서 생활 속에서 체득하는 개념은 사전적 정의를 뛰어넘는 것을 경험하게 된다. 배려에 대한 개념도 마찬가지다. 장애인 업체 대표를 접대하면서 깨달은 배려에 대한 개념은, '사람을 사람으로 대접하는 것'이라고 정의 내리고 싶다. 잠깐 동안의 따뜻한 만남을 감격해 하면서 엄청난 축복을 해 주신 아저씨가 참으로 고맙다. 그 일이 있은 후로는 '도교육청 장학관으로 정말 영전할 수 있을까? 그런 영광스러운 일이 일어날까?' 하는 비전이 생겼다.

평소처럼 업무에 충실하면서도 비전이 새로워졌기에 더욱 뜨거운 열정으로 일하게 되었다. 그리고 틈이 생길 때마다 장학관으로 영전할 비전을 바라보며 그 꿈이 현실이 되었을 때를 떠올리면서, '결재 문서의 사인을 어떤 글씨체로 할까?' 장학관으로 영전했을 때를 대비하여 집무실 책상에서 틈이 나는 대로 실제로 사인 연습을 시작했다. 정기 인사 기회가 두 차례 지나갔지만 좋은 소식은 들려오지 않았다. 그래도 꾸준하게 사인 글씨체를 익히면서 비전을 버리지 않고 업무에 공을 들였다.

드디어 기적이 일어났다. 경북도내 학교교육 혁신 사례 발표 때 중학교부에서 도 단위 최우수상을 받는 영예를 차지했다. 면 단위 작은 학교에서 큰 성과를 올린 것이다. 면 소재지는 물론이고 군청 앞에도 축하 현수막을 내걸었다. 지역 언론사에서 우리 학교의 교육활동과 성과를 취재해서 특집 기사를 실어주었다. 인근 방송사의 기자분이 찾아와서 교장실에서 인터뷰를 하고 지역방송에 보도되는 영광스러운 일도 있었다.

겨울이 지나고 이듬해 3월 정기인사에서 나는 장애인 업체 아저씨께서 축복하신 대로 경상북도교육청 장학관으로 영전하였다. 비전이 현실로 바뀌었다. 인사발령 서류를 보는 순간 1년 2개월 전 내게 복을 빌어준 장애인 아저씨의 말씀이 귓전을 맴돌았다.

사람을 사람으로 귀하게 대접한 일순간의 배려로 인해 엄청난 복을 받은 것이다. 그때 그 아저씨의 성함도 잊었고 얼굴 윤곽도 희미하지만 자신의 말대로 영전하고 승승장구하는 내 모습을 지켜보고 있을까? 때때로 생각이 난다. 생각할수록 신기한 사건이고 고마운 분으로 뇌리에 남아 있다.

배려를 다시 생각한다. 사전에 적힌 대로 배려는 '마음 씀'이다. 그러나 일상에서 경험해 보면 '도와주려는 마음과 보살피는 마음'을 뛰어넘는다. 배려한다는 것은 아무것도 바라지 않고 그저 역지사지하는 순수한 마음에서 사람을 사람대접하는 일이다. 남을 도와주고 남을 보살피는 마음을 넘어서 나를 돕고 나 자신을 보살피는 마음이 아닐까? 배려를 실천하면 그 효력이 대단하다. 무너진 신뢰를 회복시키고, 비전을 불어넣는 축복으로 이어지기도 한다.

용서에 대하여

어버이날을 앞두고 주말에 부모님을 뵈러 고향 마을에 당도했다. 뒷동산의 아카시아 향내가 동네 골목마다 흥건하게 괴어 있었다. 취할 것 같은 향내를 타고 당숙의 병세가 심상치 않다는 소문이 돌았다. 위장에 악성 종양이 발견되었단다. 누군가의 입에서는 한두 달 넘길 성싶잖다는 말도 퍼져나갔다. 벌써 이십여 년 전의 이야기니 그때만 해도 위암은 회생 불가한 죽음의 선고나 다를 바 없었다. 정작 환자 본인은 만성적인 소화 장애를 치료하는 줄로 알고 있는데, 대소가 식구들은 모두 쉬쉬하면서도 둘러앉으면 병세(病勢)와 생존 가능성을 점치며 숱한 말을 만들어 내고 있었다.

'안 되는데, 이러시면 안 되는데….'
내 마음은 다급해졌다.
'그래, 서둘러야 해. 이때를 놓치면 두고두고 후회할 거야!'

초등학교 사오학년 어름이다. 끼니를 챙겨 먹는 일도 여간 쉽지 않은 때였다. 온 산과 들을 휘젓고 다니며 풀뿌리를 캐고 열매를 따 먹는 것이 유일한 군것질이었다. 개울가에서 갓 피어나온 찔레 순을 먹고 아카시아 꽃을 따서 꿀을 빨기도 하였다.

 그 시절에 당숙 댁에는 대문을 열면 바로 사랑채요, 사랑채 마루에 간이 구멍가게를 차려놓았다. 품목은 눈깔사탕, 박하사탕 등 과자류와 성냥, 양초 등 잡화를 취급했다. 어른들은 밤마다 사랑채에 모여 화투놀이를 하고 술도 마시며 마을 일을 상의하였으니 지금으로 말하면 마을회관 역할을 겸한 곳이었다.

 어느 날 또래 동무와 둘이서 작당을 하여 진열장 안의 과자를 표적으로 삼았다. 대문을 살그머니 열고 잠입하여 진열장의 유리 틈 사이로 속에 든 지폐를 꺼내고 그 돈으로 능청스럽게 과자를 사 먹은 적이 있었다. 견물생심으로 나쁜 일에 빠졌었다. 몇 차례 반복하다가 하도 겁이 나서 손을 뗐지만 여름날 천둥과 번개를 동반한 폭우가 쏟아지면 바깥에 나가지도 못하고 방 안에만 눌러앉아 있었다.

 한때의 얼룩으로 인해 유년의 하늘은 청명하지 못하다. 늘 마음 한 구석에 좀도둑질한 생채기가 남아 있어 찜찜하였다. 장가를 들고 아들딸을 거느린 어엿한 가장이 되었는데 객지에서 직장생활을 하다 보니 당숙을 뵐 기회는 고작 명절이나 부모님 생신 전후, 또는 조부모님 기일 등 연중 몇 날뿐이었다. 고향을 찾아도 하룻밤 묵으면 되돌아오기에 바빴으니 어릴 적 소행에 대해 용서를 빌어야 할 생각조차 하지 못했다. 어쩌면 망각의 그늘에 기대어 오히려 맘 편히 지낸지도 모를 일이다.

 하지만 성장기의 얼룩이 잊힐지언정 지워지지는 않는가 보다. 불혹을 훌쩍 넘긴 이후까지 당숙께 대한 죄책감이 바위처럼 무겁게 나를 짓누르고 있음에 몸서리쳐진다. 참으로 뻔뻔스럽게 살아온 세월이 아닌가.

 이젠 사정이 긴박해졌다. 이러다가 당숙이 돌아가시는 날엔 영영 용서를 빌 기회를 잃기 때문이다.

'병문안도 드릴 겸 이실직고(以實直告)하고, 지긋지긋한 올무에서 벗어나야만 해!'

드디어 용기를 내었다. 뻐꾸기가 청아하게 울어대던 유년의 그날 하오, 과자를 탐했던 그 시간대를 택했다. 다행히 당숙과 당숙모가 함께 있었다. 병세를 여쭈면서 문안 인사를 드렸다. 잠시 엉덩이를 붙이고 자리에 앉았다. 다짜고짜로 준비된 마음속 시나리오대로 어릴 적의 소행을 토설하였다. 그런 다음에 철없이 저지른 잘못을 용서해 달라고 간청했다. 뉘우치는 마음으로 일정 금액을 담은 봉투를 건넸다. 훔친 돈으로 사 먹었던 과자 대금을 변상(辨償)한 것이다.

"애야, 우리는 모르는 일이다. 그 돈 안 받는다. 얼른 넣어라."

"아지매, 용서해 주십시오. 그때 과자 값입니다. 받으셔야만 제가 편안합니다. 아재요, 잘못했습니다. 속히 쾌차하시길 빕니다."

아랫목에 누워 있는 당숙의 손을 두 손으로 감싸며 건강을 기원했다.

"그럼, 전 이만 가보겠습니다."

그리곤 방문을 열고 쏜살같이 튀어나왔다.

당숙은 방 안 생활만 반년을 더하시다가 별세하시고, 그 이후로 당숙모는 둘째 아들인 대구 형님네 댁에 가서 지내다가 천수를 채우고 고향 땅에 묻혔다. 텅 빈 집을 몇 해 동안 방치한 채 마당에 잡풀만 무성했는데 형님네가 왕래하며 집을 살폈다. 최근에는 서울에 살던 조카 녀석이 귀농하여 할아버지 대를 이어 집수리를 해서 살림을 들였다.

성경에는 "땅에서 맨 것을 땅에서 풀지 않으면 하늘나라에서는 풀 수가 없다."고 가르친다. 당숙과 당숙모에게 용서를 받고 과거사를 수습한 일이 마음을 무척 상쾌하게 해 준다. 대소가(大小家) 자손들이 한식절과 추석 밑에 모여서 벌초를 정기적으로 해 오고 있는데 당숙과 당숙모 산소에 부끄럼 없이 참배할 수 있어서 여간 다행스럽지 않다.

이창동 감독의 영화 〈밀양〉에서도 용서 문제를 다루고 있어 관심이 끌린다.

미망인 신애(전도연)한테 아들 '준'이 유괴되는 사건이 발생하고, 아들은 결국 싸늘한 주검으로 돌아온다. 밀양 땅에서 새로운 인생을 시작하려던 신애는 아들의 죽음으로 인생의 의미를 다 잃어버리고 절망에 빠지게 된다. 이웃 약사 아주머니의 권유로 교회를 다니면서 신애는 믿음을 통해 삶의 안식을 가까스로 찾아간다. 도저히 용서해 줄 수 없는 범인이지만 자신이 견딜 수 없이 괴로워서 처절한 고뇌 끝에 용서해 주기로 작심한 후 아들을 죽인 그 인간을 면회하러 교도소에 간다. 그런데 어인 일인가? 범인은 얼굴에 뉘우침의 기색이 전혀 없고 그야말로 멀쩡하였다. 그간 기독교에 입문한 살인범은 용서를 빌기는커녕 하느님께 사죄하고 용서를 받았다고 말한다. 너무나 철면피한 범인 앞에 신애는 "내가 용서를 안 했는데, 왜 하느님이 먼저 용서를 해요?"라며 망연자실한다.

"어떻게 그럴 수가 있어요. 내가 용서를 해야지. 어떻게 하느님이 먼저 용서를 해요."라고 울부짖으며 동네 사람들한테도 분노를 털어놓는다.

신애는 면회를 다녀온 후 그 충격으로 쓰러져 입원한다. 이 사건으로 인해 신애는 다시 절망에 빠지게 되고 교회를 핍박하는 방해꾼으로 전락하고 만다는 기막힌 사연이 얽히고설켜 있다.

생각해 보라. 땅에서 맨 것을 풀지 않았는데 어찌 하늘에서 풀린단 말인가? 살인범의 초보적인 신앙의 곡해(曲解)로 빚어진 엄청난 파장이 피해자, 신애의 선의마저 짓뭉개버린 것이다. 산상수훈에는 "제단에 예물을 드리다가 거기서 네 형제에게 원망 들을 만한 일이 있는 줄 생각나거든 예물을 제단 앞에 두고 먼저 가서 형제와 화목하고 그 후에 와서 예물을 드리라."고 교훈하였다.

용서받아야 될 일이 있으면 차일피일 미룰 것이 아니다. 용서를 빌어야 할 순간에는 더더욱 머뭇거려서는 안 된다. 용서를 빌어야 할 상대를 찾아내어 할 수 있는 한 빨리 해결하는 것이 슬픈 부작용을 예방하고, 영혼을 맑고 밝게 지키는 일이 아닐까. 피해자의 상처까지 말끔히 치유될 때 비로소 용서받았다고 할 수 있고 하느님께도 용서받았다고 고백할 수 있을 것이다.

세세연년 모든 사람들의 공통된 화두는 건강과 행복에 쏠릴 것으로 예견된다. 심리적, 정신적 요인이 우리 몸을 지배하고 있다는 이론에 동의한다면 바로 심리적인 장애부터 제거하는 것이 활기찬 건강을 지탱하고 행복을 누리는 최상의 비결이다. 그리하여 용서받고 용서해 주며 인간관계를 회복하는 일이야말로 평생을 두고 이루어 갈 아름다운 인생수업이라 할 만하다.

끌리는 사람 도봉 선생,
그에겐 빛깔이 있다

　우리는 사람과의 관계, 일과의 맞닥뜨림으로 인해 스트레스를 겪기도 하고, 사람과 일로 인해 보람을 얻고 행복감에 젖는다. 교직의 꽃이랄 수 있는 학교장의 소임을 수행하다가 나는 안목이 새롭게 열림을 경험했다. 사람과 일, 두 개의 축(軸)이 선명하게 보이고 이를 판단의 자료로 활용하게 되었다. 일상의 생활에서 일하는 방식이 단순해지고 한결 여유도 생겼다.
　그 이후로 인인성사(因人成事)라는 말이 실감 있게 다가온다. 모든 일은 사람들로 인해서 이루어진다는 그 의미가 좋다. 굳이 사람과 일 중에 택일할 상황에 처한다면 두말 할 나위 없이 사람을 우선할 것이다. 서로 격려하면서 팀워크를 발휘하면 일을 감당할 지혜와 능력을 결집할 수 있기 때문이다.
　호감을 주는 사람, 배려하는 태도를 지닌 사람은 환영받는다. 특히 끌리는 사람은 어떤 사람인가? 일하면서 복을 뿌리는 사람이다. 나는 도봉(道峰) 선생을 형님이라 부르며 따랐다. 그에게는 사람을 끄는 신비한 빛깔이 있다. 나는 그 매혹적인 빛깔을 좇아서 이십 년 넘게 행복한 연을 이어오고 있다. 그 빛깔의 속성을 나름대로 옮긴다면 친화력과 지도력, 그리고 기획력이라 할 수 있다.

1. 친화력

새해 아침에 한 장의 편지를 받았다. '근하신년(謹賀新年), 새날에 빛나소서. 큰 소망 이루소서.' 도봉 선생은 연말연초에 어김없이 지인들에게 연하장을 보낸다. 반갑다. 친필로 적은 것이어서 고마움이 새롭다. 정기인사가 있을 때는 잊지 않고 영전(승진) 축하 글도 보내준다. '영진(榮進)을 축하합니다. 용비(龍飛).' 벌써 용어 선택이 색다른 만큼 담겨 있는 축하의 의미도 범상치 않다. 이렇듯 주변 사람들을 일일이 챙겨주는 인정이 남다르다. 지남철에 쇠붙이가 달라붙듯 사람을 끄는 친화력이 있다. 함께 있으면 든든하고 함께 이루면 성사되지 않는 일이 없었다.

내가 처음 도봉 선생을 만난 자리는 고등학교 입시 출제 위원으로 위촉된 1986년 12월이었다. 당시 20명 내외 출제위원들이 화원여고 기숙사에서 합숙하였다. 두 주간 남짓 감금된 생활을 하다 보면 깊은 정이 든다. 형님은 업무가 거의 완료 단계에 닿아 여유가 생기면 위원들 앞앞이 얼굴 모습을 스케치해 주었다. 모두 기념으로 받아 갔던 기억이 새삼스럽다.

전문직으로 전직한 후 형님과 함께 근무하는 광영을 얻었다. 중등교육과 장학사 시절이었다. 나는 장학담당 부서에, 형님은 교육과정담당 부서에 근무했는데, 사무실 내 좌석 배치는 서로 등지고 앉은 형국이었다. 궁금하고 풀리지 않는 사안이 있으면, 나는 의자를 돌려서 미끄럼 타듯 다가가서 상의했다. 해법은 이내 나왔다. 교원예능실기대회와 화랑문화제 행사를 같이 추진했다. 제4회 경북학생축제 행사 때였다. 나는 업무 총괄을 처음 맡았기에 많이 긴장했다. 달포 동안 입술 부위에 물집이 생기고 피곤

감에 젖어 있었다. 형님은 곁에서 이것저것을 챙겨 주었다. 그는 종합작품 전시 부문을 맡았는데, 안동서부초등학교 강당을 전시회 장소로 훌륭하게 꾸몄다. 안동체육관을 비롯해 시내 도처에 내거는 현수막의 글자 색상을 친히 골라주었다. 그는 실무형으로서 생각이 합리적이고 항상 믿음직스러웠다.

2. 지도력

도봉 선생은 부드러움 속에 엄격함을 숨겨 두고 있다. 경주 교육문화회관에서 개최된 워크숍에 동행할 기회가 있었다. 내 승용차에 형님을 모시고 고속도로를 주행하던 중에 갑자기 휴대전화기 벨이 울렸다. 무심코 받아서 간단히 통화를 했다. 엄한 질책이 이어졌다. "위험한 상황에서 휴대전화를 왜 받았느냐. 휴게소에 들러 확인하고 운전 중이어서 못 받았다고 하면 양해가 될 사안이다. 공직자가 만에 하나 다치기라도 하는 날에는 공무 수행에 막대한 지장을 초래한다."고 했다. 나는 잘못했다고 바로 시인하고 그 자리에서 굳게 약속했다. '운전하면서 휴대전화를 다시는 받지도 않고 걸지도 않을 것이다.' 형님의 엄한 충고를 일생의 교훈으로 삼겠다고 다짐했다. 그날 이후 약속을 생명처럼 지키고 있다.

한번은 화랑문화제 행사를 마치고 숨을 고르고 있을 때였다. 개인별, 학교별 성적 발표에 이어서 시상식도 끝났다. 형님은 나를 부르더니 아직 해야 할 일이 남았다고 했다. 사무실의 여직원들이 과외로 너무 고생했는데 위로 겸 식사 한 끼를 같이 하자고 했다. 초겨울로 접어드는 금호강둑을 따라 팔공산 기슭의 묵집을 찾았다. 형님의 따뜻한 배려도 빛났고 여직원들의 미소를 보는 기쁨은 일을 마친 뒤에 얻는 보람이었.

도봉은 때로는 문장 실력을 뽐낸다. 우리는 작성한 문건을 서로 번갈아 봐 주며(Cross checking) 결재 올리기 전에 오류를 막기 위해 노력했다.

도봉이 평준화 관련 업무를 맡아볼 때였다. 민원을 처리하는 과정에서 작성한 보고서를 한번 읽어 보라고 건네주었다. 거침없는 문장 솜씨에 일단 놀랐고 설득해 나가는 필력에 감탄했다. 농암(聾岩) 이현보의 후손임을 넌지시 알려주던 일이 생각났다. 불의를 싫어하는 강직한 성품은 선대로부터 물려받은 듯했다.

3. 기획력

대개의 경우 능숙한 일 처리는 전문성에 기인한다. 뛰어난 기획력은 풍부한 아이디어가 관건이다. 그런 면에서 형님은 아이디어 뱅크라는 별칭을 주어도 좋을 듯하다. 도봉 선생은 우리 도교육청의 큼직한 대외 행사를 기획, 추진한 사례가 많다. 노하우가 있는 분을 찾아 일을 맡길 수밖에 없는 사정도 사정이지만 도봉 선생은 일신의 안일을 위해 일을 회피할 분이 아니시다. 엄청 고생도 했지만 보람도 클 것으로 짐작된다.

공무원이 일을 두려워해서는 안 될 것이다. 일은 생명줄이다. 일이 있으므로 그 자리를 마련해 놓고 일할 직원을 임용한다. 일을 앞에 두고 궁리하는 재미를 즐길 줄 안다면 우선 그 자신이 얼마나 행복하겠는가?

도봉 선생은 일의 능률과 효율을 지향하는 생각의 프레임을 지닌 분이다. 경북교육 홍보위원으로 위촉받았을 때이다. 도봉이 위원장이요, 나는 실무위원 중 한 사람이었다. 부여된 업무는 홍보 책자, 리플릿, 영상물 등 세 영역을 개발하는 일이었다. 처음엔 막막하기만 하였다. 도봉은 일차 협의회에서 위원들로 하여금 개개인의 생각을 자유롭게 피력하게 하더니 이차 협의회에서 추진 방향을 정하고 분과협의회를 구성하여 업무를 분장했다. 일의 얼개가 짜이면서 윤곽이 드러났다. 실타래 풀어 나가듯이 순조롭고 명쾌했다. 그는 홍보 내용에 알맞은 사진의 색상 선택과 배열 방식 등에 대해 세심하게 꿰고 있었다.

형님이 화랑교육원의 최고 책임자로 발령받았을 때는 참으로 기뻤다. 그의 리더십 역량과 경북교육을 위해 기여한 공적을 감안할 때 적절한 인사라고 생각했다. 시범학교 연구보고회에 참석차 출장길에 잠시 들렀더니 반갑게 맞아주었다. 십여 년 전에 전직하여 내가 처음으로 근무한 곳이었기에 감회가 새로웠다. 도봉은 수련생 교육과정에 나오는 임신서기석(壬申誓記石)의 한문으로 적힌 내용을 우리말로 번역해 교육 자료로 쓰고 있었다. 참신한 기획이었다. 친필로 적은 그 귀한 자료를 널리 보급하려고 방문객들에게 선물하는 큰마음에 깊은 감동을 받았다.

혹자는 "만남은 하늘의 일이요, 관계는 사람의 일"이라고 한다. 부모를 만나고 배우자를 만나며 훌륭한 스승을 두는 것이 하늘의 일이라면, 친구와 동료를 사귀며 선후배 간에 우의를 증진하는 일은 사람의 일이라 할 수 있을 것이다. 내가 도봉 선생을 형님으로 모시고 오랜 세월 좋은 관계 속에 지내온 것은 사람의 일을 넘어서는 하늘의 도움이라 여겨진다.

이후로 공직생활의 짐을 내려놓고 예술인으로서 창작 혼을 불사를 도봉 선생을 우리는 자주 뵙게 될 것이다. 형님의 화실 '도봉재(道峰齋)'에 세인의 눈길이 쏠리고 서예가와 화가들의 발길이 이어질 것이다. 모쪼록 서예, 그림, 글 등에 몰입하여 풍성한 문화의 열매를 맺어 인류를 행복하게 만들어 주기 바란다. 그리고 후학들을 많이 배출하여 우리 문화 예술의 토양을 비옥하게 가꾸어 주기를 기대한다. 도봉 선생이 제3의 인생(Third-Age)을 충실하게 영위하면서 평강의 복을 누리시기를 진심으로 축원 드린다.

* 2008년 8월 20일 도봉 이택 원장 정년퇴임기념문집에 게재된 글.

떠나도 영원히 남을 사람

단짝 친구, 박범식 교장이 40여 년 동안 교직에 헌신하다가 교단을 떠난다고 연락이 왔다. 정년을 맞아 몸은 떠날 사람이지만 경북교단에 새겨 놓은 박 교장의 발자취는 영원히 기억될 것이다.

내가 박 교장을 처음 만난 것은 사범대학 2학년 시절이다. 학과는 달라도 교육학 시간에는 늘 함께 공부했다. 그의 트레이드마크는 웃는 얼굴과 친근한 말씨였다. 우리는 죽마고우처럼 소통이 잘 되었다. 졸업한 이후엔 각자의 길로 헤어져 살다가 다시 연락이 닿은 것은 박 교장이 구미전자공업고등학교로 근무지를 옮겨 온 때였다. 전문직 시절엔 도교육청 중등교육과에 함께 근무하면서 우정의 꽃을 활짝 피우기도 했다. 둘이 모임에 나타나면 이름을 희화하여 '예의범절'이 함께 왔다는 말로써 돈독한 우정을 남들이 알아주었다.

박 교장은 특이한 경력을 지니고 있다. 그는 경북, 대구권에 있는 국·공·사립학교를 두루 거치면서 교육경험을 쌓았다. 아무나 이루어 내기 드문 경력이다. 공립학교에 첫 발령을 받아 근무하다가 공군 장교로 군복무를 마치고 김천 농남중학교에 복직했다. 그 이후 대구 경신고, 신명여고 (현 신명고등학교) 등 사립학교에서 진학지도와 제자 기르기에 열성을 쏟았고, 국립 구미전자공업고교로 옮겨서 근무했다. 장학사, 교감, 교장 등 골고루 교육전문직과 교육행정 경험을 쌓았다.

 교단에 쏟은 그의 열정과 업적이 제대로 평가를 받아서 친구로서 크게 기뻐했던 일이 두 번 있었다. 교장으로 첫 근무지인 군위 부계중학교와 산성중학교 양교를 겸직하다가 경북외국어고등학교 교장으로 인사발령 되었을 때이다. 참으로 적임자를 적재적소에 배치한 쾌거라고 감탄했다. 또 한번은 퇴임을 6개월 남겨 둔 시점이었다. 박범식 교장이 경북교육상 수상자로 확정되었다는 소식을 듣고 참으로 옥석을 바로 알아보았다는 생각이 들었다. 이제 박 교장과의 추억을 돌아보며 그의 인간됨과 교육활동 업적의 단면을 소개하면서 아쉬움을 달랜다.

 그에겐 따뜻한 리더십으로 사람을 끄는 친화력이 있다. 유머 감각이 뛰어나서 그의 주변에는 항시 사람이 모인다. 이야기보따리를 풀면 시간 가는 줄을 모른다. 거침이 없다. 화제가 다양하고 풍성하다. 여유롭게 마음껏 즐길 수 있다. 그의 주변에 사람이 모이는 것은 다 이유가 있다. 그와 한 번이라도 악수를 한다면 이내 그와 일촌 관계를 맺게 될 것이다.
 한번은 나더러 "교회 장로만 아니었어도 기어코 불교에 귀의시켰을 것"이라고 큰소리를 한 적이 있었다. 나는 "자네가 국제포교사만 아니었으면 반드시 기독교로 개종시켰을 것"이라고 응수했다. 한세상 동행하는 길목에서 마음과 뜻이 맞아서 우애 있게 지낼 수는 있지만 종교까지 합치된 길을 가는 것은 매우 어려운 일인 듯하다.
 박 교장은 사람을 키우고 인재를 길러내는 데 힘을 기울였다. 1980년 무렵 김천 농남중학교 교사 시절, 소년원에서 가출옥한 학생을 자원하여 맡아서 지도한 뒤 김천농고에 진학시켰다. 학생 인성지도에 최선을 다하는 그의 면모를 여실히 알 수 있다. 또한 최근 경북외고 교장으로 재직하면서 세계시민 육성을 위한 자질함양 교육에 열정을 가지고 글로벌 초일류 교육과정 운영으로 '2009 대한민국 인재상(임은영)'을 수상하는 데 공헌하였다.

제자 기르는 데에 쏟은 열정만큼 박 교장의 후배 사랑도 남다른 면이 있다. 능력 있는 직원들을 눈여겨보았다가 성취동기를 불어넣고 사기를 진작시키는 일에 매진하는 스타일이다. 함께 근무하던 교사가 교육전문직 시험에 합격하고 장학사로 발령받은 것을 무척 흐뭇하게 여기며 자랑하던 모습이 떠오른다.

그는 학교경영의 마인드를 공유하며 창의적인 경영실적을 내는 교육 CEO였다. 교육에 대한 혜안이 있고 프로젝트를 창의적으로 구안하고 실행하여 만족한 성과를 낸다. 학교교육 정상화에 주력하여 전국 100대 교육과정운영 우수학교 수상을 비롯하여 부계중학교 근무 시절에 외국인과 함께하는 문화교류수업을 통한 상호 문화이해교육으로 최우수 교육 프로그램 인증 '골든 리본상'을 수상하였으며, 경북외고 재직 시절엔 글로벌 인재의 양성이라는 교육이념으로 〈제2회 경북 eduTop 공모전〉 '감동교육' 부문에서 우수교 수상의 영예를 일궈냈다.

박 교장은 지역민, 유관기관과 협력하여 교육성과를 올리는 데에도 일가견이 있다. 부계중학교 교장 시절에 장학금 2천만 원을 유치하였고, 경북외고 졸업생으로서 일본 대학에 유학한 학생을 위해 국제장학금 유치에 공을 들여 일본 롯데 장학재단을 통해 개인별 1억 원씩 열한 명에게 혜택을 제공한 것은 그의 열성을 대변하고도 남는다.

잠시 후면 박 교장은 공직의 짐을 내려놓고 자유인의 신분으로 돌아간다. 하지만 그가 보여준 교육자로서의 성실한 자세와 남겨 놓은 업적들은 후배들의 귀감이요, 경북교단에 새겨진 그의 발자취는 영원할 것이다. 흔히 퇴임 이후의 생활을 인생의 이모작이라고 말한다. 지금까지 살아온 모범된 생애의 여세를 이어서 박 교장이 인생의 이모작을 충실하게 경영하기를 진심으로 축원한다.

벌초(伐草)는 소통이다

　우리 대소가의 묘역은 평지와 다름없는 야산의 등성이에 있다. 일부 구간은 아직도 작물을 재배하는 농토이다. 그나마 후손들한테는 다행스럽다. 한 해에 두어 차례 성묘와 벌초를 정례적으로 하고 있으니 자손들이 고생을 덜하고 한결 수월하다.
　율곡 이이의 『격몽요결』에는 일 년에 네 번 조상 묘소를 돌아보라고 권했다. 음력 정월 초하루, 한식, 단오, 추석 등이다. 요사이는 조상 묘소 참배가 시들해지고 있다. 산 속에는 후손의 발길이 끊인 지 오래된 묵은 묘나 자손이 돌아보지 않아 방치된 묘소가 여기저기 자연 상태로 변모해 가고 있다.
　우리 대소가에서는 친목회장이 추석 두 주 전쯤 날짜를 정해서 벌초행사를 해 왔는데, 객지에 흩어져 사는 자손들이 일제히 모이기가 쉽지 않았다. 각자 편리한 때에 와서 제 몫의 산소를 돌아보고 벌초를 하면 되도록 길을 열어놓았다. 물론 일족이 한자리에 모여 단합하여 벌초를 하면서 그간의 안부를 확인하고 정담을 나누는 일은 더없이 귀할 것이다. 내가 현직에 근무할 때는 큰형이라고 빠지기 일쑤였다. 동생들한테 벌초를 일임하고 마음 편하게 쉬었다. 이제 정년퇴임을 했으니 내가 본분을 되찾아서 전담하려고 결심했다.

아버지는 벌초에 나서는 내게 예초기는 위험하다며 한사코 만류하신다. 마을에서 다친 사람을 여럿 목도하셨기 때문이다. 더구나 기계공작에 서툰 당신의 아들을 속속들이 아시므로 더 걱정하신다. 대소가에 비치해 놓은 성능이 제법인 예초기를 다루어 본 일이 없다. 사실은 기계치인 나는 겁이 나서 엄두를 낼 수가 없었다.

별도리 없이 낫과 갈퀴만 준비해서 산소에 갔다. 유월 말인데 묘역에는 망초 숲이 우거져 꽃대가 씩씩하게 솟아 꽃을 매달고 있다. 잡풀들이 그야말로 신자유주의 전사들처럼 세상과 세월을 우습게 알고 한껏 기세를 올리고 있었다. 참으로 가관(可觀)스럽다.

우선 부모님의 가묘부터 손질한다. 쌍분이다. 엄친께서 칠순 드시던 해에 준비해 둔 것이니 그새 이십 년을 훌쩍 넘었다. 생자필멸이라 했으니 죽음을 대비해 놓고 사는 것이 지혜롭다고 할 만하다. 사후에 영혼은 본향으로 되돌아가지만 육신은 한 줌 흙이 되어 자연으로 돌아가니까 무덤은 이승에 남은 삶의 자취이다. 사후의 안식처를 생전에 확인하는 것은 그만큼 안심이 되는 일이기도 하겠다.

상석 주변으로 평지는 예전에 소 먹이풀 베듯이 낫으로 일격에 잡풀을 제거했지만 봉분에는 정성을 다해서 꿇어 엎드려 세밀하게 깎는다. 부모님이 지금처럼 식사도 잘하시고 혈압, 맥박, 호흡, 신진대사 일체를 정상적인 수치로 유지하시길 기원하면서 한 낫 한 낫 풀을 벤다. 따져보면 벌초는 정성이다. 후손과 선조 사이에 역사의 벽을 넘어선 기막힌 상호작용이요 소통이다.

이제 조부모 산소 차례이다. 할아버지와 할머니께서 합장(合葬)으로 모셔져 있다. 할아버지는 쉰 초반에 숙환으로 별세하셨다. 내가 태어나기 이

전이다. 할머니는 아흔여섯에 낙상으로 인한 후유증으로 돌아가셨다. 할머니는 증손까지 키워주신 터라 정이 많이 들었다. 할아버지에 대한 이야기는 허물만 들어서 기억에 담겨 있고, 할머니의 생전 모습은 본받을 점만 뇌리에 새겨져 있다. 두 분의 인물평은 너무 대조적이다.

봉분에 납작 엎드려 낫을 댄다. 흙냄새와 풀 향내가 풋풋하다. 봉분에서 생명감을 느낀다는 게 말이 되겠냐마는 벌초는 생사의 분기점을 넘나드는 의미 있는 행사임이 분명하다. 할머니하고는 오십 년 넘게 함께한 세월이 있기에 할머니의 수족을 안마해 드리던 그때 생각이 난다. 두 분 슬하에 여섯 남매한테서 자손이 무수히 퍼졌다. 조상을 신처럼 모시고 우상시하는 집안도 있다고 하는데 나는 그렇지는 않다. 살아생전에 효도의 도리를 다하고 사후엔 묘역을 관리해 드리고 자손들과 함께 조상을 추모하면서 유훈을 기리고 남기신 덕담을 실천하면 될 일이다.

베어낸 잡풀을 갈퀴로 말끔히 끌어서 한곳에 모았다. 내가 작업하고 스스로 평가를 한다. 봉분 셋을 벌초하고 주변 정리하는 데에 세 시간이 흘렀다. 혼자서 수작업을 했으니 오래 걸릴 수밖에. 얼굴과 온몸을 땀으로 멱 감은 듯하고 옷은 땀에 흠뻑 젖었다. 숨이 턱에 차고 노곤하다. 아무래도 가급적 안전한 모드의 최신 예초기를 구입해서 작업을 해야 할 것 같다. 추석 밑 두 번째 벌초 때는 그리하리라 다짐하였다.

여름 휴가철에 막내아들이 집에 왔을 때 벌초 이야기를 꺼냈다. 수작업으로 고생한 무용담을 장황하게 늘어놓으면서 예초기를 거론했다. 경청하더니 동참하겠다는 의사를 밝힌다. 그 자리에서 당장 충전식 예초기를 인터넷으로 주문했다.

오늘은 두 번째 벌초하는 날이다. 주로 처서 절기 이후에는 풀이 기운이 꺾여 더 자라지 않으므로 처서 즈음이 벌초의 적기로 알려져 있다. 처서를 지내서인지 폭염은 면했다. 구름차일까지 드리워서 일하기가 좋을 듯하다. 주말 하오 세 시경에 고향집에 당도하여 부모님께 예초기를 보여드리니 매우 흡족해 하신다. 즐거워하신 연유는 다름이 아니라 손자가 동참했다는 데 있었다. 대를 이어 조상의 내력을 알아가고 윗대 산소를 살피는 일을 대견해 하시며 칭찬을 쏟아놓으시는 것이다.

묘역에는 두 달 사이에 잔디와 잡풀들이 세력을 떨치고 있다. 아들이 예초기를 어깨에 메고 조심스레 시운전을 해 본다. 충전식 배터리도 힘이 대단하다. 특유의 기계음을 울리며 좌우로 칼날이 쓸려갈 때마다 잡풀이 쓰러진다. 누워서 떡 먹기다. 식은 죽 먹기다. 나는 봉분을 맡았다. 아무래도 봉분만은 낫으로 정교하게 정성을 다해 깎아야 한다. 무슨 규칙이나 법규로 정해진 것은 아니지만 마음속에서 그래야 한다고 울림이 온다.

잡풀 더미를 갈퀴로 끌어내고 주변 정리를 완료하니 두 시간이 채 안 걸렸다. 기계 덕을 톡톡히 보았다. 무엇보다 작업이 효율적이었다. 혼자보다는 둘이서 일을 분담해서 하니 능률적이었다. 가정사의 내력을 아버지한테 들어가면서 벌초를 했으니 아들도 매우 흐뭇해하는 것 같다.

마지막으로 벌초를 마친 광경을 휴대폰을 이용해서 사진으로 남겼다. 가족 가톡방에 올려 공유했다. 부모님께도 사진을 보여드렸더니 참 잘했다고 만족해하신다. 원래 사진은 사실보다 한층 돋보이게 하는 효능이 있다. 그래서인지 내가 보기에도 작품이 따로 없다는 느낌이다.

그러나저러나 2000년대 이후로는 시골에 있던 분들도 대부분 늙으신 까닭에 직접 벌초를 못하게 되자 돈으로 사람을 고용해서 벌초를 맡기는 쪽으로 넘어가는 추세. 초창기에는 인심이 후하여 마을에서 그나마 좀 젊은 사람들한테 술값이나 밥값을 쥐어주고 맡기는 형태가 많았으나, 전문적으로 하는 벌초를 대행해주는 전문업체가 생기면서 대부분 벌초대행업체에 맡기고 있다. 벌초는 세대 간의 소통인데 안타깝기 한량없다.

예천인으로 산다는 것

 예천 땅을 밟고 예천 음식을 먹고 예천 단물로 몸을 씻으며 예천인으로 산 것이 바야흐로 열 달이 되었다. 기관장으로서 발령된 지역의 문화와 자연환경에 생각과 마음을 묻고 살아간다는 것은 색다른 경험이다. 늘 가슴 설레고 호기심에 가득 찬 일상의 연속이다. 그래서 즐겁다.
 내가 가장 좋아하는 명물은 석송령(石松靈)이다. 천연기념물로 명성이 전국에 퍼져 있는 소나무이며 수령 6백여 년에 높이 12m, 나무둘레 4.2m, 그늘면적 324평 등의 재산을 가졌기에 당연히 세금을 내고 있다는 스토리가 너무 멋지다. 부임한 후 곧바로 내 집무실에 대형 사진을 걸었다. 석송령과 함께 호흡하며 그 정기를 받고 산다. 공직자로서 국민에 대한 사회적 기대와 법적인 의무 가운데 가장 소중한 것이 청렴과 정직이라고 믿고 있다. 석송령이 지닌 대쪽 같은 기품을 바라보며 날마다 인생 공부를 한다. 큰 스승을 모신 격이다. 그래서 예천인으로 산다는 것이 행복하다.
 내가 꿈꾸는 예천 교육은 학생들에게 삶의 힘을 북돋우어 주고 힘과 기백이 넘치는 생활인으로 육성하는 것이다. 최우선으로 학력이 우수한 인재를 기르는 것이요, 그 다음은 강한 정신력과 체력을 지닌 건강인, 그림을 그리고 서예를 즐기며, 춤추고 노래하며, 운동에 반하여 생활체육에 빠지고, 도서관을 찾아 책을 읽는 사람으로 기르는 것이다. 즉 문화와 예술을 사랑함으로써 삶의 질을 높이는 재능도 함께 학습시키는 것이다. 학교마다 학교장 중심으로 창의적인 교육과정 운영에 심혈을 기울이고 있다. 매주 홍보자료가 봇물을 이루어 그 사실을 입증하고 있다. 그래서 예천 교육가족과 함께 희망교육을 실현해 나가는 것이 참으로 행복하다.

예천은 보물창고다. 곳곳에 유적지가 널려 있다. 효자 도시복 선생의 효테마공원과 정탁 대감의 정충사(靖忠祠)에는 충효의 얼이 살아 있다. 삼강주막, 회룡포의 아름다운 풍광은 자랑거리다. 주말에 관광객이 붐빈다. 금당실 문화마을에는 휴가철에 제주도에서도 가족단위로 체험학습을 위해 찾아온다. 현재 농촌 유학을 온 학생이 용문초등학교에 14명이다. 서울, 인천, 대구, 부산 등 대도시에서 1년 단위로 정해 농촌 유학을 신청하는 학생과 부모들이 줄을 잇는다. 유럽 각국에서는 양궁 전지훈련 장소로 예천을 지목하여 찾아온다. 예천교 조형물의 오색찬란한 자태는 밤을 기다리게 만든다. 그래서 예천인으로 살아보는 하루하루가 매우 자랑스럽다.

이제 남은 임기를 생각하면 시간이 금쪽같다. 나는 아침마다 희망의 일기를 쓰면서 하루를 시작한다. 후회 없는 삶을 위한 자구책이다. 고요한 새벽에 아이디어를 찾아 생각의 여행을 한다. 학부모들이 신뢰할 수 있는 행복한 학교경영을 위해 어떻게 지원해야 할지 그 역할을 고민한다.

내 승용차 휘발유는 의도적으로 십중팔구 예천에서 주유한다. 예천의 맑은 공기를 호흡하는 데 대한 최소한의 애정 표시이다. 정기 인사 때에 승진하고 영전한 후배들을 축하하기 위해 예천농협에서 지역 특산물인 '옹골진 쌀'을 구매하여 선물했다. 어느새 예천을 선전하는 홍보대사가 되어 있는 나를 발견한다. 왜냐하면 예천에 근무하는 동안은 예천인의 혼을 지니고 살아야 한다는 내 마음의 다짐이 서 있기 때문이다. 그래서 오늘도 즐겁고 행복하다.

행복한 경영

대망의 을미년 새해가 밝았습니다. 우리나라가 국가경쟁력을 갖추고 위상을 드높이는 한 해가 되기를 소망하며 한국중등교육의 현안이 슬기롭게 풀리고 학교 교육활동의 성과가 풍성하기를 기대합니다.

최근 몇 해 동안 교육계의 쟁점은 안전하고 행복한 학교 경영에 초점이 맞추어져 있습니다. 따라서 안전에 대한 경각심을 일깨우고 행복의 개념부터 바르게 정립하는 것이 필요하다고 생각됩니다. 매슬로우(Maslow)의 학설에 의하면 안전에 대한 욕구는 기초적인 단계이고, 가장 높은 수준의 욕구는 정신적·영적인 것으로서 자아를 실현하고 사회에 공헌함으로써 얻는 행복감입니다.

사안의 중요성과 우선순위를 생각하면 안전이 먼저입니다. 교내생활 안전과 등하굣길 안전, 급식 위생과 규모 있는 보건실 운영, 교실수업 중의 안전과 운동장 체육활동의 안전 등 세심하게 챙길 요인이 많습니다. 항상 예방활동에 치중하고 시설의 취약점을 보완하는 등 안전도를 관찰하는 것이 지름길이라 하겠습니다. 또한 수학여행 및 외부 체험학습 때 차량 안전을 비롯해 예측되는 위험 요소에 따라 완벽하게 대처해야 할 것입니다.

교내에서 폭력에 휘말리는 일이 없어지길 바랍니다. 인성교육을 강화하고 모든 교과목에서 인성중심수업을 이행하지만 사소한 다툼까지 근절시키는 것은 요원합니다. 매뉴얼대로 대응하고 화합을 이끌어내어 상처를 치유하는 데에 매진해야 할 것입니다. 예방과 사후 상담을 병행하여 끝까지 가·피해 학생들을 치료하는 일에 총력을 기울이는 것이 우리들의 책무입니다.

특히 도외시하기 쉬운 부분이 교직원의 심리적인 안정입니다. 그동안 수요자 중심 교육이란 슬로건 아래 학부모와 지역민을 모셔왔는데 우리가 섬긴 그분들이 때로는 학교 당국과 학교장에게 갑(甲)의 행세를 하면서 힘들게 합니다. 교권보호위원회를 가동하고 교직원의 안정적인 역할을 보장하는 일을 소홀히 해서는 안 될 것입니다.

그런 다음에 행복으로 눈길을 돌려봅니다. 행복을 주관적이고 개별적인 사안으로 한정시키는 경우가 흔하지만, 교육가족이라는 일체감을 형성하고 더불어 살아가는 동료들이 있기에 우리는 개관적인 면을 등한시할 수 없다고 봅니다. 이제 행복의 객관성을 담보할 방책을 짚어보아야 할 시점입니다.

그동안 학생과 학부모를 위한 일념으로 업무와 과세를 수행하다 보니 학교장의 일차고객인 교직원들을 챙기고 배려하는 일에는 많이 소홀한 점이 없지 않았습니다. 교직원들이 직장에서 행복해야만 영양가 높은 교육력이 생산되고 그것이 학생들에게 고스란히 스며들 것입니다. 우선 교직원들에 겐 가정과 직장의 양립 문제가 걸려 있습니다. 학교장은 경영을 책임진 관리자로서 교직원들의 가정사를 상담해 주고 챙겨주는 후덕한 모습을 보여주어야 합니다. 특히 젊은 여직원들의 애로를 들으면 관련 법규 내에서 제때에 해결해 주고 성심껏 배려한다면 행복지수가 높아질 것입니다.

교직원들도 각자 나름대로 비전을 품고 있습니다. 그 비전이란 것이 승진에 대한 열망일 수도 있고, 전문 분야에 정진하기 위해 대학원 수강을 희망하거나 전문지식을 습득하기 위해 연수를 갈망하기도 합니다. 무엇이든 간에 학교 실정을 살펴서 학교장이 성심껏 지원해 주어야 합니다. 교직원의 비전 전략을 경시하고 업무에만 헌신하라고 독려한다면 행복감은 반감되고 말 것입니다.

학교장의 즐거움 중에 빼놓을 수 없는 것이 하나 더 있습니다. 후진을 양성하는 책무요 보람입니다. 남달리 업무에 재능이 있고 인품이 출중한 교원을 살펴서 관리자의 꿈을 꾸도록 지도해 주며 열심히 연구하도록 권유하는 것은 신명나는 일입니다. 특히 여직원들이 유리천장을 걷어내지 못하고 승진 야망을 스스로 포기하는 경우가 허다한데, 교육계의 장기적인 발전을 위해 진로를 컨설팅해 주고 꿈을 키워가도록 지원한다면 그보다 큰 기쁨이 없다 하겠습니다.

학교 업무를 챙기다 보면 예산 타령이 먼저 나옵니다. 그러나 좋은 프로젝트에는 돈줄이 따른다는 신념을 가지고 안심해도 됩니다. 언제나 신선한 아이디어가 관건입니다. 예산을 덜 들여도 화합된 팀워크로써 프로젝트를 훌륭하게 완성할 수 있고, 돈을 많이 들여도 인사관리에 실패하면 들인 돈만큼 성과를 못 보아 아쉬울 때가 있습니다.

그래서 돈보다, 일보다 사람을 먼저 앞세우는 지혜가 요청됩니다. 결국 일은 사람이 하니까요. 공정하고 청렴한 행정 앞에서는 교직원들이 화목하고 우애하며 늘 웃음이 끊이지 않을 것입니다. 업무 지상주의에 함몰되어 사람을 잃어서는 안 되는 이유가 여기에 있습니다.

존경하는 회원 여러분, 학교현장에는 언제나 사람이 북적이고 일이 산재해 있습니다. 교직원을 적재적소에 능력대로 배치하고 업무를 통해 성과를 창출하도록 지원하고 격려하는 것이 중요합니다. 결국 사람과 일을 통해서 안전하고 행복한 학교를 경영할 수 있기 때문입니다. 올 한 해에도 모든 회원들이 교육현장에서 행복하시기를 기원합니다.

＊전국교장협의회 동계연수회 자료집에 게재. 2015. 1. 16.

하늘을 날고자 꿈꾸는 사람에겐
날개가 돋는다

    존경하는 예천교육가족 여러분, 그리고 학부모 및 지역민 여러분, 안녕하십니까? 처서 절기 이후 조석으로 가을 기운이 완연합니다. 저는 이제 취임 1주년을 맞이했습니다. 지난 일 년 동안 성심을 다해 창의적으로 교육활동에 매진해 주신 교직원들과 또한 많이 협조해 주신 지역민 모두에게 진심으로 감사드립니다. 정말 고맙습니다.
    특히 금번 9월 1일자로 영전하신 교장선생님을 비롯해 교감, 장학사로 근무하시다가 승진하신 교장선생님들을 진심으로 축하합니다. 그리고 승진 발령되신 교감선생님 및 장학사님과 신규 발령 받은 선생님들을 진심으로 환영합니다.
    근무지가 바뀌고 직급이 한 계단 오른 것은 심기일전하여 새로운 각오로 일할 수 있는 절호의 기회입니다. 초심을 귀하게 간직하고, 열정을 다해서 업무에 몰입하기 바랍니다. 신도청 소재지이며 충효의 고을인 예천에서 교단생활을 처음 시작하는 선생님들은 참으로 복이 많으십니다. 현장에 속히 적응하시고 행복한 교직생활이 날마다 이어지기를 빕니다.

금년도 우리 예천교육의 중점은 일무이소삼다(一無二少三多) 교육정책의 실현입니다. 사교육비 경감을 위해 방과후학교 교육을 내실 있게 추진하며, 기초학력 미달학생이 없는 학교를 만들고 안전사고를 줄이도록 힘쓰는 한편 독서교육 활성화, 봉사활동 강화, 학교스포츠클럽 운영 확대 등에 꾸준하게 공을 들일 것입니다. 한 학기 동안 많은 실적을 올렸습니다. 후반부에도 배전의 노력을 기울여 좋은 성과를 거양함으로써 모름지기 예천교육이 한 단계 발전할 수 있도록 도와주시길 당부합니다.

저는 '하늘을 날고자 꿈꾸면 반드시 날개가 돋는다.'라는 삶의 철학을 가지고 있습니다. 우리 모두는 엄청난 재능을 천부적으로 타고 났지만, 평소 깨닫지 못하고 개발하려는 관심과 노력이 부족했습니다. 아예 목표도 세우지 않고 세월을 낭비하고 있는 것은 아닌지 고민해 봐야 할 것입니다.

장한나(30세) 첼로 연주자가 지휘자의 길을 걷고 있습니다. 그의 말에 따르면 지휘자는 자기 노래와 남의 노래를 약 300곡 이상 암기해야만 지휘를 손쉽게 할 수 있다고 합니다. 한편 음악평론가의 말을 빌리면 가수가 노래 한 곡을 취입하려면 5천 번 이상 불러야 한다는 이야기를 듣습니다. 놀라울 정도로 자기 관리를 성실히 해야만 지도자의 길을 걸을 수 있고 무대에 설 수 있음을 시사합니다.

대구 세계육상경기대회가 열리는 현장을 방문했습니다. 8월 30일 야간 경기의 마지막 종목은 남자 400m 결승이었습니다. 결선에 오른 주자 8명이 질주를 시작했습니다. 정말 대단한 역주였습니다. 미국 선수가 1위를 굳히는 듯하더니 마지막 10m 남기고 한 선수가 치고 나와서 한 걸음 차이로 역전 우승을 차지했습니다. 그 선수는 인구 9만 명 그레나다(서인도제도 남동부 카리브 해에 위치한 섬나라) 국가의 키라니 제임스(19세) 선수입니다. 경기장엔 우레와 같은 함성과 박수가 터져 나왔습니다. 세계 일인자의 꿈을 성취한 감동은 고통을 감내하면서 이겨낸 훈련의 대가일 것입니다.

최근 영국 프리미어리그 아스널(Arsenal) 팀에 입단한 박주영 선수는 "하룻밤 사이에 세계 최고의 팀에 왔다는 사실이 믿기지 않는다."고 벅찬 감격을 숨기지 못하면서 "최선을 다하고 가진 것을 모두 다 보여준다면 팀에 도움이 될 수 있을 것"이라고 당찬 자신감을 나타냈습니다. 박 선수의 잠재된 기량을 세계적인 구단에서 검증받은 쾌거입니다.

예천 지역민과 학부모들이 교육가족에게 바라는 바는 무엇일까요? 학교 현장에서 교과 수업활동과 학반 관리를 통해서 최고 선생님이라는 칭호를 획득해야 합니다. 우리 스스로 최고의 선생님, 최고의 직원이라는 평가를 내릴 수 있는 경지에 이르기를 바랍니다. 교육자는 전문가 집단입니다. 끊임없는 자기 연찬을 통해서 수업의 달인, 업무의 일인자라는 날개가 돋아야 합니다. 그리하면 학생 및 학부모들로부터 무한 신뢰와 인정을 받습니다.

친애하는 지역민과 교육가족 여러분! 인재 양성을 위한 명품 예천교육 프로젝트에 많은 성원을 부탁합니다. 우리 예천은 제82대 KBS〈도전 골든벨〉명예의 전당(대창고, 김태우)에 등극된 저력 있는 고장입니다. 자긍심을 가지시고 내 고장의 학교 교육을 사랑해 주시기 바랍니다. 사랑과 믿음은 우리가 바라는 그 이상의 기적을 가져다줄 것입니다.

*새학기 교육가족연수회 인사말. 2011. 9. 2.

| 해설 |

정결하고 질박한 영혼으로 통찰한 인간본질에 대한 탐구와 자아성찰의 미학
— 김예희 작가 수필집 『생각의 삽질』 평설

최 병 영
(시인·수필가·문학평론가)

1. 김예희 작가, 그 순수하고 고결한 정념으로 점화한 생의 휘황한 불꽃

　김예희 작가의 영혼은 순결하고 검박하다. 김예희 작가는 생의 순수하고 고결한 심지에 영혼의 내적 심층에서 발화한 뜨거운 사랑의 불꽃을 점화한다. 그것은 순결하기에 아름답고 집요하기에 강렬하다. 우리는 김예희 작가가 피워 올린 강렬한 삶의 불꽃을 응시하며 적잖은 감동과 희열을 체감한다. 그것은 아픔과 고통에 근원하기에 공감적이고 빛나는 성취가 있기에 카타르시스(Catharsis)를 동반한다.
　김예희 작가는 철저한 교육자이다. 교직이 꿈이었고 그 꿈을 실현하기 위해 초지일관 한결같은 삶을 영위했으며 끝내 소망을 성취했다. 또한 이상적인 그 꿈을 교육현장에 실현하며 교직생활을 성공적으로 마무리한 인물이다. 그는 사범대학에서 국어교육을 전공하고 대학원에서 교육학석사, 철학박사 학위를 취득한 학구적 인물이다. 또한 일반교사로 출발하여 교직의 꽃이라는 중등학교 교장과 경상북도교육청 장학관을 역임하고 경상북도예천교육지원청 교육장으로서 관리직을 성공적으로 수행하였다. 교육관련 단체인 경상북도중등교장협의회 회장과 한국중등교장협의회 부회장을 역임하는 화려하고 남다른 이력을 지니고 있기도 하다. 현재에도 대학교 겸임교수와 국회인성교육실천포럼 자문위원으로서 열렬히 사회활동을 펼치고 있다.

김예희 작가가 예천교육장으로 재임하던 시절 집무실에는 수령 600여 년의 천연기념물인 '석송령(石松靈)' 소나무 대형사진이 걸려 있었다. 일상적으로 석송령의 기상과 품성을 자기화하고 그 정기를 이어받아 생활에 실천하기 위해서이다. 김예희 작가가 지닌 교육철학은 청렴과 정직, 봉사와 헌신, 지조와 강직한 기품으로 요약할 수 있다. 그가 교육생활을 마무리할 즈음에 월간 『문학세계』를 통해 수필가로 등단함으로써 함께 문학인의 길을 걷게 된 것을 매우 기쁘게 여긴다. 그리고 금번에 첫 수필집 『생각의 삽질』이란 제명의 작품집을 내놓아 문학계에 금자탑을 쌓게 된 것을 진심으로 축하하며, 필자가 그 소중한 작품집의 평설을 맡게 된 것을 더할 수 없는 광영으로 여긴다.

2. 수필문학의 특성과 문학으로서 함유하는 요소

문학의 본질은 '인생을 탐구하고 표현하는 창조적 세계'라 말한다. 문학은 작가가 체험을 통해 얻은 진실을 언어를 매개로 하여 표현하는 예술이다. 작품은 곧 작가 자신의 영혼과 인격의 산물이고 독자와 교류하는 소통의 매개체이다. 필자는 이러한 문학의 특성에 주목하여 문학을 지칭해 '영혼을 갉아먹는 가슴앓이의 전율'이라 정의한 바 있다.

수필은 작가의 삶과 인생을 담는 질그릇이다. 김예희 작가가 첫 수필집 『생각의 삽질』에 상재한 제반의 수필도 이 질그릇에 작가의 진솔한 삶과 인생의 다각적인 문양을 입체적으로 담고 있다. 수필을 담는 그릇을 균형 있게 조형(造形)하기 위해서는 마음속에 자신의 영혼을 비춰볼 수 있는 무채색 정화수를 준비해야 한다. 마음속에 내재하는 정갈한 정화수에 끊임없이 고통과 갈등, 상처의 부유물을 세척해야 한다. 문학의 그릇이 정갈하고 깨끗하지 않으면 거기에 아무리 영롱한 보석을 담아도 빛과 향기가 나지 않는다. 작가는 정화수 샘가에 마음의 종을 달아두어 양심의 종소리를 울려야 한다. 김예희 작가의 수필집 『생각의 삽질』에서는 끊임없이 바람결에 실린 청명하고 해맑은 양심의 종소리가 울려 퍼진다.

수필은 일종의 독백체 문학이다. 그러기에 누구에게나 친근하고 누구나 편안히 다가설 수 있는 문학이다. 일상으로 접하기에 가장 용이한 문학이지만, 반면에 좋은 작품을 창작하기는 무척 어려운 장르이기도 하다. 작가가 지닌 인생과 철학, 사유의 경지에 따라 수필의 품격과 경지는 무한히 달라지기 때문이다. 이 시대에 수필가는 많으나 수필다운 수필을 접하기는 무척 어렵다는 진실이 이를 역설적으로 반증해준다.

수필의 주제와 소재는 대부분 평이하다. 특별히 웅대하거나 돌출된 일에 있지 않고 일상적이며 보편적이고 평범함에 있다. 사소한 일에 대한 체험과 사색의 통찰을 통해 인생과 삶에 대한 발견으로 참의미를 찾아내야 한다. 곧 수필은 사소함 속에서 웅대함, 비범함, 특별함의 요체를 발현하는 글인 것이다. 수필을 쓰는 일의 하나는 인생을 돌아보아 성찰하고 이를 바탕으로 새로운 삶의 활력을 찾는 일이다. 수필을 통해 인생을 기록하고 정리함으로써 삶의 의미와 참된 가치를 인지하고 그런 삶을 지향하는 것이다. 독자는 수필을 통하여 보다 의미 있고 가치 있으며 아름다운 삶을 추구하게 된다. 김예희 작가의 수필집 『생각의 삽질』에도 우리가 눈여겨보고 공감하며 실천해야할 수많은 덕목들이 직조(織造)되어 존재하고 있다. 이에 기대와 긍정의 시선을 집중하여 즐거운 마음으로 모음집의 서장을 열어 탐색한다.

3. '눈물 나이테' 항목에 담긴 작품의 주제별 분류와 전개 양상

김예희 작가가 수필집 『생각의 삽질』에 상재한 작품은 모두 4부로 구성되어 있다. 제1부는 '눈물 나이테', 제2부는 '백야(白夜) 삼일', 제3부는 '황소 걸음으로 여기까지', 제4부는 '배려와 용서에 대하여'로 각 부 제목을 설정하여 전체 얼개를 형성하고 있다. 이들 각 부는 모두 12편씩의 작품군을 담고 있다. 이에 김예희 작가의 수필집 『생각의 삽질』에는 모두 48편의 수필군과 더불어 종결부에 작가가 부기한 〈나의 문학관〉을 기술하여 수필집을 갈무리하는 특징을 보인다.

수필집의 제1부는 주로 작가와 작가 가족의 이야기가 주조를 이루고 있고, 제2부는 작가의 공직생활과 교육에 대한 신념 및 삶의 철학을 주조로 하여 엮어져 있다. 제3부는 교육자로서의 출발과정과 교직에서 겪은 예화, 가족과의 유대관계 등이 명시되어 있고, 제4부는 교육 관리자와 전문직의 체험 및 일화, 퇴직하는 지인에 대한 회상과 격려 등이 주조를 이루고 있다. 김예희 작가의 수필집 『생각의 삽질』의 제1부 '눈물 나이테'에 담긴 작품군을 특징별로 대별하면 다음과 같다.

작품명	제재	주제	전개 양상
축복	딸의 혼사	딸의 혼인과 손주에게서 얻는 행복감	주위에 대한 축복이 자신의 축복으로 승화하는 과정
눈물 나이테	생애 세 차례의 눈물	생애 전체 삶의 힘난한 도정과 이의 극복 및 성취	굶주렸던 학창시절부터 교직자가 되기까지, 결혼 후 동생 및 자녀 뒷바라지의 생애 돌아봄과 회억
채우며 비우기	아내와의 여행 이야기	사랑으로의 채움과 지우고 싶은 기억들	결혼 40주년 기념 아내와의 여행과 지나온 삶의 반추
부전자전 유감(遺憾)	반찬투정의 대물림	대물림되는 인습을 타파하려는 단절 의지	부전자전에 따른 외적 신체의 닮음과 자신 및 자녀가 지녔던 반찬투정의 악습 단절 예화

(계속)

작품명	제재	주제	전개 양상
손녀 출생기	친손녀 출생	생명에 대한 외경심과 병원 입원에 따른 안타까움 및 초조감	손녀를 얻은 기쁨과 병원 입원에 따른 자성 및 건강회복에 대한 염원, 퇴원에 따른 기쁨 및 출생신고 일화
영웅의 눈물	아버지의 입원	아버지 병간호 및 눈물에 대한 감회와 퇴원의 기쁨	생사 경계를 넘나드는 아버지의 병세변환에 따른 희로애락의 감정 추이와 건강회복의 안도감
유혹 이제(二題)	유혹의 두 가지 체험 사례	물질과 명예에 관한 두 가지 유혹의 실체와 양심에 의한 극복	대학교 때와 직장생활 시 겪은 혼사(금전) 및 군 면제 제의와 관련된 유혹의 실체
침묵의 힘	할머니에 대한 회상	침묵으로 인생의 풍파를 이겨낸 할머니에 대한 회억	집안화목과 부지런한 천성, 일의 절차와 과정을 중시하며 초연한 삶을 산 할머니의 생에 대한 반추
무지개 양말	아내가 사온 양말	부부간 상호존중과 소박하고 검소한 생활방식 및 사랑의 다짐	아내가 사온 무지개양말과 그에 따른 검소하고 소박한 삶의 의지 및 무지개양말에 의한 인식과 다짐
보호자	아내의 내시경 체험	아내의 입원보호자로서 겪은 심회와 무탈한 결과에 대한 감사의 정회	아내가 입원하여 내시경검사를 받을 때 체험한 보호자로서의 역할과 수행과정에서 겪은 소회 및 진단결과에 대한 안도감
연분(緣分) 찾아 십 년 세월	딸의 혼사 일화	인연에 따른 혼사와 외손주 득남 및 사돈과의 관계	딸의 혼사가 있기까지의 조바심 어린 과정과 득남의 기쁨 및 사돈 이야기
혹서기(酷暑期)를 지내며	교장재직 시 겪은 삼복더위	혹서기를 겪으며 체득한 대자연에 대한 순응과 독서 삼매경을 통한 극복	폭염주의보 시 교장실 냉방기 가동을 자제하고 자연과 접하며 독서로 무더위를 이겨낸 경험담

4. 생애 세 번의 울음으로 삶의 속살을 흥건히 적신 '눈물 나이테'

　김예희 작가의 수필집 『생각의 삽질』의 제1부 표제작 「눈물 나이테」에 관심 어린 시선의 초점을 모은다. 이는 제1부 작품군 중에서 작가의 전반적인 삶의 양상을 가장 극명하고 진솔하게 드러내고 있는 작품이란 점에서 주목되고 있다. 작가의 「눈물 나이테」는 극한적인 굶주림으로 서막을 연다. 그즈음 굶주림은 대다수 우리 민족이 겪었던 보편이고 일반적인 공통적 삶의 분모였다. 그러함에도 그 굶주림은 작가에게 있어 유독 더 유별나고 지독한 성질의 것이었음을 간파할 수 있다. 필자도 경제적으로 넉넉한 삶을 영위하지는 못했지만 동시대의 삶에서 적어도 그렇게 절박하고 처절하지는 않았던 것으로 기억한다.
　김예희 작가의 수필집 『생각의 삽질』 전반부에 상재된 상당수 작품은 우울의 정서를 기반으로 시작된다. 우울로 출발하여 험난한 시련과 고통의 역경을 슬기롭게 극복하고 종래 꿈과 소망을 성취하는 일련의 도식적 패러다임(Paradigm)이 파노라마처럼 펼쳐진다. 일찍이 커트 보네거트는 '우울하지 않으면 당신은 진정한 작가가 될 수 없다.'고 설파한 바가 있다. 그런 의미에서 김예희 작가가 질박한 삶의 구렁에서 체험하고 극복해낸 우울은 작가의 크나큰 문학적 자산으로 작용하리라. 김예희 작가는 중학교 때 어머니가 술도가에서 구해오신 술지게미에 사카린을 섞어 밥 대신 비벼 먹었다고 술회한다. 도시락이 없어 점심시간이 되면 교실 뒷문으로 뛰쳐나가 수돗가에서 벌컥벌컥 물로 배를 치웠다고도 진술한다. 삼일 째에는 술지게미로 저녁을 때우다 머리가 아프고 입안에 떠 넣어도 속에서 받지 않았던 고충을 토로한다. 작가는 그로 인하여 어머니 품에 안겨 서럽게 울었던 상념의 한 토막을 회상으로 꺼내놓는다. 이른바 김예희 작가가 인생살이에서 세 번 울었다는 울음의 첫 번째 울음이다. 그 처절한 울음이 있었던 시기는 미성년인 중학교 때이다.
　세상살이에서 굶주림만큼 고통스러운 게 또 있으랴. 또 이 세상에서 피붙이에게 밥을 먹이지 못하는 어머니의 아픔보다 더 큰 고통이 있으랴. 어둑어둑

하고 질척이는 가난의 터널은 한없이 길고 음습하다. 작가 모자(母子)가 부둥켜안고 울었던 울음은 극명한 시대의 울음이요, 시린 민중의 울음이며 어떻게든 살아가야 할 존재자의 서글픈 눈물이다. 그러기에 그 울음은 몹시 처절하고 슬프고 애절하다. 그러기에 그 울음은 가슴을 먹먹하게 하는 충격적이고 격동적이며 심층적인 것이라서 파문과 진동의 파장이 크다. 누군들 이 원초적 울음 앞에 감히 미사여구(美辭麗句)와 수식어를 덧붙일 수 있으랴. 필자는 작가 모자의 울음소릴 연신 환청으로 들으며 작가가 교육장 재직 시 방문하여 과도하게 주지육림(酒池肉林)으로 환대받았던 기억을 떠올리고 자꾸만 송구스러워지는 마음을 제어하지 못한다.

김예희 작가의 두 번째 울음은 불효에 대한 울음이다. 중학교 때 꽃을 가꾸고 관상용 수목을 재배하는 온실당번과 입주 아르바이트로 학비를 해결하며 공부함으로써 배고픔에서 어느 정도 벗어났지만, 가족에 대한 그리움과 안타까운 정회는 지울 수 없었다. 구걸을 하는 한이 있어도 공부를 시키겠다는 아버지의 확고한 교육의지에 의해 고등학교에 진학했지만 학창생활이 결코 순탄한 것은 아니었다. 다행히 근로 장학생으로 선정되어 학비감면의 혜택을 받고 입주아르바이트로 초등학생을 지도하면서 고등학교 생활을 마칠 수 있었다. 그리고 그 과정에서 과분하게 선생님의 은혜를 입었기에 자신도 선생님이 되고자 하는 꿈과 소망을 키울 수 있었다. 사범대학에 입학하고 필사적으로 학비를 조달하여 공부함으로써 대학을 마치고 중등교사로 발령을 받아 그토록 소망하던 교직에 몸을 담는다. 교사로 재직하다 군대에 다녀오고 다시 복직하여 교사로 근무하면서 결혼을 하게 된다. 두 번째 울음은 바로 혼사를 결정한 날 밤에 터진다. 그간 가난의 원인을 아버지가 무능한 탓으로 인식하여 미워하고 원망했던 날들의 죄스러움에 대한 눈물이다. 이는 성인이 되고서 흘리는 아버지에 대한 회한의 눈물이고 참회의 눈물이다.

김예희 작가의 세 번째 눈물은 아내에 대한 감사의 눈물이다. 결혼하고 묵묵히 십여 년간 동생 둘의 공납금과 생활비를 보조하여 뒷바라지하고 자녀 삼남매를 든든히 키워낸 아내에 대한 고마움의 눈물이다. 불혹을 넘긴 어느 날

밤, 잠든 아내의 얼굴을 지켜보며 그 긴 세월을 묵묵히 잘 견뎌준 아내의 대견함에 보답하는 고마움과 감사의 뜨거운 눈물이다. 이 정황은 김예희 작가의 자작시 「아내」란 작품에 그대로 응축되어 형상화되고 있다.

아내에게 불쑥 뱉은/ 몹쓸 말 한 마디가/ 내 가슴에 돌이 되어/ 자라고 있습니다./ 생살 가르는/ 이 아름다운 균열 때문에/ 나는 아내에게서/ 멀리 달아날 수 없습니다./ 사랑한다는 것은/ 아픔을 태우며/ 서로의 살 속에/ 집을 짓고 사는 일입니다.

김예희 작가는 이 시를 머리로 쓴 것이 아니라 가슴으로 지은 것이라 술회한다. 그리고 그의 세 가지 울음은 삶의 의미를 되찾아준 생명회복이요, 가족 사랑이 삶의 중심축임을 깨닫게 해준 계기가 되었다고도 돌이킨다. 위의 시는 작가의 언급대로 가슴으로 읊은 노래의 진수이기에 파르르한 감동과 긴 여운을 동반한다. 아내에 대한 사랑의 언질 마디마디가 골 깊은 사념과 통절한 의식의 반석 위에 가지런히 놓아지며 각별히 선정되고 특별히 비유된 언어와 사유에 의해 절절이 노래되고 있음을 절감할 수 있다. 김예희 작가는 자신의 지워지지 않는 세 번의 울음에 대해 다음과 같이 술회하고 있다.

웃음이 삶의 활력소라면 울음은 성장의 나이테요, 삶의 분기점이 되어 쉽게 잊히지 않는 듯하다. 그 당시에는 암울한 환경을 탓하기도 하고, 사랑하는 가족을 원망했지만 세월의 약손이 어루만지고 지나간 뒤에 눈물의 골짜기는 곱고 아름답게 회상된다.

—『눈물 나이테』 일부

회상은 대체로 아름다운 빛살문양을 지닌다. 절박했던 그날을 회상할 수 있기에 오늘은 좀 더 편안하고 여유로우며 행복하기도 하다. 가벼운 마음으로 언덕에 올라 눈물과 극기로 헤쳐 온 구릉을 바라보는 것은 즐거운 일이다. 그

날의 아픔과 고통이 있었기에 오늘의 자아가 더욱 단단히 여물 수 있고, 그날의 질곡이 있었기에 오늘날 대지를 딛고 선 몸의 중심축이 굳건한 연유이기도 하다. 이제 드높은 청잣빛 하늘 아래 푸른 언덕에는 살랑살랑 꽃내음 젖은 솔바람까지 불어온다. 가슴을 활짝 펴고 심호흡으로 찬찬히 청량한 공기를 들이마시며 폐활량을 늘여갈 시간이다.

김예희 작가의 작품 「눈물 나이테」에는 작가가 살아온 전반적인 일생이 집약적으로 농축되어 있다. 그것은 대체로 암울하고 음습하며 고통스런 편린들의 집합이랄 수 있다. 그러나 이제는 결마다 배어든 질척하고 암울한 어둠의 이미지를 말끔히 탈각하고 통렬히 웃을 수 있다. 김예희 작가는 이순을 지낸 요즘 참으로 많이 웃는다고 자술한다. 그리고 자신의 생애 속에 박혀 있는 눈물 나이테를 돌아보며 웃을 수 있어 행복하다고도 술회한다. 그의 해맑은 웃음이 지난 날 아픔의 질곡을 넘어온 우리 모두의 미소로 확장되고 승화할 수 있어 한량없이 기쁘다.

5. 수필의 특성 및 자연관과 '백야(白夜) 삼일' 항목에 담긴 작품 분류

수필은 일상생활이나 자연에 대한 느낌과 발견 등을 자연스럽게 기술한 글이다. 작가의 인생에 대한 관조와 체험을 개성적인 문체로 쓴 글로 정의하기도 한다. 수필은 작가와 독자의 대화이다. 인격과 인격이 만나고 마음과 마음이 교류하며 서로가 우리 문화와 삶에 대한 인식을 공유함으로써 고뇌와 갈증을 풀어 새로운 세계를 지향하는 형식의 글이다. 작가의 체험에다 상상력이 날줄과 씨줄로 교차하여 조밀하게 짜이는 구조를 형성하고, 외형과 내포적 측면에서 사실성과 상상력이 균형을 유지할 때 그 작품은 아름다운 수필로 승화된다.

수필은 심미적이며 철학적인 글로서 소재가 대단히 광범위한 특성을 지닌다. 수필은 작가가 인생이나 사회, 역사, 자연물을 비롯한 세계에 존재하는 모든 것에 대해 깊이 들여다보고 느낀 것, 생각한 것을 자유롭게 서술하는 글이다. 때문에 수필은 자연발생적이고 지속적인 관찰과 사유를 통해 깊은 통찰력과 개성을 지니고 있어야 한다. 수필에는 사색과 명상의 깊이가 있다. 이와 관련하여 김예희 작가는 인생을 천착하여 통찰하고 이에서 철학적이고 명상적인 삶의 본질과 궤적의 변이(變異)를 추적하여 명료화하는 뛰어난 재능을 지닌 문인으로 인식된다.

문학에 자주 피력되는 자연은 본래 동양의식에 필연한 고전적 언어이나 그 의미는 유럽문학의 전통에 기인하고 있다. 고대 그리스 사람들이 문학을 자연의 모방이라고 언급한 이래 문학은 자연의 면모를 닮았다는 유럽 문학관이 팽배해왔다. 그러나 자연에 대한 문제의 본질은 문학적 문제라기보다 철학적 문제에 귀착한다. 자연에 대한 철학적 관념은 시대에 따라 늘 변화해왔다. 그들은 자연이 정지된 상태로 머물러 있는 것이 아니라 생성 변화하는 주체로 인식하였다. 자연의 생성 변화는 질서와 조화를 지닌 운동이며 이는 일정한 목적을 지향하는 주체적인 것으로 인식한 것이다. 문학을 '행동하는 사람의 모방'이라 한 아리스토텔레스는 행동이 사람의 가장 자연스러운 모습이고, 그 행동이 일정한 목적을 향해 조직화한다는 점에서 이를 자연스러운 것으로 인식하였다. 자연과 예술의 관계를 상호 보완적(補完的)인 것으로 파악함으로써 이들은 자연, 즉 바탕이 없으면 예술이 존재할 수 없는 것으로 인식해왔다. 그런 의미에서 자연은 모든 예술의 영원한 주제라 할 수 있다.

김예희 작가의 수필집 『생각의 삽질』 제2부에 상재된 작품군에는 생명에 대한 외경심과 효행, 따뜻한 가족애 및 자연과의 동화가 그 기저를 이루고 있는데, 이를 항목별로 정리하면 다음과 같다.

작품명	제재	주제	전개 양상
생각의 삽질	퇴직 후의 전원생활	전원생활에 따른 농사일과 아버지의 깊은 생각의 삽질에 따른 가정의 화목	전원생활을 통한 농사짓기와 어렸을 때 산자락을 일구던 추억 및 며느리에 대한 아버지의 깊은 배려로 이룩한 가정의 화목

(계속)

작품명	제재	주제	전개 양상
자호(自號) 단상	자호 짓기와 소와의 연관성	우봉(牛峰)이란 자호 짓기와 소와의 뗄 수 없는 삶의 연관성	월간 『문학세계』 신인상 등단에 따른 자호 짓기와 어려서부터 소와 함께 살아온 역정
개념의 옷	성공과 행복 및 사랑	성공과 행복 및 사랑에 대한 개념의 인식	행복과 불행, 성공과 실패, 사랑과 무관심에 대한 개념정리와 이에 대한 인식
마음의 탯줄	부모의 역할	자식에 대해 부모가 지니는 마음의 탯줄	믿음의 줄, 염원의 줄, 축복의 줄로 자녀양육과 교육에 힘써야 할 부모의 역할
백야(白夜) 삼일	백야(白夜) 삼일의 비화	공직에 재임할 때 겪은 고심 어린 백야 삼일의 비화	장학사와 교장재직 시절 체험한 지난하고 고심했던 세 가지 비화
어떡하라고	아파트 층간소음	아파트 층간소음의 체험적 사실과 포용 및 배려심의 필요성	아파트 거주 시 겪은 층간소음의 문제점과 상호이해 및 포용, 배려심의 필요성
임플란트 이후(以後)	임플란트 체험기	이의 소중함과 임플란트 시술로 겪은 고충 및 번민	임플란트 시술로 체험한 이의 소중함과 장애우에 대한 동병상련의 정회
효행 일기	작가의 효행 사례	효행을 위한 자녀들의 역할 분담과 작가의 효행 사례	아버지에 대한 효행을 실천하기 위한 자녀들의 역할 분담과 일상에서 실천할수 있는 효행의 사례
약(藥) 타령	명약의 종류	생명의 소중함과 명약에 대한 관념	어머니의 약손과 침, 세월, 웃음, 울음, 시 한 편이 지닌 명약
마사이족 구두	어머니에 대한 효행	굽 높은 구두를 신어 어머니를 안심시키려는 효행	마사이족 구두를 신어 '배곯아서 키 작다'는 어머니의 근심을 덜어드리고자 하는 정성 어린 인식
수신사우 (隨身四友)	네 가지 사물	외출 시 꼭 챙기는 네 가지 소지품과 그 이유	외출 시 필히 챙기는 지갑, 휴대폰, 자동차 열쇠, 치간 칫솔과 이를 챙기는 사유
벚꽃 속의 하루	금오산 올레길 등반	아내와 함께 걷는 금오산 올레길에서 느끼는 행복감	금오산 올레길의 아름다운 자연과 주변풍광 묘사 및 고생 끝에 얻은 현재의 행복감과 안락감

6. '생각의 삽질'로 파종한 가족 간의 배려와 향토적 정서

　김예희 작가의 수필집 『생각의 삽질』에 상재된 작품은 제1부에서 주로 본인과 가족이야기에 국한되었다가 제2부에 이르러 자신을 포함한 주위로 시선이 확장되며 다양성을 드러낸다. 수필집 『생각의 삽질』의 표제작이기도 한 「생각의 삽질」은 교직생활 퇴직 후 귀의한 전원생활의 일상을 평면적 시각으로 그린 작품이다. 이는 아버지가 기력이 부쳐 묵혀둔 밭을 정년퇴임 후 소일거리 삼아 작물을 경작하는 일로부터 시작된다. 화제는 이내 오랜 옛날로 거슬러 올라 산자락 편편한 곳을 골라 잔디 캐고 돌과 자갈을 골라내어 땅을 일구던 시절로 회귀한다. 이에 백 평 남짓한 땅에서 갖가지 작물을 수확하며 느꼈던 한량없이 고맙고 정들었던 정서가 오버랩(Overlap) 된다. 이 정서적 환치는 상념의 정수리에서 다시 현재시제로 돌아와 얼마 전까지 국가공무원이었던 작가가 농사꾼으로 대물림하는 데 대한 아버지의 못마땅한 심회로 전환되었다가 작가 부부의 일관되고 지속적인 농사일로 행로의 귀착점에 안착한다.
　이 작품에서는 삽질에 대한 요령 터득 과정이 관심 있게 묘사되고 있다. 땅 속에 무지막지하게 삽을 들이밀어서는 안 되는 연유와 삽질이 일종의 땅과의 소통이요 상호작용이라는 결과론적 의미도출은 수필이 획득할 수 있는 가치 있는 체험의 결실이랄 수 있다. 또 이를 사람살이와 빗대어 동질적 상황의 의미에 연계시킴으로써 삶의 모든 과정이 삽질이라는 명쾌한 논리규명은 수필이 캐낼 수 있는 지순하고 지고한 가치덕목이라 할 수 있다. 들깨 모종을 할 때 아버지께서 밭에 나오셔서 모처럼 정겨운 이야기를 나누며 함께 밭일을 할 즈음, 시제는 다시 현재를 거슬러 과거로 소급된다. 중학교 재학 시 보리베기 할 때 아버지께서 '집에 들어가 공부하라'는 배려의 말씀이 작가에게 여태껏 깊이 각인되어 있었던 것이다. 이 부분에서 비 내리는 절절하고 탄력적인 정황묘사는 단연 실감 있게 작품을 역동적으로 운용하는 받침대의 역할을 착실히 수행한다.

이윽고 반가운 비가 내린다. 날씨 예보보다 다섯 시간을 앞당겨 후드득후드득 복을 뿌린다. 복비다. 약비다. 농작물한테 비보다 더 좋은 약은 없을 것이다. 온몸으로 비를 맞아들인다. 신명이 난다. 이제 못물을 뜨러 갈 필요가 없다. 모종을 바로 심으면 된다.

—「생각의 삽질」일부

맏며느리는 저녁거리로 정성껏 닭죽을 준비한다. 가족 모두가 이를 선호하지만 유독 아버지는 절대 예외이다. 그래서 아버지께 드릴 별도의 밥과 찬을 마련했는데, 혹여나 하여 며느리가 닭죽을 권하니 이를 금세 말끔히 비우신다. 아버지께서 오래 굳은 식성의 관습을 버리고 깊디깊은 생각의 삽질로 가족에 대한 배려의 진수를 보여준 것이다. 작가는 짐짓 며느리에게 져주시는 아버지의 의연한 모습에서 영화의 면류관을 발견한다. 이러한 배려는 가족의 끈끈한 유대관계를 형성하고 지속적으로 화목한 가정의 평화를 양산할 것이다.

7. 현대수필의 출발점에 대한 불편한 인식과 수필의 특성이 함유하는 과제

현대문학의 장르는 모두 명확히 그 출발의 기점(起點)을 지니고 있다. 현대시의 출발점은 1908년 최남선이 『소년』지에 발표한 권두시 「해에게서 소년에게」라는 신체시를 기점으로 삼는 데 이론의 여지가 없다. 현대소설의 출발점은 1917년 이광수가 〈매일신보(每日申報)〉에 연재한 최초의 장편소설 「무정」을 기점으로 삼고 있다. 그러나 현대수필은 작자와 연대에 대해 공유된 설을 지니고 있지 않다. 문학사의 뿌리가 부실하여 전통적 혈통에 있어 크나큰 취약점을 여과 없이 노출하는 것이다. 이에 수필계에서는 필사적으로 문헌을 뒤적여 박지원의 「열하일기(熱河日記)」에 '일신수필'이란 용어가 등장하는 사실을 발견하고 일신수필이 등장하는 일자인 7월 15일을 '한국수필가의 날'로 지정하여 운영하고 있다. 그러나 청나라 고종의 칠순 진하사(進賀使)로 북경과 열하를 다녀온 사신의 일기체 기록문인 「열하일기」는 한문 기행문으로 쓰인 문헌이라서 여전히 설득력이 부족한 문제점을 지닌다.

수필의 제반 특성 중에서 '비전문적'인 요소와 '무형식적'인 요소라는 규명이 수필의 가치와 의미를 절하하고 품격을 폄하시키고 있는 것도 사실이다. 수필을 지칭하여 피천득 선생은 '붓 가는 대로 쓰는 글'이라 했고, 김광섭 선생은 '무형식이 그 형식적 특성'이라고 언급한 바가 있다. 이에 일부 논자들은 수필은 태생적인 출발점의 한계와 붓 가는 대로 쓰는 무형식적인 글, 상상력이 결핍된 신변잡기적 기술이라는 오명을 씌워 이를 평가절하하고 있다. 이에 수필가들은 보다 탄력적인 지식과 필력(筆力)으로 참 수필의 묘미를 발굴하고 수준 높은 작품을 창작함으로써 일부 문인의 그릇된 의식을 개선 재정립하고자 하는 사명을 지녀야 할 것이다.

수필은 관조(觀照)의 문학이고 삶과 사물을 통찰하는 글이다. 수필은 마음의 산책이요 독백의 문학이다. 수필은 자아성찰을 통해 삶의 의미와 가치를 창출하는 문학이다. 수필은 인간의 삶과 가장 근접한 문학이되 인생을 투시하는 맑고 투명한 거울과 같은 글이다. 수필은 생활의 깨달음과 달관 및 철학성을 지니는 글이다. 수필은 느낌이고 여과이며 생성의 글로서 여운이 긴 문학이다. 수필은 '누구나'의 문학이나 '아무나'의 문학은 아니다. 수필은 사진찍기가 아니요, 초상화 그리기와 같은 개념의 문학이다. 수필은 접근성이 용이하나 완성도가 어려운 장르의 문학이다. 수필은 가을들판에 선 들국화나 연못에 가만히 피어나는 연꽃과 같은 글이다. 고고(孤高)하되 결코 화사하지 않으며 진흙바탕에 뿌리를 두되 은은히 향기를 지피는 문학이다. 이에 작가들은 프랑스 소설가 에밀 졸라(Zola, Emile)가 글쓰기를 연마할 때 쓴 원고분량이 자기 신장의 한 길을 넘었으며 소동파가 「적벽부」를 쓸 때 다듬은 글의 분량이 세 광주리가 넘었다는 사실을 유념해야 한다. 괴테 역시 창작과 관련하여 '요즘 작가들은 잉크에 너무 많은 물을 타서 쓴다.'고 일갈한 바 있다.

수필은 시와 소설의 중간지대에 위치하는 문학이다. 시는 상상력이 바탕이 되는 문학으로 갱도(坑道)의 문학이다. 인생과 삶의 문제를 깊이 있게 통찰하고 천착하여 의미를 채굴해야 하는 문학인 것이다. 시는 보물찾기이며 숨은 그림 찾기이다. 이는 본질적 의미를 행간에 깊숙이 은폐하는 문학이고 그렇게 감춰진 의미가 많을수록 좋은 시로 평가되는 글이다. 때문에 시는 자연히 태생적으로 난해할 수밖에 없다. 시는 독자에 따라 해석의 여지가 많기에 다양한 감상이 가능하고, 따라서 반복하여 음미하며 탐독해야 하는 특징의 글이다.

소설은 단숨에 답파하기에 벅찬 분량의 글이다. 긴 숨으로 찬찬히 호흡을 고르며 탐독해야 하기에 일상이 바쁜 현대인에게 그다지 적합하지 않은 특징을 지니고 있다. 수필은 체험을 바탕으로 하는 평원의 문학이다. 시처럼 깊이를 추구하기보다는 드넓은 대지를 지향하는 장르의 문학이랄 수 있다. 또한 수필은 일독하여 주제와 내용의 판별이 가능하므로 시처럼 반복하여 읽지 않아도 되고 소설처럼 탐독에 많은 시간을 투입할 필요도 없다. 수필은 사유에 있어 시나 소설보다 중압감을 느끼지 않아도 되는 편안한 문학으로서 현대특성에 적합하기에 논자들은 앞으로 문학계에 수필의 시대가 도래할 것으로 예단하고 있다. 그러나 아무리 여건이 상황에 적합해도 선결과제는 역시 좋은 수필의 창작일 것이다.

8. '황소걸음으로 여기까지' 뚜벅뚜벅 걸어온 인생의 역정

김예희 작가의 수필집 『생각의 삽질』에 상재된 제3부 작품은 교육실습과 교육자로서 체험했던 일화, 아이들에 대한 올바른 교육방법, 자연에 동화된 생활, 효행 및 가족에 대한 사랑 등으로 의미영역이 확장된다. 제3부 표제작 「황소걸음으로 여기까지」는 작가가 고심 끝에 꺼내놓는 교직생활의 편린을 담고 있다. 교직생활의 종결부에서 시류에 휩쓸리지 않고 우직하게 황소걸음으로 걸어온 세월의 족적을 되새겨 담담히 풀어놓고 있다. 교직선택에 대한 만족감과 평생직장의 보람, 이를 통한 가난 탈피와 가르치는 보람에 대한 충만감이 선연히 드러난다. 김예희 작가의 수필집 『생각의 삽질』에 상재된 제3부 작품을 정리하면 다음과 같다.

작품명	제재	주제	전개 양상
돌발 상황	연구수업 예화	연구수업 시 발생한 돌발 상황과 오랜 후 해당 학생과의 조우	연구수업 시 학습지도안에 예정되지 않은 돌발 상황 발생 내용과 오랜 후 해당 학생을 조우한 경험담
비상을 위한 화려한 날갯짓	교육실습 과정	교직에의 꿈과 이를 실현해 가는 과정에서 가졌던 순수한 열정	교육자로서의 소망 실현과 교육실습 시 지녔던 순수하고 열정적인 탐구활동
손님	월간 『문학세계』 손님맞이	수필가 등단 후 문학 손님을 맞이하여 가졌던 일의 소회 및 주변 관광 이야기	문단의 등단과 아호 짓기에 의해 월간 『문학세계』 손님을 맞이하여 가졌던 심야대담과 예천 소재 문화재 탐방
못 돌이	아파트 이사	자연이 아름다운 전원으로 이사하여 누리는 생활의 만족감	전원으로 이사하여 만끽하는 아름다운 자연의 풍광과 여유로운 사색의 즐거움 및 정서적 만족감
황소걸음으로 여기까지	교직생활의 편린	우직하게 황소걸음으로 지낸 공직생활의 세월과 교직에서 가지는 삶의 보람	공직생활의 마무리 즈음에 가지는 염원과 시류에 휩쓸리지 않고 우직하게 살아온 세월, 교직을 통해 성취한 보람 있는 일들
우리 아이 좋은 품성 기르기	공부와 품성	아이에 대한 격려와 사랑의 필요성	부모와 자녀 사이의 상호작용 및 아이 교육 시 부모가 가져야 할 제반의 태도들
함박웃음과 눈물방울	가족 관계 이야기	가족 간의 관계 형성과 부모의 자식 사랑 및 자녀의 부모에 대한 효행	가족 간의 사랑 공동체 형성과 부모에 대한 효행 및 부모가 자식에 대해 가지는 극진한 정성과 희생

(계속)

작품명	제재	주제	전개 양상
이유 있는 판정패	손자와의 흥겨운 놀이	자연휴양림에서 가지는 가족 간의 화목과 손자에게 져주는 놀이의 행복감	여름휴가 때 자연휴양림에서 겪은 가족 간의 화목한 유대강화와 손자와의 놀이에서 일부러 져주는 행복감
유학산 등정기	아내와의 등산	아내와 함께 산행하면서 접하는 아름다운 자연의 풍광과 아늑한 정취	유학산 등정과정에서 느끼는 자연에 대한 아름다운 정경과 아내와의 오붓한 정회
들국화 사랑	여학생의 편지	백일장 참가의 연으로 받은 이름 모를 여고생의 편지와 오랜 그리움	백일장 참가 후 받은 미지의 여고생 편지와 그녀에 대한 애틋한 그리움의 정서
별명 소고(小考)	학생들이 붙여준 별명	교직생활 시 학생들이 붙여준 갖가지 별명과 학생들에 대한 그리움	학교별로 학생들이 붙여준 별명과 그에 관한 에피소드 및 그 시절 학생들에 대한 그리움의 정서
봉두암산 비록(秘錄)	봉두암산 등정기	아내와 함께하는 봉두암산 등산과정에서 만난 자연의 모습과 사색	봉두암산을 오르면서 바라본 자연의 모습과 그에 대한 정회 및 교직생활에 대한 감회

9. 추억의 갈피에 고이 접어둔 청순하고 아름다운 '들국화 사랑'

김예희 작가의 수필집에 상재된 작품 중에서 「들국화 사랑」은 수필로서 주목되는 작품이다. 이 작품은 수필이 지녀야 할 제반요건을 두루 구비하여 충족하고 있으며 작품에서 은은히 지피는 향기가 멀리까지 번져 감미롭게 여운을 끌어간다. 작품을 여는 이야기의 발단은 백일장 행사로서 작가에겐 이미 오랜 세월이 경과한 해묵은 이야기이다. 이는 작가가 고등학교 때 겪은 이야기지만 그 이야기의 색채는 이순을 넘긴 지금도 현재형으로 진행되는 청량감과 신선함을 지닌다.

작가는 백일장 행사 후 미지의 여고생이 보낸 한 통의 편지를 전달받는다. 서신의 주인공은 중학교 때부터 작가를 알고 있으나 이를 이룰 수 없는 사랑이라 여겨 시작하지 않으려 애썼다는 내용을 적고 있다. 그러다가 백일장에서 작가를 보고 망설이다가 편지를 우체통에 넣는다고 서술하고 있다. 작가는 편지의 주인공을 알지 못한다. 마음이 들뜨고 공부와 일에 집중할 수 없어 편지에 적힌 K라는 이니셜의 주인공을 알아내려 노력했으나 종래 헛수고로 끝난다. 필자는 서신의 마지막 구절을 통해 편지의 주인공이 대단한 문학적 소양을 지닌 총명한 여고생일 것으로 인지하고 적잖은 정서적 감회와 놀라움을 금치 못한다.

> 희야! 저 들판에 노랗게 핀 들국화가 숨 가쁘게 져가는 날, 나는 또 너를 위해 한 장의 노트를 장식하마.

—「들국화 사랑」 일부

그 여학생은 지금 어디에서 어떤 모습으로 살아가고 있을까. 그녀는 지금도 그때 지녔던 청순하고 순결한 사랑의 연정을 가슴 한 편에 가만히 간직하고 있을까. 이는 작가의 관심사이자 필자의 관심사이기도 하다. 작가는 얼굴을 모르면서도 평생 동안 그리움으로 점철하는 이 여인에 대해 '시간이 쌓여 세월의 강으로 흘러 내려도 잊을 수 없는 한 여인'이라고 술회하고 있다. 필자는 그 여인이 언제까지나 세월의 강을 건너며 영원히 아름다운 모습으로 살아가길 소망한다.

10. 김예희 교육장과 함께 엮은 유의미한 시간의 타래들

김예희 작가가 예천교육지원청 교육장으로 재직하고 있을 때 현지를 방문한 적이 있다. 이는 김예희 작가의 작품 「손님」이란 수필에 그대로 적시되어 있다. 김예희 작가가 월간 『문학세계』에 수필문학으로 등단한 지 백여 일 되는 시점이다. 필자도 작가처럼 교육계에서 평생 동안 학생들을 지도해왔고, 관리직을 역임했으며 문학의 길을 함께 걷고 있는 처지라서 김예희 교육장과의 만남은 아주 각별하고 유의미한 일이었다.

밤새 격의 없이 마주하여 술잔에 달그림자를 띄워 마시고 별들의 합창소리를 들으며 문학을 얘기했다. 그리고는 김예희 교육장의 거처에서 주안상을 앞에 놓고 쓰러져 잠들었다. 이튿날, 이른 아침에 쓰린 속을 감싸 쥐고 예천지역의 명소들을 찾아 나섰다. 천연기념물 석송령을 만나고 삼강주막에 들르고 회룡포를 찾았다. 속눈썹 그윽하고 민낯 피부가 풀꽃처럼 생기 찬 여인의 복집에서 해장을 하고 해질녘, 옴팡한 용궁 순대국집에서 순대로 순대를 채웠다. 필자는 그 내용을 졸저(拙著)인 시·수필집 『길에서 만난 풍경』 중 「예천 가는 길, 봄이 물큰하더라」 편에 세세히 수록하였다. 필자가 글의 말미에 적은 순대국집 이야기는 다음과 같다.

적당히 불편한 구식 건물에 적당히 허름하여 적이 마음이 편안한데다 순대와 오징어가 가히 별식이다. 매운 맛이 극한점까지 치닫는 음식은 시각적 감각만으로도 땀을 뻘뻘 쏟게 한다. 일상생활의 주변에서 통상적으로 먹어온 음식 맛이 아니다. 매운 맛을 삭이면 그 속에 결결이 녹아든 또 다른 감칠맛이 진하게 여운으로 남는다. 매운 맛이 음식의 외형적인 일차 맛이라면 그 속에 녹아든 상큼하고 깔끔한 맛은 음식의 본질을 형성하는 이차 맛이랄 수 있다. 맛 속의 맛, 이는 바로 예천이 지닌 참 문화의 특성이기도 하다. 예천은 표피의 내부에 또 하나의 뜨거운 속살을 지닌다.

― 최병영, 「예천 가는 길, 봄이 물큰하더라」 일부

11. '배려와 용서'로 갈무리하는 교육자로서의 삶

　　김예희 작가의 수필집 『생각의 삽질』에 상재된 제4부 작품은 '배려와 용서에 대하여'로 마무리 수순이 정리된다. 인간의 삶은 다양한 색채와 형태로 모자이크(Mosaic)된 것들의 채움과 비움이 지속적으로 점철되며 마무리된다. 이에는 작가가 관리직 재임 시 겪은 사례, 주위 교육자의 퇴직에 따른 축사 및 격려사가 주조를 이루고 있고, 마무리 부분에 작가의 문학관을 부록으로 달아 수필집을 집대성하고 있다. 수필집 제4부 '배려와 용서에 대하여'에 수록된 작품을 대별하여 정리하면 다음과 같다.

작품명	제재	주제	전개 양상
가정으로 돌아가는 자유인	지인의 퇴임 축사	지인의 교장 정년퇴임에 대한 축사	퇴임 교장의 다채로운 경력과 헌신 봉사 및 양궁에 대한 사랑 및 교육계를 밝힌 열정의 불꽃
역전승 (逆轉勝)	교육장 재임 시 일화	역전승에 대한 개념 정리와 양궁선수의 역전승에 따른 환희	교육장 재임 시절 양궁경기에 대한 응원과 우승을 바라는 간절한 기도 및 염원
쌀과 꽃	교원인사 시 축하방법 개선	교원인사 시 꽃을 쌀로 대체하여 축하한 사례와 그 의미	교원인사 시 쌀을 축하물로 전하는 방법 개선과 쌀이 지니는 소중한 의미
이차선 (二次線) 인생	승용차 주행 시 준수사항	승용차 운전 시 이차선 준수 사유와 이차선이 갖는 인생의 의미	운전교습 결행 사유와 승용차 주행 시 이차선을 준수하는 관습 및 이차선의 의미
배려	교장 재직 시 일화	학교 방문객에 대한 정성어린 전송과 내방객에 대한 배려	학교 방문객에 대한 주차장까지의 전송과 손 흔들기, 내방객에 대한 정성과 역지사지로 배려하는 마음
용서에 대하여	당숙 가게에서 지폐를 훔친 이야기	어렸을 때 당숙 가게에서 지폐를 훔쳐 과자 사먹은 일과 이에 대한 사죄	당숙 구멍가게에서 지폐 훔쳐 과자 사 먹은 일과 성인이 된 후 병석을 찾아 사죄하고 용서를 구한 이야기

(계속)

작품명	제재	주제	전개 양상
끌리는 사람 도봉 선생, 그에겐 빛깔이 있다	도봉 선생 정년 퇴임 기념문집 게재 글	도봉 선생이 지녔던 친화력과 지도력 및 기획력에 대한 예찬	형님으로 모시며 존경하는 도봉 선생의 풍모 및 친화적 인간성과 업무수행 능력에 대한 칭송
떠나도 영원히 남을 사람	친구 교장의 정년퇴임	친구 교장의 정년퇴임과 그가 걸어온 발자취에 대한 조명	퇴임교장의 따뜻한 리더십과 친화력에 대한 예찬
벌초(伐草)는 소통이다	묘소의 벌초	벌초는 정성이고 선조와 후손 사이의 상호작용이며 소통임	부모님 가묘와 조상의 산소에 대한 벌초 및 대행 전문업체에 일임하는 시대풍조에 대한 안타까운 심회
예천인으로 산다는 것	석송령과 예천의 유적지	석송령과 예천 유적지처럼 기품 있게 예천인의 혼을 간직하고 살려는 마음의 의지	예천의 석송령과 각종 유적지처럼 청렴정직하고 학생 교육에 전력을 다하며 예천인의 얼을 가지고 살겠다는 다짐
행복한 경영	교육회원에 대한 새해 인사말	국가경쟁력을 갖추고 위상을 드높일 갖가지 교육계 현안과 해결방안	교내외 학생 생활안전과 폭력방지, 학교장 및 교직원의 근무자세 확립 필요성
하늘을 날고자 꿈꾸는 사람에겐 날개가 돋는다	교육장으로서의 인사말	예천 교육가족과 학부모 및 지역민에 대한 인사말	예천 교육가족 및 학부모, 지역주민이 지녀야 할 자긍심과 사랑, 믿음의 학교교육 강조

12. 김예희 작가의 수필작품 및 작품세계 진단

김예희 작가의 수필집 『생각의 삽질』에 상재된 제반 작품을 망라하여 살펴본 작가의 작품 및 작품세계는 다음과 같이 정리할 수 있다.

(1) 김예희 작가는 입체적 파장의 문학적 사고와 스펙트럼(Spectrum)을 지닌다.

　김예희 작가가 지닌 문학적 사고는 치열하며 가시광선(可視光線)으로 투시하는 스펙트럼의 영역은 대단히 확장적이다. 작가는 체험했던 사실과 사고(思考)의 정수리에서 본질을 들추고 핵심을 열어 조명함으로써 특수한 것을 보편적인 것으로 분해, 조합하여 세인(世人)과 함께 공유한다.

(2) 김예희 작가의 주요 작품 테마(Thema)는 가족 사랑이다.

　김예희 작가의 작품 상당수는 가족에 그 기저(基底)를 두고 있으며 이는 곧 창작의 중심과제에서 사랑을 테마로 하여 효성과 화목, 헌신과 감사, 이해와 순응 등의 갖가지 덕목으로 분화하여 작품 전체의 혈맥을 이루고 작품을 관류하며 지탱하는 주요 자양분으로 작용한다.

(3) 김예희 작가의 작품을 지배하는 초기 정서는 우울이다.

　김예희 작가의 작품 상당수는 도입부 부분에서부터 우울을 정조로 하여 출발한다. 우울은 주로 가난에서 기인한 것이고, 이는 지난날 우리 민족이 숙명처럼 떠안아야 했던 공통과제이다. 작가의 작품은 중반에 이르러 암울하고 음습한 회색빛 정서를 탈각하고 밝고 환한 양지를 지향한다. 그러기에 우리는 김예희 작가의 작품에서 풍기는 향취와 변이의 족적을 따라가며 이를 음미하고 즐거이 미소 지을 수 있다.

(4) 김예희 작가의 작품에는 감명어린 성취가 있다.

　김예희 작가는 전 생애를 교육계에 헌신한 입지전적 인물이다. 고비 때마다 고난과 어려움을 슬기와 인내로 극복하고 매진하여 꿈과 소망을 성취해 왔고, 이는 원형질 그대로 고스란히 그의 작품에 투영되어 가치 있는 덕목으로 핵심 줄기를 형성한다.

(5) 김예희 작가의 작품에는 교육에 대한 열정이 있다.

김예희 작가의 작품 상당수는 교육현장과 교육문제를 다루고 있다. 이들 작품들은 현재 우리 교육의 당면과제를 다면적 프리즘(Prism)으로 진단하고 문제점을 드러내어 해결방안을 모색한다. 작가의 교육관련 작품마다에서는 교육에 대한 따스한 열정과 제자에 대한 도타운 사랑이 한 덩이를 이루며 거푸집에서 용해되어 휴머니즘(Humanism)으로 발현한다.

(6) 김예희 작가의 작품은 진솔하고 사실적이다.

김예희 작가의 작품을 이끄는 화제의 주요 골격은 주로 체험에서 연유한다. 이는 수필이 지닌 본질적 특징이기도 하다. 작가체험을 사실대로 묘사하여 진술함으로써 글에 대한 신뢰성을 강화하고 독자의 공감을 견인한다.

(7) 김예희 작가의 작품은 보편적이고 담백한 언어로 그려진다.

문학은 가치 있는 인간체험의 기록이다. 때문에 인간의 삶을 담은 문학이란 거대한 집합체의 덩어리는 문학적 전통의 바탕에서 언어를 수단으로 용해해야 한다. 김예희 작가가 구사하는 언어의 품결은 정적(靜的)이면서도 담백하다. 일부러 치장하여 꾸미거나 미사여구로 포장하지 않기에 사실적인 글이 더욱 사실적으로 투영된다.

(8) 김예희 작가의 작품에는 철학적 명제가 담겨 있다.

김예희 작가의 작품은 요소요소에 철학적인 명제를 배치하고 있다. 이를 일부 발췌하여 적시하면 다음과 같다.

- 우리들이 살아가면서 체득하는 원리 중 한 가지는 남을 '축복'하면 내가 '행복'해진다는 것이다.

　　　　　　　　　　　　　　　　　　　　　—「딸의 혼사」중에서

- 채우며 비우는 것은 부지불식간에 일어나는 기억의 자리바꿈이다. 그것은

마음의 세포들을 살려내며, 생각의 혈맥을 확 뚫어주는 신비이다.
—「채우며 비우기」 중에서

- 그 맛과 향기는 꿀과 같고 그 빛깔은 매혹적이어서 신(神)의 은총으로 착각이 될 정도로 위장하여 다가오기 일쑤다.
—「유혹 이제(二題)」 중에서

- 무지개 양말은 우리 부부에게 하늘이 내려준 사랑의 리트머스 시험지라 생각된다. 양말 속에는 우리 부부를 이어주는 찬란한 무지개가 들어 있다.
—「무지개 양말」 중에서

- 대자연의 이치를 터득하고 순리로 대응할 줄 알아야 인격자라 할 만하다. 폭염도 필요하고, 태풍도 필수적인 요소이다. 자연은 항상 순환한다. 그 순환 주기를 읽어내는 능력을 길러야 한다.
—「혹서기(酷暑期)를 지내며」 중에서

지금까지 김예희 작가의 수필집 『생각의 삽질』에 담긴 전반적인 작품과 작품세계를 들여다보았다. 그는 수필집에 부록으로 담은 〈나의 문학관〉에서 "나는 사람들의 삶의 질을 높여주고 얽히고설킨 세월의 실타래를 선하게 풀어내는 일에 열중하고 싶다. 갈등을 치유하고 용서, 화해의 길을 걸으며 더욱 따뜻하고 밝은 세상을 만들어 가는 데에 기여하고 싶다."고 한 바 있다. 이에 담긴 작가의 언사는 작품의 창작방향과 작품화하고자 하는 글의 성향을 명징하게 파악할 수 있는 중요요소로 파악되어 이를 액면대로 열거하며 김예희 작가의 수필집에 대한 필자의 평설을 갈무리하고자 한다.

다시 한 번 김예희 작가의 첫 수필집 『생각의 삽질』의 출간을 진심으로 축하하고, 앞으로도 꾸준한 건필로 삶의 심층적 본질을 탐구하고 향기로운 수필창작으로 이 땅의 수많은 메마른 가슴들을 흥건히 적셔주시기를 간절히 소망하고 축원한다.

| 나의 문학관 |

삶을 재조명하여
존재의 향기를 찾는 수필 미학

1. 문학에 쏠린 젊은 날의 편력

문학에 대한 나의 애정은 중학 시절 줄곧 문예반 활동을 한 데에서 비롯되었다. 시에 심취했고 학교 신문의 단골 투고자였다. 교내 백일장에서 장원을 차지하고 선생님의 칭찬을 들으며 시 짓기에 재능이 있다고 자신을 믿었다. 모작에 빠져 있던 기간도 마냥 즐겁고 행복했으니 문학 지망생으로서 흔히 겪는 열병을 앓은 것이다.

고교 시절에는 월간 문예지 『학원』을 구독하면서 시 한 편을 싣고 싶어 안달이 났다. 3학년 때에야 비로소 꿈을 이루었다. 글제는 「사랑은」이었다. 연애를 해 본 적은 없는데 짝사랑의 그리움을 형상화한 작품이다. 여기에서 용기를 얻어 대학 입시를 코앞에 두고서도 아랑곳없이 큰일을 저지른다. 그림에 소질이 출중했던 급우 백원일(현재 미국 거주, 선교사) 군과 의기투합하여 개인 시화전을 개최한 것이다. 전시 장소를 물색하다가 친구 부친이 경영하는 '시온다방'에 작품 24편을 전시했다. 다음 날 학생과장 선생님께 불려가서 실컷 꾸중을 들었다. 사유는 두 가지다. 사전 신고를 하지 않았고, 학생 신분에 다방에서 전시회를 개최한 것이 당치 않다는 질책이었다. 다행히 전시회 중단은 면했다.

하교하면 곧장 전시회장으로 가서 밤늦은 시간까지 머물곤 했다. 많은 분들이 방명록에 격려의 글을 남겨 주셨다. 손님 중에는 나래시조문학회 초대회장이신 故 정석주 님도 계셨다. 회장님은 '나래' 동인으로 합류할 것을 권했지만 장르가 다르고 고등학생 신분이어서 응하지 못했다. 대신에 회장님이 개최한 전시회(예천군 풍양면의 모 다방)에는 답방 형식으로 찾아가서 환대를 받았는데, 1966년 '나래' 초창기의 열정과 창작 활동의 에너지가 전해졌다.

한 주간의 전시가 끝날 무렵, KBS 점촌방송국 기자께서 취재하러 오셨다. 시화전 수익금 1만 원을 고아원에 기부할 뜻을 밝히자 며칠 전 읍내에서 생활고를 비관해 자해 소동을 벌인 딱한 가정이 있다고 일러 주신다. 그리하여 생활고로 힘겨워하시는 독거노인 가정에 먼저 쌀 한 가마를 사 드리고 나머지를 고아원에 제공하기로 정했다. 초겨울 하오 3시 경에 경찰 백차에 쌀을 싣고 친구와 내가 탔다. 경찰차는 대낮인데도 라이트를 밝히고 비상벨을 울리며 거침없이 달려 외곽지 농촌 마을의 골목에 닿았다. 쌀가마를 방문 앞에 내려놓으니 아주머니께서 나오셨다. 영문도 모르고 학생들한테서 귀한 쌀을 받는다면서 고마워하셨다. 이튿날에는 고아원 원생들이 쓸 학용품을 전달하였다.

우리의 작은 선행으로 방송국에 초대 받아 인터뷰를 하고 〈하오의 음악〉이란 프로그램에 편성되어 내 고장 소식으로 전파를 타니 잊을 수 없는 추억이다. 문학에 쏠리는 마음 때문에 공부를 등한히 하여 담임선생님께 걱정을 끼쳐 드렸지만, 시화전을 통해 얻은 성취감과 보람은 학교 바깥에서 맛본 인생 수업이요, 빛나는 상급이었다.

대학교 입학 이후에는 『현대문학』지를 애독하며 등단의 포부에 젖었다. 사범대학에 재학했으니, 교육학 및 전공 공부에 열중하고 문학 공부는 과외의 취미 활동이었다. 게다가 아르바이트에 밤 시간을 할애했으니 시 쓰는 일에 몰입할 수는 없었다.

간혹 학교 신문에 시를 발표하면 당시 인문대학 교수이신 故 김춘수 시인께서 평을 해 주셨다. 되돌아보면 이미 결부에 너무 용을 쓴다는 촌평을 들었던 것이 생각난다. 같은 캠퍼스 안에 있으면서 한 번도 찾아뵙지 못한 것이 마음에 걸린다. 『새생명』이란 기독교 월간지도 즐겨 구독했는데, 독자 투고란에 게재된 시에 대해 황금찬 시인께서 시평을 적어주셨다. 몇 차례 지도 조언을 받은 경험이 큰 보탬과 자랑거리가 되었다.

두 분의 가르침을 지면으로 나마 접했는데도 대학생 신분으로서 등단하겠다는 꿈을 이루지는 못했다. 내겐 시 공부보다도 중등학교 교사로 취직해서 가세(家勢)를 일으키는 것이 급선무였으니 아쉽지만 후회스럽지는 않다.

김영진 문학관 개관식 때 황금찬 시인과 반가운 인사(2011)

중학교 교사로 발령받자 수업과 업무 및 생활지도에 쉴 틈이 없었다. 당시에는 다달이 저축 금액 수납과 분기별로 공납금을 받아내는 일까지 담임 몫이었다. 봄날 늦은 밤, 목련을 소재로 시 한 편을 구상하는데 도대체 집중이 되지 않는 걸 어찌하랴. 공납금을 기한 안에 못 낸 아이들, 교통사고로 아버지를 잃은 학생, 부모를 여의고 언니 밑에서 힘든 나날을 버티는 자매 등 상처 입은 제자들 생각에 눈물만 하염없이 흘러 내렸다. 학급 경영에 관한 온갖 상념으로 시상이 잡히지 않았다. 그날 밤 시인의 길과 교육자의 길을 병립할 수는 없다고 결론을 내리게 된다. 그리곤 절필했다. 요즈음엔 '멀티플레이'를 추구하는 것이 대세이지만 교육계에 투신하여 사명감으로 충만했던 그 당시에는 그럴 여력이 없었다. 가고 싶은 길 하나를 접어야만 했다.

2. 수필 문학으로 컴백한 천재일우의 사연

김천여자고등학교에 근무할 때(1986년)이다. 시조시인 노중석, 이강룡 선생님과 한 직장에서 생활하면서 시심이 다시 불타올랐다. 동료들의 권유로 '김천시문학동인회'에 합류했다. 권숙월 시인, 민경탁 시인도 동인이었다. 두

해 동안 동인지에 작품을 싣고 회원들끼리 작품전시회도 열었다. 하지만 이번에도 등단의 꿈을 이루지 못했고 천부적인 재능이 없음을 자인하며 다른 학교로 전근을 가자마자 자연히 시작(詩作) 활동을 접게 되었다. 그 대신 좋은 시를 널리 전하는 일에 힘을 써왔다.

다행히 수필 문학으로 컴백할 천재일우의 기회를 만났다. 교육장으로 재직할 시절이다. 경영 쇄신을 위해 매주 목요일, 직원 동아리 활동을 추진했다. 퇴근 직전에 한 시간여를 할애하여 친목 모임을 갖기로 하고 등산, 탁구, 테니스 등 3개 분야로 나눠 희망을 받아 친목 활동을 시작했다. 넉 달째 잘 추진되다가 지뢰밭에 봉착했다. 나는 테니스 부서에서 운동했는데, 공무원이 근무시간에 운동을 한다고 어느 주민이 언론인한테 제보하여 도 단위 지방신문에 기사화된 것이다. 우리 기관의 조직 문화 활성화에만 치중하고 지역 정서를 감안하지 못한 근시안적인 경영관이 사달을 내고 말았다.

기관장으로서 몹시 창피하고 소임을 제대로 감당하지 못한 것을 자책했다. 신문기사에는 우리 교육지원청의 좋지 않은 면을 두 차례나 더 부각시켜 이미지를 훼손시켰다. 본의 아니게 오해를 산 부분을 바로잡고 왜곡된 보도내용을 해명할 방안을 궁리했지만 묘안을 찾아내지 못하고, 속절없이 세월만 축내며 전전긍긍했다.

그러던 어느 날, 글을 써서 신문에 기고하면 되겠다는 생각이 불현듯 스쳤다. 기관장으로서 타관에 와 있으면서 얼마나 지역을 사랑하고 지역민을 위해서 교육정책을 잘 실현하려고 애쓰는지를 생생하게 적어서 지역 언론사에 보냈다. 신문사 사장님한테서 전화가 걸려왔다. 교육장이 기고해 주어서 고맙다는 인사와 함께 다달이 정례적으로 기고를 해 달라고 요청하신다. 내 글이 신문에 게재된 이후에 성원과 격

▎KBS〈도전 골든벨〉명예의 전당에 등극한 김태우 군 격려(2011)

려를 보내주시는 분들이 늘어났다. 교육지원청에 대한 오해와 불신도 점차 해소될 기미가 보였다.

이 무렵에 지역의 고등학교 3학년 학생이 제82대 KBS 〈도전 골든벨〉 명예의 전당에 등극하고 여중 2학년 학생이 제48회 전국자유수호웅변대회에서 대통령상을 수상하는 겹경사가 일주일 간격으로 있었다. 이로 인해 지역 교육행정에 대한 신뢰도가 원래대로 회복되고 축하와 격려가 쏟아졌다. 진인사대천명이란 경구가 마음에 와 닿았다.

교사독서연구회 초청 글쓰기 특강(2011)

두 달간의 힘든 고비를 견디어 내고 수렁에서 빠져나오니 광명의 새 빛이 나를 맞아주었다. 한국문인협회 예천지부장이 회원 가입을 적극적으로 권한다. 정식 회원이 되었다. 권오휘 지부장은 연이어 수필 부문에 등단할 것을 제의한다. 그 정성이 고마워 여섯 달 동안 작품을 생산하고 그 중 3편을 골라 월간 『문학세계』에 보냈다. 2011년 11월호에 졸작 「눈물 나이테」가 당선되어 신인문학상을 받으니 하늘이 내려주신 늦복이었다. 뿐만 아니라, 수필가로 등단한 이후에 교사독서연구회 초청 특강을 비롯해 학생 비전 교육과 학부모 대상 자녀 교육 특강 등에 여러 차례 활약하게 되니 그야말로 전화위복이라 할 만하다.

3. 중등학교 교과서에서 만난 수필 문학의 꽃

수필로 등단하니 중등학교 국어 교과서에 수록된 저명한 작가들의 수필을 가르친 경험이 새록새록 되살아났다. 이양하 님의 「신록예찬」, 피천득 님의 「인연」, 김진섭 님의 「백설부」, 김소운 님의 「가난한 날의 행복」 등 수많은 작품을 다루었다. 수필 문학의 아름다움에 푹 빠져 가르치며, 글 속에 녹아 있는 형식의 균제미에 반했다.

교과서에 실린 글은 시험 출제의 대상이니 수필도 예외일 수는 없다. 문학 감상 수준을 넘어서 글의 분석적인 면까지 손을 대다 보니 진정한 감상이 아니라, 수필의 본령 및 작가의 의도와 달리 지도하고 평가한 면이 있었을 것이다. 때늦은 반성을 하게 된다.

정선교 회장 일행과 예천문인의 뜻깊은 만남 (2012)

흔히 수필을 쉽게 쓰이는 글로 인지하고 있다. 무형식의 형식이라는 특성을 이야기한다. 수용할 수 있다. 무슨 내용이든지 가릴 것 없이 수필의 제재로 삼을 수가 있다. 인정한다. 하지만 수필이라는 그릇에 담을 내용은 수필 특유의 향긋함이 묻어나야 된다고 생각한다.

마땅한 주제의식이 있는지, 수필이란 옷을 입혀도 손색없는 이야깃거리인지 꼼꼼히 짚어 보아야 할 것이다. 이러한 전제는 교과서 수필을 지도하는 과정에서 스스로 깨우쳤다. 신변잡기를 수필 형식으로 담아낼 수는 있겠지만 진정한 수필이라고 이름표를 달아줄 수 있을는지 동료 작가와 독자들 앞에 항상 평가 과제로 남는다.

4. 사람과 일에 초점을 맞춘 실험 정신

글 쓰는 이의 인생관, 가치관, 세계관 등이 고스란히 문학관으로 이어진다고 본다. 문학관이 별도의 소행성처럼 존재하지는 않을 것이다. 학교장으로 소규모 학교에 발령을 받았을 때다. 주민들 사이에서 공공연하게 폐교의 당위성이 회자되고 있었다. 따라서 주민들의 협조가 있어야만 학교를 제대로 경영할 수 있다는 진단이 내려졌다. 고을의 면장, 초등학교 교장, 농협지점장, 우체국장 등 유지들을 뵙고 협조를 구하는 한편, 학부모와 지역민 대상으로 교육 홍보에 나섰다. 선생님들은 수업 활동에 성심성의를 다하고 학교장인 나는 세일즈맨처럼 지역을 섬기는 일에 매진했다.

그러다 보니 세상의 두 축(軸)이 선명하게 눈에 들어왔다. 바로 사람과 일이었다. 여섯 달 노력한 끝에 지역민의 마음을 돌리는 데 성공했다. 전교생 32명을 46명으로 끌어올렸고, 다시 일 년 뒤에는 재학생 52명으로 발돋움하였다. 언론사 기자들이 성공 사례라고 치켜세우며 취재하러 들락거렸다. 인인성사(因人成事)라는 말대로 남과 더불어 협업해야 목표치를 이룰 수 있음을 체득했다. 세상의 절반은 사람이요, 다른 절반은 일이라는 소신을 갖게 되었다. 십여 년 전에 겪은 교훈이다. 이 경험이 나를 성숙하게 만들어 주었고 행복하게 변화시켰다.

수필이란 그릇에 무엇을 담을까? 사람과 일을 담는다. 열 길 물속은 알아도 한 길 사람 속을 짚어내기는 어렵다. 행복지수는 공존지수요, 사회성지수와 함수 관계에 놓여 있다. 혼자서도 일을 잘 해낼 수 있다면 스트레스를 받지도 않고 오붓할 것이다. 그런데 행복은 홀로 오지 않는다. 사람과 일, 두 가지 통로를 거쳐서 온다. 인복과 일복이란 어휘를 유심히 상고해 보자. 사람과 일을 만나서 관계를 맺고 유지해 나가는 일련의 과정이 우리네 일상이 아니던가.

아내와 함께 박사학위 수여식 기념 (2010)

내 눈은 오늘도 사람과 일을 향한다. 선한 영향력을 끼칠 수 있는 사람 이야기를 찾고 존재의 혼을 바쳐 일에 몰입하는 이야기를 찾는다. 가깝게는 가족과 가사에 얽힌 이야기, 한편으론 동시대를 살면서 함께하는 이웃들의 보람과 애환들이다. 이처럼 가치 있는 사람과 일상을 만나서 수필의 옷을 입히는 것은 무척 기쁘고 행복하다.

5. 해석의 달인이 되기를 자처하는 이유

우리 속언에 '꿈보다 해몽이 좋다'란 말이 있다. 사실보다 해석이 더 중요함을 비유적으로 이른 말이다. 작가가 주체라면 글감은 객체이다. 객체는 다른 사람과 사물, 다른 사람과 사물에 대한 생각과 감정, 인류가 엮어낸 역사와 문화 등 부지기수다. 이러한 객체를 수필이란 그릇에 담을 때 해석을 좋게 해야 한다.

그래서 나는 해석의 달인이 되려고 노력한다. 이순(耳順)에 닿았을 때, 지금까지 살아온 삶의 정체성을 나타낼 핵심 가치를 건졌는데, 바로 긍정(肯定)과 열정(熱情)이다. 지내놓고 보니 삶은 해석하기 나름이었다. 동일한 상황에서 바라보는 시선과 마음 씀에 따라 웃을 수도 있고, 상을 찌푸릴 수도 있다. 긍정의 안목이 삶을 풍요롭게 하고 열정의 기운이 세상을 바꾼다.

문학의 효용성을 이야기하자면 의견이 분분할 것이다. 작가 나름대로 개성이 있고 주장이 있음을 존중해야 한다. 나는 사람들의 삶의 질을 높여주고 얽히고설킨 생활의 실타래를 선하게 풀어내는 일에 열중하고 싶다. 갈등을 치유하고 용서, 화해의 길을 걸으며 더욱 따뜻하고 밝은 세상을 만들어 가는 데에 기여하고 싶다. 우선 가족과 가정사를 챙겨 본다. 이 시대에 가정을 든든히 세우고 가족을 지키는 일이 나라를 사랑하는 길이라 믿기 때문이다. 역사적으로 어느 시대에나 선각자가 나와서 희망을 주었듯이 문인은 작품을 통해 독자와 소통하며 환한 빛을 밝혀 줄 수 있을 것이다.

6. 우리말과 글의 품위를 살리는 작가의 본업

우리말과 글에는 겨레의 혼이 담겨 있다. 『우리말사전』에는 고유한 의미를 간직한 어휘들이 고스란히 실려 있다. 작가들이 가려 쓰는 어휘는 모두 사전에 실려 있는 것들이다. 우리말과 글의 품위를 살리고 가꿀 사명이 그만큼 문인들에게 지워져 있다.

아는 길도 물어서 간다는 속담처럼 궁금하면 즉시 사전을 들춰보고 확신이

경북 장곡중학교 교장으로 정년퇴임
(2015)

서더라도 사전에서 재확인하는 것이 우리말을 대하는 문인의 도리이다. 인터넷으로 검증해도 되지만 내 방에는 아예 방바닥에 표준국어대사전 상·중·하 3권이 펼쳐져 있다. 종이를 만지작거리며 어휘를 찾는 손맛이 늘 새롭기 때문이다.

우리가 일상적으로 쓰는 언어들도 사전적인 의미를 넘어서는 경우가 한두 사례에 그치지 않는다. 언어는 나름대로 의미의 장막을 치고 사전(辭典)에 갇혀 있다. 우리들이 삶의 현장에서 치열한 생존의 몸부림을 펼치는 가운데서 언어는 또 다른 개념의 옷을 껴입고 새로운 빛을 발하는 것을 터득하게 된다.

그런가 하면 문인들의 글 속에 초대받지 못하고 원석처럼 박혀 있는 어휘들도 아직 수없이 많을 것이다. 그런 어휘들을 가공하고 세상에 빛을 보게 해 주는 일이 작가의 본업이라 생각된다.

쉽게 쓰이는 글이 좋은 글인지, 고민을 거듭하며 난산한 글이 좋은 글인지 단언하기는 어렵다. 오직 한 편의 글을 세상에 내놓을 때는 꼼꼼한 검증을 거쳐 어휘 선택과 표현법을 정확하고 아름답게 손질해야 한다고 스스로를 다잡는다.

7. 모지에 대한 사랑과 회원들의 결속을 기대하며

등단한 지 다섯 해째 접어든다. 한 달에 한 편 꼴로 작품을 쓰려고 마음을 먹는데 그럭저럭 평균치는 된다. 공저 『한국을 빛낸 문인』과 『하늘비 산방』에는 빠짐없이 투고한다. 언제쯤이 될는지 개인 수필집을 내고 싶은 소망을 수줍게 간직하고 있다.

문학을 사랑하며 귀하게 여기는 언행은 문학인들끼리 수범해서 실천해야 한다. 그런 연후에 독자층을 두텁게 하는 전략을 짜고 문인들의 화합과 결속하는 일에 매진해야 할 것이다.

등단의 기쁨을 영속적으로 이어가도록 다독여 주는 시스템이 잘 유지되면 좋겠다. 누구나 어머니 사랑에 감격하고 고마워하듯이 모지 월간 『문학세계』에 대한 애정도 그러하리라. 모든 회원들이 모지를 구독하고 장르별로 상호 소통과 발전을 위해서 워크숍을 마련하는 등 문단의 활성화를 통한 인문학의 부흥을 기대한다.

문학세계대표작가선 793

생각의 삽질

김예희 수필집

인쇄 1판 1쇄 2016년 10월 28일
발행 1판 1쇄 2016년 11월 3일

지 은 이 : 김예희
펴 낸 이 : 김천우
펴 낸 곳 : 도서출판 천우
등   록 : 1992. 2. 15. 제1-1307호
주   소 : 서울시 성동구 무학봉28길 6 금용빌딩 2F
전   화 : 02)2298-7661
팩   스 : 02)2298-7665
http://www.moonhaknet.com
E-mail : chunwo@hanmail.net

ⓒ 김예희, 2016.

값 15,000원

* 도서출판 천우와 저자의 서면 동의 없는 무단 전재 및 복제를 금합니다.
* 저자와의 협의에 따라 인지는 생략합니다.

ISBN 978-89-7954-651-4

이 도서의 국립중앙도서관 출판예정도서목록(CIP)은 서지정보유통지원시스템 홈페이지(http://seoji.nl.go.kr)와 국가자료공동목록시스템(http://www.nl.go.kr/kolisnet)에서 이용하실 수 있습니다. (CIP제어번호: CIP2016025992)